컨벤션 기획사

한권으로 끝내기

2급 실기

2024 SD에듀 컨벤션기획사 2급 실기 한권으로 끝내기

Always with you

사람의 인연은 길에서 우연하게 만나거나 함께 살아가는 것만을 의미하지는 않습니다.
책을 펴내는 출판사와 그 책을 읽는 독자의 만남도 소중한 인연입니다.
SD에듀는 항상 독자의 마음을 헤아리기 위해 노력하고 있습니다. 늘 독자와 함께하겠습니다.

자격증 · 공무원 · 금융/보험 · 면허증 · 언어/외국어 · 검정고시/독학사 · 기업체/취업
이 시대의 모든 합격! SD에듀에서 합격하세요!
www.youtube.com → SD에듀 → 구독

PREFACE 머리말

컨벤션기획사란 국제회의의 유치·기획·준비·진행 등 제반업무를 조정·운영하면서 회의목표 설정, 예산관리, 등록·기획, 현장관리, 회의평가 등의 직무를 수행하는 사람을 말합니다. 특히 본 자격증은 정부가 지정한 신성장 동력 산업의 하나로 지정되어 자격에 대한 수요와 전망이 점차 높아지고 있는 상황입니다.

여러분은 코엑스나 킨텍스 등에서 개최되는 각종 회의와 대형 전시회를 보셨을 것입니다. 이러한 회의의 전 과정을 총괄하는 사람이 바로 컨벤션기획사입니다. 컨벤션 산업에서의 PCO(Professional Convention Organizer)는 외국어 및 커뮤니케이션 능력, 원만한 대인관계, 국제 매너, 돌발상황에 대처할 수 있는 민첩함과 결단력, 풍부한 인적네트워크와 다양한 경험 등 다방면에서 실력을 겸비한 전문 인력입니다.

컨벤션기획사 실기시험은 출제된 문제를 반복·학습하는 것이 중요합니다. 본서는 다년간 기출문제를 완벽 분석하여 출제유형별 답안작성 방법 및 예시 답안을 수록하였습니다. 또한, 합격에 도움이 될 만한 핵심 정보와 유의사항을 세세하게 정리하였으며 실기와 관련된 다양한 정보들을 한데 모아 풍부하고 자세한 설명을 서술하였습니다. 실기시험은 수험생이 직접 기획서와 영문 서신을 작성해야 합니다. 이에 맞춰 반드시 들어가야 하는 내용을 꼼꼼히 넣은 작성 예시법을 수록해 관련 지식이 없는 비전공자도 충분히 따라 할 수 있도록 하였습니다.

SD에듀는 원하는 분야에서 자신의 역량을 발휘할 수 있는 전문인을 희망하며 컨벤션기획사에 도전하는 모든 수험생들의 합격을 진심으로 기원합니다. 감사합니다.

편저자 씀

시험안내

기본 정보

구 분	내 용
시행처	한국산업인력공단
응시자격	제한 없음

시험 정보

구 분	필 기	실 기
수수료	19,400원	28,900원
시험과목	컨벤션 기획, 컨벤션 운영, 부대행사 기획·운영	컨벤션 실무 (컨벤션 기획 및 실무제안서 작성, 영어서신 작성)
합격기준	매 과목 40점 이상, 전 과목 평균 60점 이상	60점 이상

시험일정

회 차	필 기			실 기		
	원서접수	시 험	합격발표	원서접수	시 험	최종합격발표
1회	1.10~1.19	2.13~3.15	3.21	3.28~3.31	4.22~6.25	6.27
2회	4.17~4.20	5.13~6.4	6.14	6.27~6.30	7.22~8.6	9.1
3회	6.19~6.22	7.8~7.23	8.2	9.4~9.7	10.7~10.26	11.15

※ 2023년 시험일정을 참고한 것으로 자세한 사항은 시행처에서 확인하시기 바랍니다.

컨벤션기획사 2급 검정현황

컨벤션기획사 2급

연도	필기			실기		
	응시	합격	합격률	응시	합격	합격률
2022	800	718	89.8%	560	163	29.1%
2021	1,367	1,154	84.4%	818	369	45.1%
2020	1,259	1,115	88.6%	841	538	64.0%
2019	1,077	834	77.4%	577	310	53.7%
2018	1,071	785	73.3%	470	236	50.2%
2017	1,099	845	76.9%	657	306	46.6%
2016	1,216	973	80.0%	722	260	36.0%
2015	1,555	1,211	77.9%	909	310	34.1%
2014	1,412	1,052	74.5%	777	422	54.3%

구성과 특징

상세한 이론 수록!

컨벤션기획사 실기시험에 필요한 기초부터 유형별 세부내용까지 모두 담았습니다. 컨벤션기획사 실기시험은 문서를 직접 작성해야 하는 쉽지 않은 시험이지만 본서는 비전공자라도 충분히 학습하여 쉽게 합격할 수 있도록 꼼꼼히 구성했습니다. 차근차근 따라하면서 학습해보세요.

합격을 향해 한 걸음 더!
Plus one

자주 출제되거나 중요한 내용을 담아 Plus one으로 구성했습니다. 기획서와 서신작성을 위해 확실히 알아야 하는 내용이므로 반복 학습하여 자신의 것으로 만들어보세요.

STURCTURE

합격의 공식 Formula of pass • SD에듀 www.sdedu.co.kr

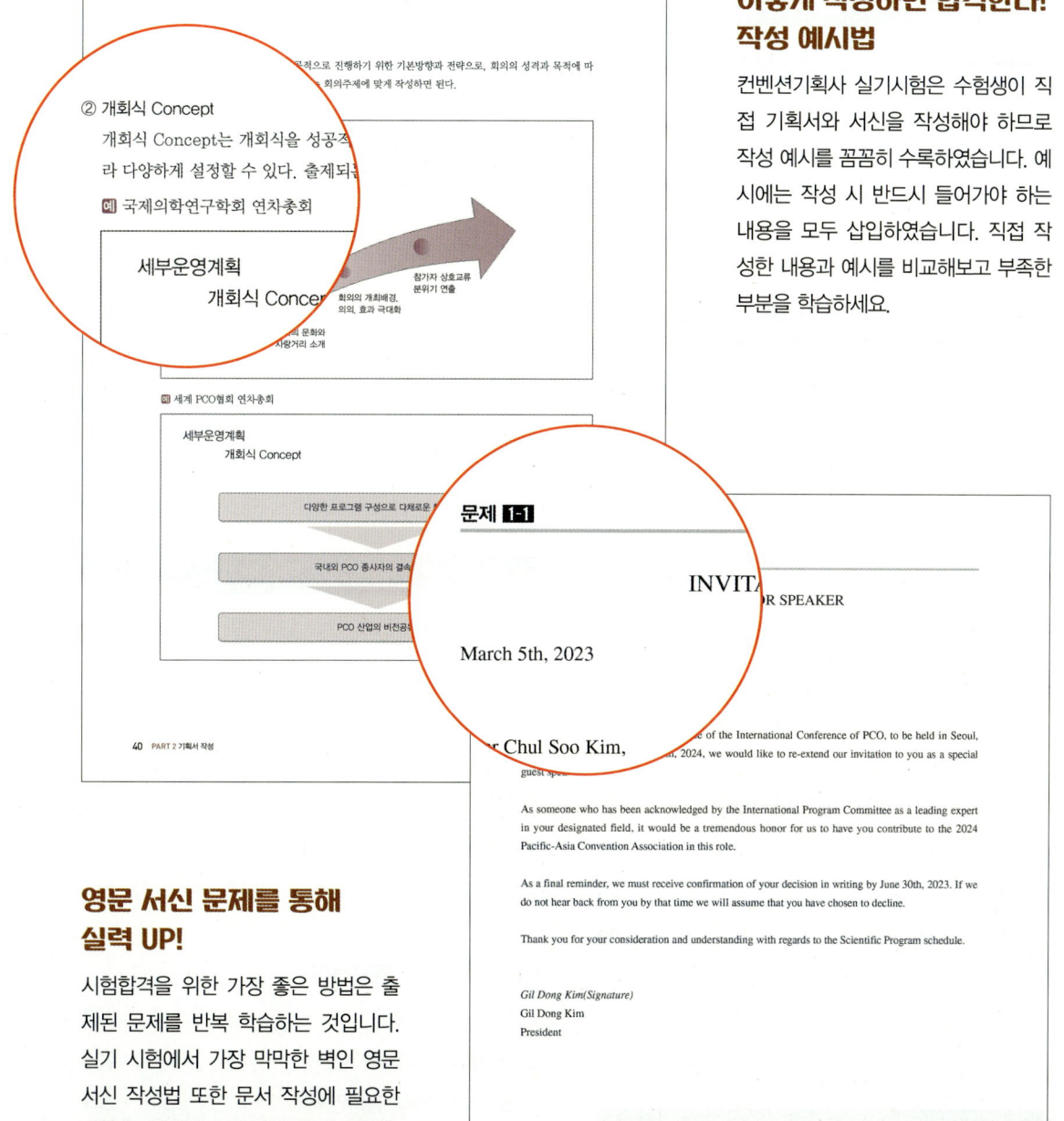

이렇게 작성하면 합격한다! 작성 예시법

컨벤션기획사 실기시험은 수험생이 직접 기획서와 서신을 작성해야 하므로 작성 예시를 꼼꼼히 수록하였습니다. 예시에는 작성 시 반드시 들어가야 하는 내용을 모두 삽입하였습니다. 직접 작성한 내용과 예시를 비교해보고 부족한 부분을 학습하세요.

영문 서신 문제를 통해 실력 UP!

시험합격을 위한 가장 좋은 방법은 출제된 문제를 반복 학습하는 것입니다. 실기 시험에서 가장 막막한 벽인 영문 서신 작성법 또한 문서 작성에 필요한 이론을 학습하고 문제를 통해 실력을 확인할 수 있습니다. 실제 기출문제와 유사한 내용으로 구성한 문제를 통해 출제 경향을 100% 파악하고 확실하게 대비해보세요.

이 책의 차례

PART 1 | 컨벤션기획사 2급 실기시험 개요
CHAPTER 01 짚고 넘어가야 할 시험정보   3
CHAPTER 02 합격을 도와주는 핵심정보   7

PART 2 | 기획서 작성
CHAPTER 01 기획서, 제대로 알고 작성하자
1. 기획서 작성을 위한 준비   11
2. 기획서 출제유형 분석   14

CHAPTER 02 기획서 작성 Tip
1. 기획서 평가항목   16
2. 기획서 기출유형   16
3. 정리해 두면 유용한 정보   17
4. 출제기준으로 알아보는 성공적인 기획서   20

CHAPTER 03 기획서 합격 따라하기
1. 표지와 목차   21
2. 기본계획   25
3. 세부운영계획   38

PART 3 | 영문서신 작성
CHAPTER 01 영문서신, 제대로 알고 작성하자
1. 영문서신 작성을 위한 준비   119
2. 영문서신 출제유형 분석   123

CHAPTER 02 영문서신 작성 Tip
1. 영문서신 평가항목   125
2. 영문서신 합격전략   125
3. 컨벤션 장소와 조직   126
4. 핵심 어휘 및 문구   127

CHAPTER 03 영문서신 합격 따라하기
1. 영문서신 작성 기준   133
2. 서신의 기본 구성   134
3. 유형별 서신 작성   139

PART 4 | 기출문제로 연습하기
기출복원문제   169

CHAPTER 01 기획서
1. 회의, 관광, 폐회식   173
2. 개회식, 등록, 숙박   198
3. 온라인 등록계획, 예산   213
4. 학술업무(등록 포함), 홍보, 의전(영접, 영송 포함)   216

CHAPTER 02 영문서신
1. 논문 초록과 등록   228
2. 국제회의 유치제안 서신   235
3. 초청서신, 등록, 감사인사   241

PART 1

컨벤션기획사 2급 실기시험 개요

CHAPTER 01 짚고 넘어가야 할 시험정보

CHAPTER 02 합격을 도와주는 핵심정보

보다 깊이 있는 학습을 원하는 수험생들을 위한
SD에듀의 동영상 강의가 준비되어 있습니다.
www.sdedu.co.kr ➜ 회원가입(로그인) ➜ 강의 살펴보기

CHAPTER 01 짚고 넘어가야 할 시험정보

01 시험과목

구 분	세부항목
컨벤션기획서 작성	기본계획 수립
	세부운영계획 수립

컨벤션기획사 2급 실기시험은 컨벤션기획사로서 갖추어야 할 기본 지식을 확인하는 시험으로 주어지는 주제에 대하여 문서를 작성한다. 완성된 문서는 프린터로 출력하여 인쇄물의 형태로 제출한다.

02 합격결정기준

구 분	합격결정기준
2급 실기시험	심사위원 평균점수의 60점 이상 획득

컨벤션기획사 실기시험의 심사위원은 시험문제 출제자를 포함하여 5인 내외(학계 3인, 업계 2인)의 전문가로 구성되며, 점수는 각 심사위원의 채점 점수 중 가장 높은 점수와 가장 낮은 점수를 제외한 중간 점수를 총합하여 이를 평균화한다.

03 필기시험 유예기간

컨벤션기획사 2급 자격시험은 1차 필기시험 합격 시 최종합격까지 2년의 유예기간이 주어진다. 따라서 만약 시험응시자가 필기시험을 합격한 해에 실기시험에 불합격한 경우라 하더라도 다음 해까지 필기합격의 유효기간이 적용되므로 다음 해에는 필기시험 없이 바로 실기시험 응시가 가능하다. 즉, 필기시험 합격 후 2년 이내에만 실기시험에 합격하면 최종합격할 수 있다.

04 수검자 유의사항

실기시험 문제지에는 '수검자 유의사항'이 자세하게 서술되어 있는데, 많은 실기시험 응시자들이 시험당일 수검자 유의사항을 제대로 확인하지 않은 채 바로 문서 작성에 들어간다. 하지만 수검자 유의사항에는 실제 작성에 필요한 글씨체와 글자크기를 비롯하여 주의해야 할 사항들이 설명되어 있다.
따라서 이 부분을 간과한 채 작성하여 제출할 경우, 감점뿐만 아니라 경우에 따라서는 시험 전체를 망치는 결과까지 초래할 수 있으므로 반드시 본격적인 작성에 들어가기 전 수검자 유의사항을 확인하기 바란다.

> **Plus one** 수검자 유의사항(구체적 사항은 시험당일 확인)
>
> - 글씨체와 글자크기
>   일반적으로 글자크기는 14~20포인트 내에서 사용
> - 저장 시 주의사항
>   PC가 다운되어 재시작하는 경우가 있으므로 자주 저장

05 프린터의 사용

실기시험 고사장에 설치되어 있는 프린터의 대부분은 '흑백 인쇄'만 가능한 흑백프린터이다. 흑백프린터로 인쇄할 경우 영문서신은 큰 문제가 없지만, 다양한 도형과 그림이 삽입되는 기획서에서는 글자색과 도형의 바탕색에 따라 도형과 텍스트가 겹쳐져 내용이 제대로 보이지 않는 문제가 발생할 수 있다. 따라서 시험 전에 혼자서 연습을 할 때도 흑백 인쇄만 가능하다는 전제하에 기획서를 작성하는 연습을 반드시 해보아야 한다. 흑백프린터의 설정을 바꾸지 않으면 기본적으로 '회색조' 이미지(흰색, 회색, 검정색)로 출력이 되며, 흑백으로만 출력을 원하면 인쇄옵션에서 '흑백'을 선택하면 된다.
또한 시험 직전에는 반드시 완성된 작업물을 인쇄해본 후에 '글자는 선명하게 나오는지', '도형의 명암은 적당한지'와 같은 사항을 확인해야 한다. 흑백프린트를 가정할 경우 작업 시 유의사항으로는 다음과 같은 것들이 있다.

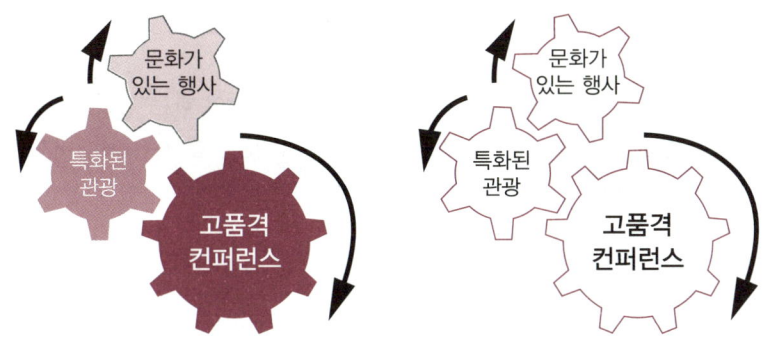

개체	회색조	흑백
텍스트	검은색	검은색
채우기	회색조	흰 색
틀	검은색	검은색
선	검은색	검은색
개체 그림자	회색조	검은색

Plus one 흑백프린터 작업 시 유의사항

- **다양한 컬러의 사용, NO!**
  출력 시에는 모두 같은 색으로 출력되기 때문에 시간과 노력을 들여 다양한 컬러를 사용할 필요가 없다.

- **글자색은 검정 or 흰색!**
  글자색은 바탕색에 따라 달라질 수 있다. 기본적으로 흰색 바탕 위에는 검정색 글씨가 가장 선명하게 인쇄되며, 바탕색이 있는 경우에는 검정색과 흰색 글씨가 둘 다 가능하다(단, 흰색 글씨는 바탕색이 진한 색인 경우만 가능하며, 출력 시에 인쇄옵션을 컬러로 설정해야 한다).

- **도형의 바탕색을 넣어야 한다면 회색을 사용!**
  도형의 바탕색을 넣을 때에는 글자가 명확하게 구분되도록 색을 설정해야 한다. 가장 좋은 방법은 바탕색 자체를 회색으로 처리해서 작업하는 것인데, 인쇄되는 상태를 예상하면서 작업하는 것이 가능하기 때문이다. 바탕색을 회색으로 입력했을 때 글자색은 검은색으로 입력하는 것이 출력 시에 글자가 가장 명확하게 출력된다.

06 작성내용 제출

문서의 작성이 모두 끝난 후에는 인쇄물로 출력하여 감독관에게 제출해야 하는데, 수험자의 컴퓨터에 저장되어 있는 작업물을 감독관의 PC로 옮겨 출력하는 방법은 다양하다. USB 등을 사용하여 저장하고 감독관 PC에서 출력을 할 수도 있고 수험자의 PC와 감독관의 PC가 모두 네트워크로 연결되어 있는 경우에는 작업물을 감독관의 PC로 보낸 후에 출력을 하기도 한다. 매년 시험마다 출력하는 방법이 달라지고 있기 때문에 해당 시험일에 감독관이 언급하는 대로 따라서 출력해야 한다.

이때 주의할 점은 한 사람당 출력할 수 있는 기회는 한 번뿐이므로 실수하지 않고 신중하게 출력해야 한다는 점이다.

CHAPTER 02 합격을 도와주는 핵심정보

01 실기시험 접수는 최대한 빠르게!

컨벤션기획사 2급 실기시험 장소는 전국적으로 넉넉하게 제공되지 않는다. 따라서 여유 있게 접수를 생각하다 뒤늦게 접수를 하게 되면 자신이 원하는 지역의 고사장이 마감되는 상황이 발생할 수 있다.
만약 이런 경우가 발생하면 해당 지역의 산업인력공단에 연락을 취하여 상황을 설명하고 추가로 자리를 얻는 것이 가능하기도 하지만, 주소지와 먼 곳으로 배정이 된다거나 이외에도 시험응시에 불리한 상황이 다양하게 발생할 수 있으므로 실기접수가 시작되면 최대한 빠르게 접수를 하는 것이 바람직하다.

02 가벼운 간식거리 준비

총 6시간에 걸친 시험시간 동안 따로 식사를 할 수 있는 시간이나 별도의 휴식시간은 주어지지 않는다. 그렇기 때문에 응시자 개별적으로 자신의 컨디션에 맞추어 휴식을 취하고 필요에 따라 간식을 섭취해야 한다. 이때 너무 많은 음식을 섭취하면 집중력이 저하될 수 있으므로 부피가 크거나 냄새가 나는 음식보다는 간단하게 먹을 수 있는 빵이나 초콜릿과 같은 간식류를 준비하는 것이 바람직하다.

03 편철구간을 설정한 후에 연습하기

실기시험 응시자의 수험번호와 성명을 입력할 수 있는 공간을 '편철공간'이라고 하는데, 시험장의 문서에는 각각의 페이지마다 모두 편철공간이 세팅되어 있다. 문서에서 편철공간의 유무는 실제 작성분량에 큰 차이를 만들어 내기 때문에 시험을 준비하는 동안에도 편철공간을 설정하고 연습을 하는 것이 바람직하다. 만약 편철공간 없이 연습을 하다가 시험 당일 작성을 하게 되면 준비한 분량보다 정해진 분량이 작아서 당황할 수 있다.

04 가로인쇄? 세로인쇄?

많은 사람들이 실제 시험을 준비하는 동안에는 내용적인 부분에만 신경을 쓰다가 막상 시험 당일에 작업물을 출력할 때에 인쇄물의 출력방향을 몰라 당황하는 경우가 많다. 2008년 시험까지는 기획서와 영문서신 모두 가로인쇄가 원칙이었지만 지금은 기획서는 가로인쇄, 영문서신은 가로와 세로인쇄가 모두 가능하다.
하지만 감독관의 입장에서 생각하면 채점 시에 영문서신을 가로로 인쇄하는 것이 작업물이 통일되어 있다는 느낌을 줄 수 있고, 세로인쇄를 하게 되면 편철공간 때문에 가로길이가 너무 좁아지므로 가능하면 가로인쇄가 바람직하다고 볼 수 있다.

PART 2
기획서 작성

CHAPTER 01 기획서, 제대로 알고 작성하자
    01 기획서 작성을 위한 준비
    02 기획서 출제유형 분석

CHAPTER 02 기획서 작성 Tip
    01 기획서 평가항목
    02 기획서 기출유형
    03 정리해 두면 유용한 정보
    04 출제기준으로 알아보는
        성공적인 기획서

CHAPTER 03 기획서 합격 따라하기
    01 표지와 목차
    02 기본계획
    03 세부운영계획

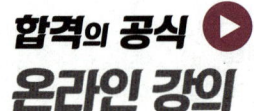

보다 깊이 있는 학습을 원하는 수험생들을 위한
SD에듀의 동영상 강의가 준비되어 있습니다.
www.sdedu.co.kr → 회원가입(로그인) → 강의 살펴보기

CHAPTER 01

기획서, 제대로 알고 작성하자

01 기획서 작성을 위한 준비

1 기획서(Proposal)란 무엇인가?

기획서란 국제회의를 유치한 기관이나 단체에게 컨벤션기획사(PCO)가 국제회의를 맡아서 어떻게 기획하고 운영할 것인지를 제안하는 제안서이다. 기획서에는 컨벤션기획사가 성공적으로 국제회의를 개최하기 위하여 구상하고 있는 행사진행 계획이 포함되며, 일반적으로 '기획(무엇을 할 것인가)'과 '계획(어떻게 할 것인가)'의 내용을 담아 작성된다.

2 기획서 출제방식

먼저 실제 기출문제를 통해 시험에서 기획서 작성 부분이 어떻게 출제되는지 알아보자.

- 회의취지
  한국 의학계는 연구와 치료의 국제화를 기하고 제약업계를 비롯한 산학협조를 기하여 세계시장에 발돋움하기 위해 국제회의를 개최하여 세계 각국의 의학자 및 연구 기관들과 도약을 위한 교류의 장을 열고자 한다.

- 조 건
  대한의학회에서는 2024년 9월 6일부터 9월 9일까지 4일간 제25차 국제 의학 연구학회 연차총회를 제주 국제 컨벤션센터에서 개최하려 한다. 대한의학회에서 주최하며, 주관 PCO사로는 (주)한라산컨벤션서비스를 선정하였다. 본 대회에서 각국의 의학연구학회 회원은 물론 비회원 및 각 연구소의 연구원, 레지던트와 동반자들이 참가한다.
  회의 공용어는 영어이며 내국인 400명, 외국인 600명이 참석할 예정으로 회의실은 탐라홀, 한라홀을 비롯한 대소 회의장을 사용할 것이다. 주요 행사로는 개·폐회식, 3회의 특별강연, 심포지엄 및 자유연제 발표, 포스터 발표 및 상업전시회, 환영연, 한국의 밤, 환송연 등이 포함된다.

- 참고사항
  본 행사의 환영연은 ICC의 이어도 플라자, 한국의 밤은 제주 롯데호텔, 환송연은 제주 신라호텔의 야외 연회장에서 개최하며 등록비에 포함되어 있다. 관광은 선택관광으로 참가자 부담이다. 첫날에는 워크숍이 있다.

- 컨벤션기획서는 다음과 같은 사항만을 포함하여 작성하도록 한다.
  1. 기본계획 – 행사개요, 행사일정표(표로 작성)
  2. 세부운영계획 – 회의, 관광, 폐회식

기획서는 위와 같이 주어진 정보를 바탕으로 '기본계획'과 '세부운영계획'으로 나누어 작성하도록 출제된다. 제시문이 매년 회의명과 개최장소 그리고 기타 회의와 관련된 기본적인 정보만 변경되어 반복 출제되고 있으므로 기획서의 기본적인 형식을 파악한 후 반복하여 연습한다면 어렵지 않게 작성할 수 있을 것이다.

(1) 기획서 작성 형식

- **작업도구**
  Microsoft PowerPoint(PPT)
- **분량**
  파워포인트 20매 내외
- **글꼴 및 글자 크기**
  수검자 유의사항 참조

① **작업도구** : 기획서는 마이크로소프트 프로그램 중 파워포인트를 사용하여 작성한다.
② **분량** : 작성분량은 구체적으로 시험 당일 문제를 통해 확인해야겠지만 지금까지는 20장 내외의 분량으로 정해져 있었다. 따라서 20장보다 약간 적거나 많은 분량으로 18~23장의 범위 내에서 작성하는 것이 바람직하다.
③ **글꼴 및 글자 크기** : 시험 가이드라인 '수검자 유의사항'에 글꼴과 글자 크기가 언급되어 있으므로 언급된 규정대로 기획서를 작성한다. 일반적으로 지금까지 글자 크기는 14~20포인트 사이에서 작성하도록 규정되어 있었다.

(2) 기본계획과 세부운영계획

- **기본계획**
  행사개요, 행사일정표
- **세부운영계획**
  개회식, 폐회식, 회의, 관광, 숙박, 등록, 예산, 온라인 등록 등

① **기본계획** : 기획서는 기본계획과 세부운영계획 두 가지 파트로 크게 나뉘는데, 이 중 기본계획에는 '행사의 개요'와 '구체적인 행사일정표'를 작성하는 문제가 출제된다.
② **세부운영계획** : 세부운영계획의 범위는 '개회식, 폐회식, 회의, 관광, 숙박, 등록, 예산, 온라인 등록' 등 매우 다양하지만, 최근 새로운 문제가 등장함에 따라 앞으로는 모든 세부운영계획 범위를 빠짐없이 준비해야 할 것으로 보인다.

3 파워포인트 작성 시 유의점

(1) 편철 공간

실제 시험장에는 수험번호와 성명을 표기할 수 있는 편철 공간이 이미 만들어져 있다. 따라서 따로 편철 공간을 만드는 연습을 해야 할 필요는 없지만, 만약 시험과 똑같은 상황으로 연습을 하고 싶다면 파워포인트의 슬라이드 마스터를 사용하여 편철 구간을 설정하면 된다.

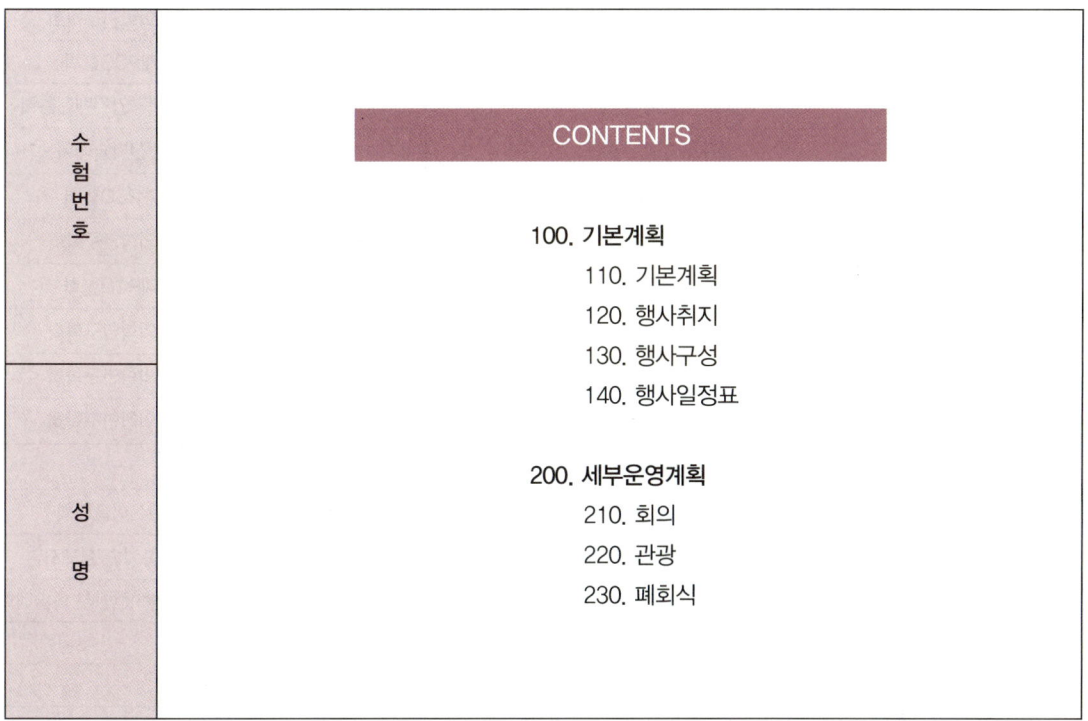

(2) 흑백 프린터의 사용

Part 1에서 언급했듯이, 실제 시험장에서 사용하는 프린터는 흑백으로만 출력이 가능하다. 따라서 파워포인트의 색상보다는 도형과 같은 디자인에 더 신경을 써서 기획서를 작성하는 것이 바람직하다.

(3) 파워포인트 디자인

컨벤션기획사 실기시험에 합격한 많은 사람들이 공통적으로 언급하는 대표적인 것이 파워포인트의 기술적인 화려함보다 실제로 그 안에 포함되는 내용들이 훨씬 중요하다는 것이다.

물론 '보기 좋은 떡이 먹기도 좋다'고 흰 배경에 검정색 글씨로만 완성된 기획서가 채점하는 감독관의 눈에 훌륭한 기획서로 보이지는 않겠지만, 실제 시험에서 엄청나게 화려한 기획서를 필요로 하는 것은 아니므로 크게 부담을 가지지 않아도 된다. 미리 적당한 템플릿을 구상하여 시험당일 그대로 적용할 수 있도록 하자.

02 기획서 출제유형 분석

매년 동일하게 출제되고 있는 기본계획(행사개요, 행사일정표)을 제외하고 2003년부터 2023년까지 출제된 세부운영계획, 개최지역, 출제회의의 내용을 살펴보자.

연 도		세부운영계획	개최지역	출제회의
2003	1회	회의, 관광, 폐회식	제 주	국제의학연구학회
	2회	개회식, 등록, 숙박	서 울	세계PCO협회
2004		온라인등록계획, 예산	서 울	아시아태평양컨벤션총회
2005		학술프로그램, 개회식	부 산	컨벤션학술대회
2006		개회식, 등록, 숙박	서 울	세계PCO협회
2007		회의, 관광, 폐회식	부 산	국제의학연구학회
2008		개회식, 등록, 숙박	부 산	세계PCO협회
2009		회의, 관광, 폐회식	서 울	국제의학연구학회
2010		회의, 관광, 폐회식	대 구	국제의학연구학회
2011		회의, 관광, 폐회식	부 산	국제의학연구학회
2012		회의, 관광, 폐회식	대 구	–
2013		회의, 관광, 폐회식	대 전	컨벤션학술대회
2014		학술업무(등록포함), 홍보, 의전(영접, 영송 포함)	부 산	국제문화예술 심포지엄
2015	1회	회의, 관광, 폐회식	대 전	아시아 관광·컨벤션 학술대회
	2회	회의, 관광, 폐회식	대 구	–
2016	1회	회의, 관광, 폐회식	서 울	–
	2회	학술업무(학술정보 포함), 홍보, 의전(영접, 영송 포함)	서 울	–
2017	1회	개회식, 등록, 숙박	–	–
	2회	회의, 관광, 폐회식	서 울	해양연구학회
2018	1회	회의, 관광, 폐회식	서 울	국제의학연구학회
	2회	회의, 관광, 폐회식	대 구	–
2019	1회	회의, 관광, 폐회식	부 산	–
	2회	회의, 관광, 폐회식	부 산	–
2020	1회	회의, 사교행사(환송만찬), 전시	인 천	국제남극지구과학연구 심포지엄
	2회	등록, 회의, 사교행사(환송만찬)	대 전	아시아태평양 관광학회
2021	1회	초청, 개·폐회식, 의전(수송 포함)	서 울	OECD 국제교통장관회의
	2회	관광, 숙박, 사교행사(갈라디너)	서 울	아마존 글로벌 컨벤션
2022	1회	관광, 숙박, 사교행사(갈라디너)	수 원	LG 글로벌 컨벤션
	2회	관광, 숙박, 사교행사(갈라디너)	경 주	페이스북 글로벌 컨벤션
	3회	회의, 사교행사(갈라디너), 부대전시	인 천	국제컨설협회 총회
2023	1회	초청, 개·폐회식, 의전(영접, 영송 포함)	인 천	한중일 관광장관회의
	2회	등록, 회의, 사교행사(환송만찬)	서 울	국제 남극지구과학 심포지엄
	3회	관광, 숙박, 사교행사(갈라디너)	서 울	구글 글로벌 컨벤션

1 세부운영계획

구 분	출제빈도
회의, 관광, 폐회식	15회
개회식, 등록, 숙박	4회
관광, 숙박, 사교행사(갈라디너)	4회
학술업무(등록포함), 홍보, 의전(영접, 영송 포함)	2회
등록, 회의, 사교행사(환송만찬)	2회
초청, 개·폐회식, 의전(수송 포함)	2회
온라인등록계획, 예산	1회
학술프로그램, 개회식	1회
회의, 사교행사(환송만찬), 전시	1회

출제된 세부운영계획을 살펴보면 '회의, 관광, 폐회식'이 총 15회로 월등히 높은 출제빈도를 보이고 있으므로 해당 내용에 대한 학습이 중요하다. 하지만 최근에는 기존에 전혀 출제되지 않았던 세부운영계획 등도 다양하게 출제되기 때문에 모든 범위를 완벽하게 학습하는 것이 바람직하다.

2 개최지역

구 분	출제빈도
서 울	12회
부 산	7회
대 구	4회
대 전	3회
인 천	3회
제 주	1회

개최지역으로 출제될 수 있는 곳은 컨벤션센터가 위치한 '서울, 부산, 대구, 제주, 인천, 일산, 광주, 대전'이 대표적이다. 이 중 현재까지 비교적 가장 많이 출제된 지역은 서울과 부산이며, 이외에도 대구, 대전, 제주, 인천, 수원, 경주 역시 출제되고 있다.

3 회의명

구 분	출제빈도
국제의학연구학회	6회
글로벌컨벤션	4회
세계PCO협회	3회
컨벤션학술대회	2회
아시아태평양컨벤션총회	2회

어떤 회의가 출제되느냐에 따라 행사가 개최된 배경 및 의의를 비롯한 구체적인 행사 목표와 일정이 달라지므로, 각각의 회의의 성격을 파악한 후 기본계획을 세우는 연습을 해야 한다.

CHAPTER 02 기획서 작성 Tip

01 기획서 평가항목

> "디자인보다는 분량과 구성에 신경을 쓰자"

디자인과 내용은 모두 기획서의 평가항목이다. 따라서 파워포인트가 능숙한 사람이라면 멋진 디자인을 만들 때 더 높은 점수를 받을 수 있을 것이다. 하지만 앞에서 언급했듯이, 출력되는 기획서는 흑백이므로 파워포인트가 능숙하지 못한 사람이라도 기본적인 도형과 PT방법을 알고 깔끔하게 작성하면 합격하기에 충분한 점수를 얻을 수 있다.

무엇보다 아무리 디자인이 훌륭한 기획서라 하더라도 정해진 분량을 채우지 못하거나 포함되어야 할 내용이 빠진 기획서는 좋은 점수를 얻을 수 없다. 따라서 기획서를 만들 때에는 디자인보다 기획서 안에 포함되는 내용을 충실하게 작업하는 것이 중요하다.

02 기획서 기출유형

> "출제가능한 모든 세부운영계획에 대하여 답안을 준비하여 연습"

기획서 작성은 기본계획과 세부운영계획 두 부분으로 나누어 출제된다. 기본계획은 항상 비슷한 행사개요와 일정표가 제시되므로 비교적 쉽게 작성할 수 있는 반면, 세부운영계획은 어떤 주제가 출제될지 예상할 수 없다. 따라서 출제범위 내의 모든 주제에 대하여 기획서를 작성해 보아야 한다.

기출유형을 살펴보면 '회의, 관광, 폐회식'이 반복되어 출제되고 있고, '개회식, 등록, 숙박'도 순환식으로 자주 출제되고 있다. 하지만 자주 출제되지 않았던 주제들이 출제되고 있으므로, 예상문제로 특정 주제만을 선택하여 준비하는 방법은 옳지 않다. 모든 주제에 대하여 모범 답안을 만들어 보고 철저하게 준비해야 한다.

03 정리해 두면 유용한 정보

"답안 작성에 필요한 컨벤션센터, 호텔, 관광명소 알아두기"

컨벤션기획사라는 직무의 특성상 우리나라의 컨벤션센터와 관련된 여러 가지 정보를 알아두어야 시험장에서 필요한 정보를 입력할 수 있다. 실제로 시험장에서는 인터넷 사용이 금지되어 있으므로 사전에 필요한 정보에 대하여 숙지하고 있지 않으면 문제에서 요구하는 답을 제시할 수 없게 된다. 그렇다면 미리 숙지하고 있어야 하는 컨벤션센터 관련 지식으로는 어떤 것들이 있을까?

1 컨벤션센터

국제회의가 개최되었을 때 지역별로 회의를 진행할 수 있는 컨벤션센터의 이름과 위치를 알고 있어야 한다. 그리고 각 컨벤션센터별로 회의장 규모와 특징까지 알아두어야 개회식, 폐회식뿐만 아니라 기획서 전반에서 회의장에 관한 정보를 요구할 때 답안을 제시할 수 있다. 컨벤션센터별 자세한 규모는 '제3장 기획서 합격 따라하기'의 세부운영계획 부분에 설명되어 있다.

컨벤션센터	위치	회의 시설
Coex	서울	컨퍼런스룸, 오디토리움, 그랜드볼룸
Bexco	부산	오디토리움, 컨벤션홀, 누리마루
Exco	대구	컨벤션홀, 오디토리움, 그랜드볼룸
ICC JEJU	제주	탐라홀, 한라홀, 삼다홀, 영주홀, 백록홀
Songdo Convensia	인천	프리미어볼룸, 그랜드볼룸, 중·소회의실
KINTEX	일산	그랜드볼룸, 이벤트홀, 통합회의실, 분할회의실, 대회의실, 중회의실, VIP 회의실
김대중 컨벤션센터	광주	컨벤션홀, 중소회의실, 다목적홀
DCC(Daejeon Convention Center)	대전	그랜드볼룸, 컨퍼런스홀, 중회의실, 소회의실, 중회의장
SCC(Suwon Convention Center)	수원	통합회의실, 중소회의실, 컨벤션홀
경주화백 컨벤션센터(경주HICO)	경주	전시장, 회의장, 컨벤션홀

2 컨벤션센터 주변의 호텔

세부운영계획에서 '숙박'이 출제되면 컨벤션센터 주변의 호텔에 대한 지식이 요구된다. 따라서 컨벤션센터 근처의 주요 호텔들에 대하여 숙지하고 있어야 한다.

컨벤션센터	도시	주변 주요호텔	
코엑스	서울	• 인터컨티넨탈 서울 코엑스 • 그랜드 인터컨티넨탈 서울 파르나스 • 임페리얼 팰리스 호텔	• 르 메르디앙 서울 • 파크 하얏트 서울 호텔 • JW 메리어트 호텔
벡스코	부산	• 부산 웨스틴조선호텔 • 호텔 농심 • 파라다이스호텔	• 그랜드 조선 부산 • 롯데호텔 부산
제주 컨벤션센터	제주	• 롯데호텔 제주 • 스위트호텔 제주	• 호텔신라 제주 • 씨에스 호텔 앤 리조트
송도 컨벤시아	인천	• 쉐라톤인천호텔 • 파라다이스호텔	• 라마다송도호텔 • 하버파크호텔
킨텍스	일산	• 메이트호텔 • 소노캄 고양	• 레지던스앤유 • 밀레니엄호텔
대전 컨벤션센터	대전	• 롯데시티호텔 대전 • 호텔 인터시티	• 유성호텔
엑스코	대구	• 호텔 인터불고 엑스코 • 호텔 인터불고, 호텔 인터불고 별관 • 그랜드 호텔	
김대중 컨벤션센터	광주	• 라마다플라자 광주호텔 • 홀리데이인 광주	
SCC	수원	• 노보텔 앰배서더 수원 • 라마다 플라자 수원 • 코트야드메리어트 수원	• 포포인츠 바이 쉐라톤 수원 • 더블트리바이힐튼 서울 판교 • 그래비티 서울 판교
경주HICO	경주	• 힐튼 경주 • 호텔 경주 교육 문화회관 • 베스트 웨스턴 플러스 경주	• 한화리조트 경주 • 코모도호텔 경주

3 컨벤션센터가 위치한 도시의 관광명소

세부운영계획에서 '관광'이 출제되면, 컨벤션센터가 위치한 도시의 주변 관광코스에 대하여 계획을 수립하여야 한다. 따라서 각 도시별로 주요 관광명소에 대하여 숙지하고 있어야 한다. 특히나 관광은 빈출되는 문제이므로 각 도시별로 최소 두 곳 이상의 명소를 알아두도록 하자.

컨벤션센터	도 시	유명 관광지
코엑스	서 울	경복궁, 인사동, 남산, 명동
벡스코	부 산	동백섬, 태종대, 해운대, 광안대교, 금정산성
제주 컨벤션센터	제 주	중문해수욕장, 주상절리, 여미지식물원, 테디베어뮤지엄, 퍼시픽리솜
송도 컨벤시아	인 천	인천대교전망대, 해돋이공원, 부평 문화의거리, 소래포구, 월미도 문화의 거리
킨텍스	일 산	행주산성, 렛츠런팜 원당, 헤이리예술마을, 호수공원, 라페스타쇼핑몰
대전 컨벤션센터	대 전	엑스포과학공원, 수운교도솔천, 구성리 산성, 숭현서원지
엑스코	대 구	강정고령보, 반야월연꽃단지, 팔공산, 대구수목원
김대중 컨벤션센터	광 주	식영정, 소쇄원, 명옥헌 원림, 광주예술의거리, 백양사
SCC	수 원	수원화성, 화성행궁, 팔달문, 삼성이노베이션뮤지엄, 장안문
경주HICO	경 주	불국사, 석굴암, 첨성대, 동굴, 대릉원, 양동마을, 황리단길

04 출제기준으로 알아보는 성공적인 기획서

> "출제기준에 맞추어 올바른 기획서 작성하기"

산업인력공단에서 발표한 컨벤션기획사의 출제경향을 살펴보면 다음과 같다.

1 기본계획
① 개최목표가 회의주제에 부합할 수 있어야 한다.
② 기대효과가 개최목표에 포함될 수 있어야 한다.

2 세부운영계획
① 회의 기본방향과 행사목표가 일관성이 있어야 한다.
② 행사목표를 측정가능하도록 작성할 수 있어야 한다.
③ 일정표 등이 회의 기본방향과 일치하도록 작성해야 한다.
④ 홍보방침이 목적 등에 포함할 수 있어야 한다.
⑤ 기획서를 논리적이고 체계적으로 작성할 수 있어야 한다.
⑥ 관광 등 세부 프로그램을 작성할 수 있어야 한다.
⑦ 행사계획에 맞추어 적정하게 예산을 수립할 수 있어야 한다.

CHAPTER 03 기획서 합격 따라하기

01 표지와 목차

1 표 지

기획서의 첫 번째 슬라이드에는 다음과 같은 내용을 포함시켜 표지를 작성한다.

> 행사명(회의주제), 개최기간, 주관

(1) 행사명

행사명은 표지에 포함되어야 하는 필수내용으로 국문으로 적거나 국문과 영문을 함께 표기한다.

예 • 제12차 세계 PCO협회 연차총회
   The 12th Annual Meeting of International PCO Association
 • 제25차 국제의학연구학회 연차총회
   The 25th Annual Conference of International Medical Association

(2) 개최기간

개최기간은 표지에 포함되는 필수내용은 아니지만, 개최기간을 표지에 표시하는 경우에는 '행사명 하단'에 위치하도록 작성한다.

예 2024년 2월 4일 – 2월 7일

(3) 주 관

주관사는 표지에 포함되어야 하는 필수내용으로 기획서를 작성한 PCO사를 표지 맨 하단부에 입력한다.

예 (주)한라산컨벤션서비스

편철공간	
	제12차 세계 PCO협회 연차총회 The 12th Annual Meeting of International PCO Association 2024년 2월 4일 – 2월 7일 (주)한라산컨벤션서비스

편철공간	
	제25차 국제의학연구학회 연차총회 The 25th Annual Conference of International Medical Association 2024년 2월 4일 – 2월 7일 (주)한라산컨벤션서비스

2 목 차

목차는 표지 다음에 이어지는 슬라이드에 작성하며, 일반적으로 슬라이드 한 장 이내로 작성한다. 기획서가 기본계획과 세부운영계획으로 나누어 작성하도록 출제되므로, 목차 역시 기본계획과 세부운영계획으로 나누어 작성한다.

단, 목차를 어느 수준까지 구체적으로 작성할 것인가(목차의 구체성)는 기획서를 작성하는 사람이 결정할 수 있다.

또한 목차 순서를 표시하는 방법도 정형화된 형식이 있는 것은 아니므로 아라비아 숫자, 로마자 등 다양한 방법으로 표시가 가능하다. 다만, 알아보기 쉬운 분류방법으로 서술해야 한다.

예
- Ⅰ, Ⅱ, Ⅲ, Ⅳ, Ⅴ, Ⅵ, Ⅶ, Ⅷ, Ⅸ, …
- 1-1, 1-2, 1-3, 1-4, 2-1, 2-2, 2-3, …
- 1), 2), 3), 4), 5), 6), …

예 1

편철 공간	목 차
	1. 기본계획
	1-1 행사개요
	1-2 행사일정표
	2. 세부운영계획
	2-1 회 의
	2-2 관 광
	2-3 폐회식

예2

목 차

기본계획

I. 행사개요
    1.1 개최의의 및 효과
    1.2 대회개요
    1.3 행사 Concept
    1.4 조직도
    1.5 성공전략

II. 행사일정표

세부운영계획

I. 회 의
    1.1 회의개요
    1.2 회의 Concept
    1.3 회의장 운영계획

II. 관 광
    2.1 관광개요
    2.2 관광 Concept
    2.3 운영방향
    2.4 관광데스크
    2.5 동반자관광

III. 폐회식
    3.1 폐회식 개요
    3.2 폐회식 Concept
    3.3 업무흐름도
    3.4 구 성

편철공간

02 기본계획

1 기본계획 구성 목차

(1) 기본항목

항목		내용
행사개요	개최 배경	행사를 한국에서 개최하게 된 배경
	개최 의의·기대 효과	행사의 의미와 얻을 수 있는 효과
	대회 개요	행사에 대한 소개 및 개략적인 정보
	행사 Concept	행사를 성공적으로 개최하기 위한 Concept
행사일정표		개최기간 동안의 세부적인 일정

(2) 선택항목(추가항목)

항목	내용
조직도	컨벤션 운영조직 구성도
SWOT 분석	회의개최와 관련된 '강점·약점·기회·위기'를 분석

2 기본항목

(1) 개최 배경 · 의의 · 효과 · 목적

표지와 목차를 제외한 기본계획의 첫 번째 슬라이드에는 대회 개최의 '배경·의의·효과·목적'을 작성한다. 이때 일반적으로 네 가지 내용을 모두 포함시키지는 않으며, '배경·의의·효과·목적' 중에서 두 가지 정도를 묶어서 하나의 슬라이드로 정리한다.

또한 개최 의의와 개최 효과는 매우 유사한 개념이므로, 한 장의 슬라이드 내에서 구별하지 않고 작성하는 경우도 많다.

구 분	내용
개최 배경	국제회의를 한국에서 개최하게 된 이유 or 해당 국제회의가 개최된 배경
개최 의의	대회 개최로 주제와 관련해서 얻을 수 있는 의미
개최 효과	대회 개최로 사회 다방면에서 얻을 수 있는 이득
개최 목표	회의와 관련된 목표

① 국제의학연구학회 연차총회
　㉠ 개최 배경
　　• 의학계에 대한 세계적 관심 증가
　　• 2023년 연차총회에서 2024년 개최지로 한국 결정
　　• 연구와 치료의 국제화
　　• 제약업계를 비롯한 산학협조
　㉡ 개최 의의
　　• 한국 의학계의 세계시장 진출
　　• 한국 의학의 활성화
　　• 연구실적 발표 및 공유
　　• 의료산업의 발전의 장 제공
　　• 연구 문화의 활성화
　㉢ 개최 효과
　　• 세계 의학자 및 연구기관들과 교류의 장 마련
　　• 결속과 단합의 기회
　　• 국가 이미지 제고
　　• 국내 의학계의 홍보와 위상 제고
　㉣ 개최 목표
　　• 의학계에서 한국의학의 위치 확립
　　• 사회·경제적 파급효과

② 세계 PCO협회 연차총회
　㉠ 개최 배경
　　• 전세계 PCO업계의 활성화
　　• PCO업계에 대한 관심 증가
　　• 한국의 국제회의 인프라 구축
　　• 한국 컨벤션협회의 국제무대 발언권 강화
　　• 2023년 연차총회에서 2024년 개최지로 한국 결정
　㉡ 개최 의의
　　• 컨벤션 전문가들의 노하우 공유
　　• 참가자 간의 정보교류
　　• 컨벤션 산업의 발전방향 모색
　　• 컨벤션 산업의 비전
　㉢ 개최 효과
　　• 국제 PCO 네트워크 형성
　　• 국가 이미지 제고
　　• 국제 PCO 업체들 간의 상호협력 체제 형성

- 컨벤션 전문인재 양성을 위한 기반 마련
- 사회·경제적 부가가치 창출

㉣ 개최 목표
- PCO업계의 친목도모
- 국내 PCO 산업의 입지 구축
- 앞으로 있을 국제회의 유치를 유도
- 국제회의 개최로 인한 경제적 이익 추구

예 국제의학연구학회 연차총회

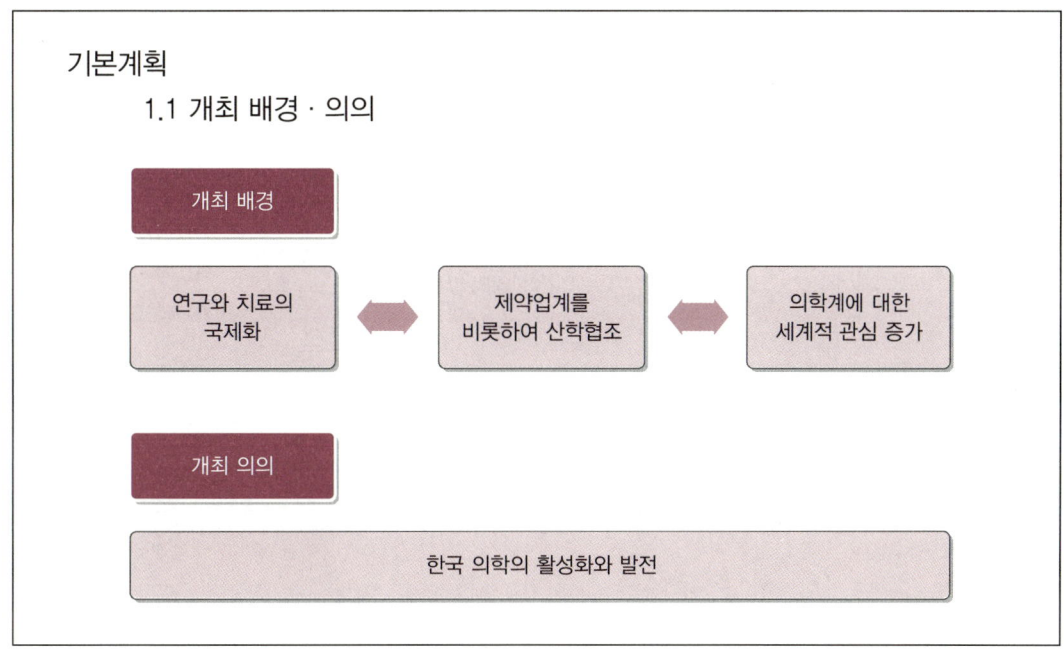

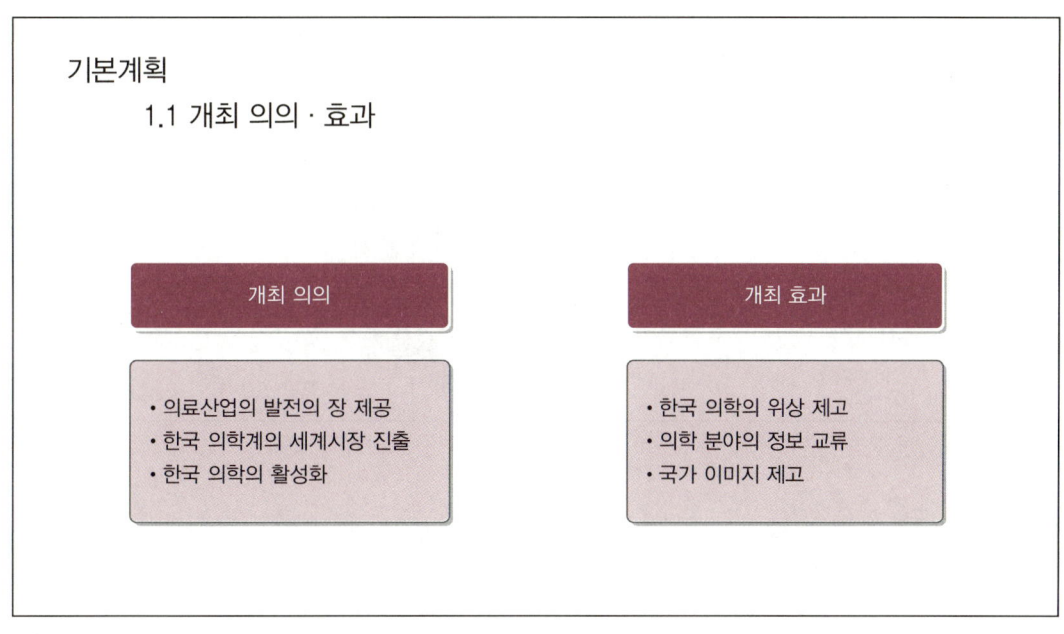

예 세계 PCO협회 연차총회

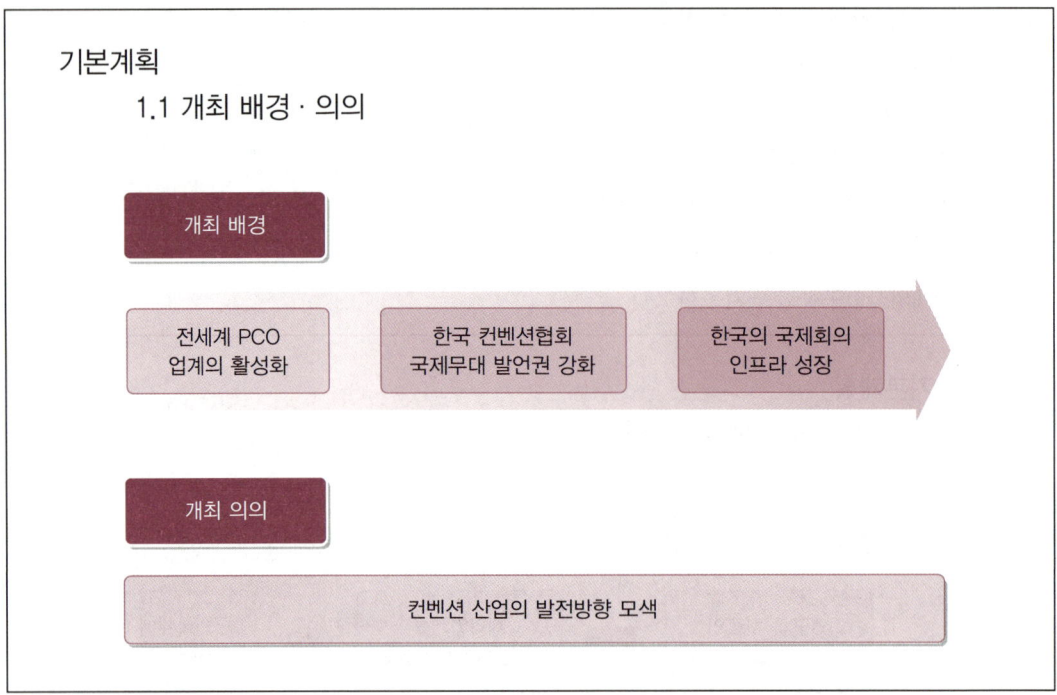

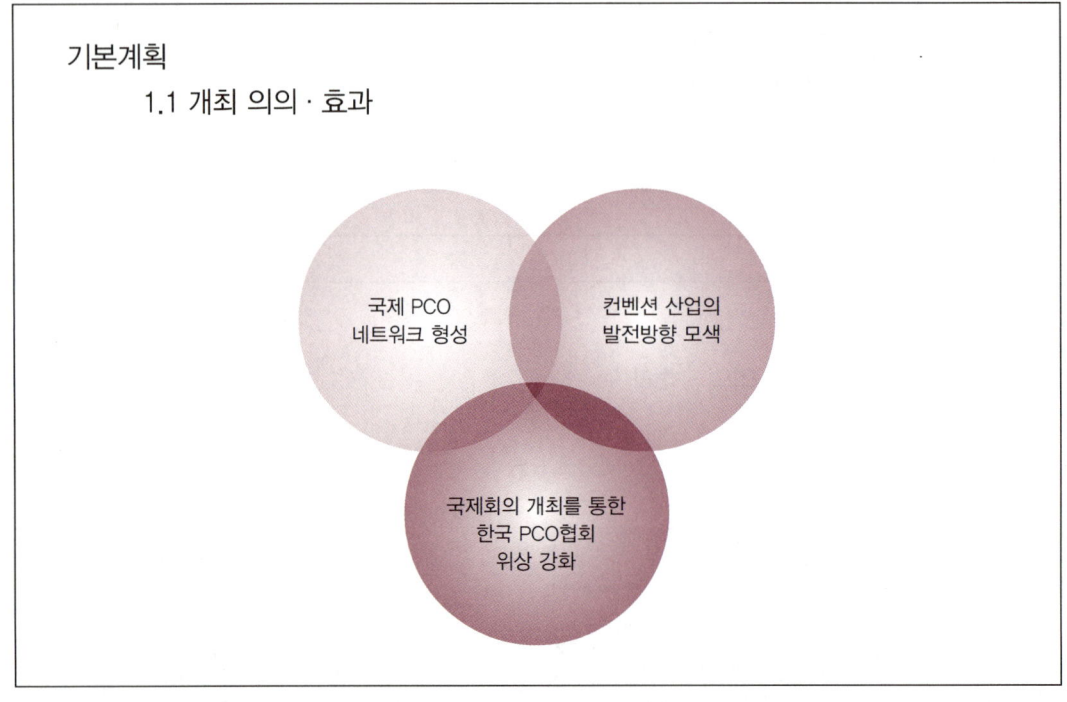

(2) 대회 개요

대회 개요는 개최되는 국제회의에 대한 정보를 전달하기 위한 부분으로, 행사에 대한 개략적인 정보를 정리한 것이다. 주어지는 제시문에 행사에 대한 다양한 정보가 주어지므로 필요한 정보를 선별하여 작성하면 된다. 대회 개요에 포함되는 내용으로는 다음과 같은 것들이 있다.

- 행사명
- 장 소
- 주 관
- 언 어
- 프로그램
- 기 간
- 주 최
- 참가대상
- 후 원

Plus one 자주 출제되는 회의주제의 영문 행사명 예

① 국제의학연구학회 연차총회
- 국문 : 제25차 국제의학연구학회 연차총회
- 영문 : The 25th Annual Conference of International Medical Association
   The 25th International Congress on Medical Association

② 세계 PCO협회 연차총회
- 국문 : 제12차 세계 PCO협회 연차총회
- 영문 : The 12th Annual Meeting of International PCO Association

예 국제의학연구학회 연차총회

기본계획
　1.2 대회 개요

행사명	제25차 국제의학연구학회 연차총회 (The 25th Annual Conference of International Medical Association)	
일 시	2024년 11월 11일(월)~11월 14일(목) 4일간	
장 소	제주 컨벤션센터(ICC JEJU)	
주 최	대한의학회	
주 관	(주)한라산컨벤션서비스	
참가대상	각국의 의학연구학회 회원과 비회원, 연구원, 레지던트 등	
참가인원	약 1,000명(내국인-400명, 외국인-600명)	
언 어	영어	
후 원	보건복지부, 한국과학기술단체총연합회, 한국관광공사	
프로그램	공식 프로그램	개회식, 폐회식, 환영연, 환송연, 한국의 밤
	회의 프로그램	특별강연 3회, 심포지엄, 포스터 발표, 전시회, 자유연제발표

예 세계 PCO협회 연차총회

기본계획
　1.2 대회 개요

행사명	제12차 세계 PCO협회 연차총회 (The 12th Annual Meeting of International PCO Association)	
일 시	2024년 12월 16일(월)~19일(목) 총 4일간	
장 소	서울 COEX	
주 최	문화체육관광부	
주 관	(주)남산컨벤션서비스	
참가대상	세계 PCO협회 회원 및 비회원사	
참가인원	약 1,000명(내국인-300명, 외국인-700명)	
언 어	영어/한국어	
후 원	한국관광공사	
프로그램	공식 프로그램	개회식, 폐회식, 환영연, PCO의 밤
	학술 프로그램	총회, 분과회의 3회

(3) 행사 Concept

행사 Concept는 행사를 성공적으로 개최하기 위하여 '국제회의 전체에 대한 기본방향'을 설정한 것이다. 행사 목표가 설정되어 있다면 목표를 달성하기 위한 구체적인 방향을 제시해야 한다.

회의 주제가 '국제의학연구학회'나 '세계 PCO협회 연차총회'로 출제되었을 때 가능한 대표적인 행사 Concept는 다음과 같다.

① 국제의학연구학회 연차총회
   ㉠ 대회 콘셉트와 한국의 문화 조화
   ㉡ 다양한 프로그램을 제공
   ㉢ 의학계 종사자들의 정보교류와 화합의 장
   ㉣ 의학계의 선두주자로서 위상 강화
   ㉤ 참가자 맞춤 서비스 제공

② 세계 PCO협회 연차총회
   ㉠ 흥미롭고 다양한 행사를 제공
   ㉡ 한국의 전통미를 표현
   ㉢ PCO 강국으로서 한국의 이미지 구축
   ㉣ PCO 단체들의 교류의 장
   ㉤ 대회 취지와 목적을 실현하는 기획

③ 그 외의 행사 Concept
   ㉠ 전문적인 학술대회 추구
   ㉡ 효율적인 운영비 책정
   ㉢ 홍보를 통한 학회의 위상 제고
   ㉣ 효율적 시스템에 의한 진행

예 국제의학연구학회 연차총회

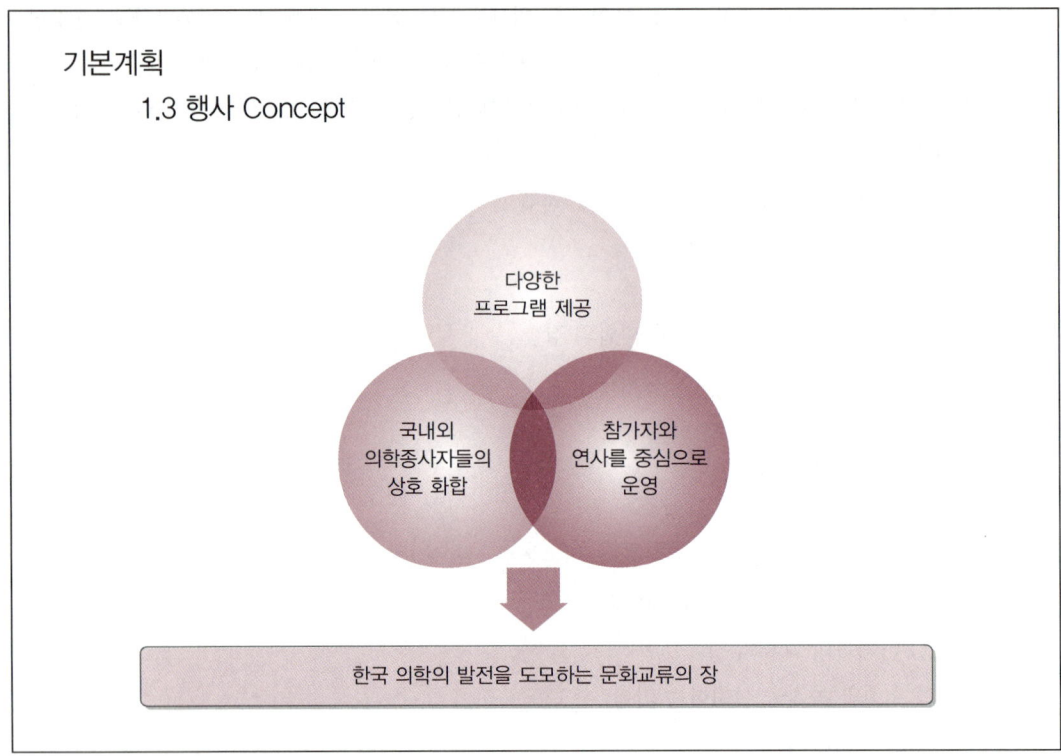

예 세계 PCO협회 연차총회

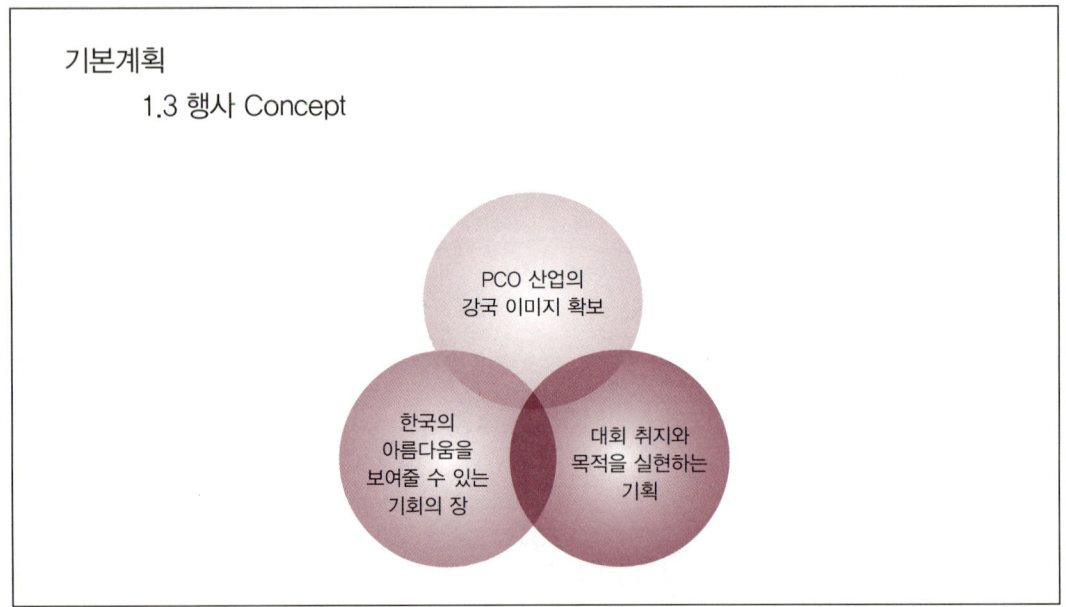

(4) 행사일정표

행사일정표란 행사나 의식을 원활히 진행하기 위하여 진행순서를 시간대별로 계획한 문서를 말한다. 행사가 진행되는 동안의 세부적인 일정을 '30분 또는 1시간 단위'로 나누어 시간표로 작성한다.

행사일정표는 국문과 영문으로 모두 작성이 가능하며, 행사 진행 시 현장에서 발생할 수 있는 다양한 변수를 미리 고려하여 작성해야 한다.

① 제시문에 언급되어 있는 일정에 관한 정보를 모두 포함시켜서 일정표를 작성한다.
② 일정표는 파워포인트 내에서 표로 작업한다(엑셀을 이용하지 않고 가능).
③ 전시·포스터발표(Exhibition, Poster Session)는 세로쓰기로 작성한다.

Plus one 행사일정표 작성 시에 필요한 주요 어휘

- 개회식 : Opening Ceremony
- 폐회식 : Closing Ceremony
- 등록 : Registration
- 환영연 : Welcome Reception (Party)
- 환송연 : Farewell Reception (Party, Dinner)
- 한국인의 밤 : Korean Night
- 특별강연 : Special Lecture
- 심포지엄 : Symposium
- 자유연제발표 : Oral Session
- 워크숍 : Workshop
- 전시회 : Exhibition
- 포스터발표 : Poster Session
- 분과회의 : Sectional Conference
- 총회 : General Assembly

예 국제의학연구학회 연차총회

기본계획
2. 행사일정표

	Nov.11th(Mon.)	Nov.12th(Tue.)	Nov.13th(Wed.)	Nov.14th(Thu.)
9:00	Registration / On-site Registration	Exhibition / Poster Session	Exhibition / Poster Session	Breakfast
10:00		Breakfast	Breakfast	Special Lecture III
11:00		Special Lecture I	Symposium	Coffee Break
12:00		Lunch	Lunch	Lunch
13:00				Closing Ceremony
14:00	Opening Ceremony	Oral Session	Special Lecture II	Tour
15:00				
16:00				
17:00		Coffee Break	Coffee Break	
18:00	Welcome Reception	Korean Night	Farewell Dinner	
19:00				
20:00				

예 세계 PCO협회 연차총회

기본계획
2. 행사일정표

	Dec.16th(Mon.)	Dec.17th(Tue.)	Dec.18th(Wed.)	Dec.19th(Thu.)
9:00	Registration / On-site Registration	Sectional Conference I	Sectional Conference II	
10:00				
11:00				Closing Ceremony
12:00		Lunch	Lunch	
13:00	Opening Ceremony	Optional Tour	Sectional Conference III	
14:00				
15:00	Coffee Break			
16:00	General Assembly		Coffee Break	
17:00				
18:00	Welcome Reception		PCO Night	
19:00				
20:00				

3 추가항목

(1) 조직도

컨벤션 운영조직은 행사의 특성에 따라 차이가 있기는 하지만, 일반적으로 행사를 이끌어 가기 위한 '조직위원회'와 각각의 '분과위원회' 그리고 '사무국'으로 구성된다.

분과위원회는 해당 컨벤션의 성격에 따라 그 수와 분류되는 기준이 다양하며, 행사의 규모에 따라 여러 개의 분과위원회가 분류되거나 합쳐질 수 있다. 사무국은 행사를 진행하기 위한 실무업무를 수행하기 위한 곳으로 대개 PCO에게 위임하여 운영하는 것이 일반적이다. 사무국은 대표적으로 총무, 인사, 예산에 관련된 업무 전반과 관련 기관 및 단체와의 접촉, 본부임원 및 초청인사에 관련된 업무를 담당한다.

① 조직위원회

국제회의에서 조직위원회는 개최업무를 추진하기 위한 본부 측의 준비위원회와 개최지의 준비위원회로 나뉜다. 조직위원회의 위원장은 행사의 구심점으로 최고 결정권을 갖는다.

② 자문위원회

일반적으로 해당 국제회의 분야의 원로들로 구성되며 행사전반에 관한 조언을 한다.

③ 사무국

회의를 이끌어가는 핵심 조직으로 회의준비기간 동안 본부와 수시로 정보를 교환하고 여러 기구와 협의·조정하는 업무를 담당한다. 사무국 구성원은 실무를 담당할 수 있어야 하므로 국제회의 전문용역업체인 PCO를 활용하는 경우가 많다.

④ 사무총장

행사전반에 대한 관리를 비롯하여 자금관리와 사무업무를 관장한다.

⑤ 분과위원회

국제회의를 실제적으로 추진하기 위한 세부조직으로 준비위원회의 결정에 따라 실질적인 회의준비와 운영을 담당한다. 분과위원회는 일반적으로 '재무, 수송, 숙박, 사교행사, 홍보, 관광, 등록, 의전, 회의, 전시' 위원회로 분류한다.

예

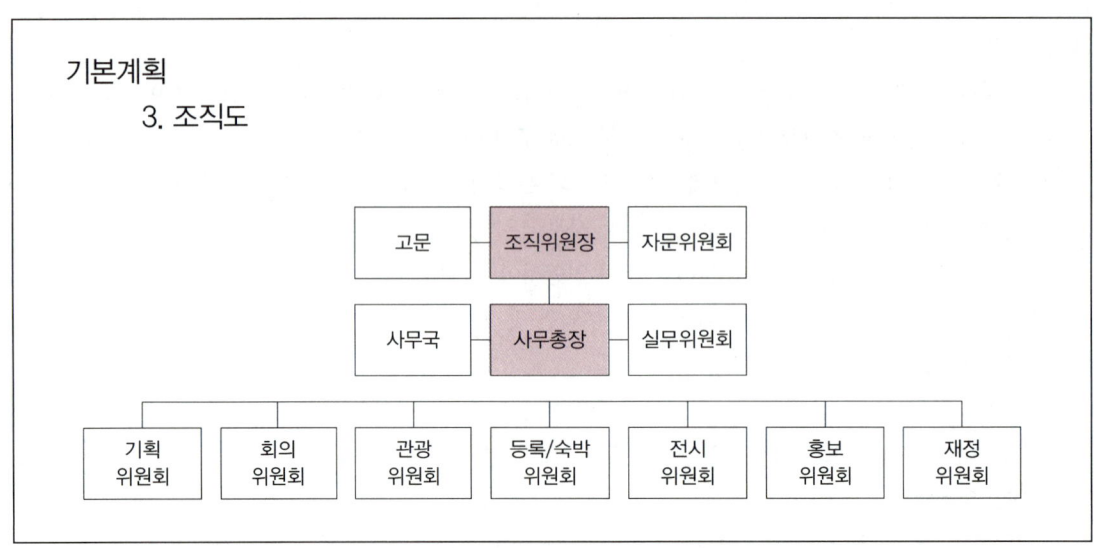

기본계획
3. 조직도

(2) SWOT 분석

SWOT 분석이란 'Strengths(강점), Weaknesses(약점), Opportunities(기회), Threats(위협)'의 합성어로 다방면에서 대상을 분석하는 것이다. 기획서의 SWOT 분석은 회의 개최 시의 강점과 약점, 기회요소와 위협요소를 분석하는 것을 말한다.

SWOT 분석은 개최 예정인 회의에 대하여 분석하거나 국제회의 주최 측을 기준으로 분석하며, 실제 지문에서 분석 자료가 제공되는 것은 아니므로 가상으로 분석내용을 작성해야 한다.

> **Plus one** 기획서의 SWOT 분석
>
> - **Strengths(강점)**
>   국제회의와 회의 개최지가 가지고 있는 내부적 강점
>
> - **Weaknesses(약점)**
>   국제회의와 회의 개최지가 가지고 있는 내부적 약점
>
> - **Opportunities(기회)**
>   주최 측이 국제회의를 개최함으로써 얻을 수 있는 기회와 회의주제와 관련된 국제시장의 기회
>
> - **Threats(위협)**
>   주최 측의 국제회의 개최로 인한 외적 위협요소와 회의주제와 관련된 국제시장의 위협

예

기본계획
    4. SWOT 분석

Strengths
- 핵심전략산업과 연계된 국제회의 잠재시장성과 미래 전망이 밝음
- 국제공항, 국제여객부두, KTX 등으로 국내외 방문객의 접근성이 양호
- 대규모 국제회의를 개최한 전력
- 전폭적인 지자체의 지원

Weaknesses
- 전문인력의 부족(국제회의기획업의 영세성)과 노하우의 부족
- 해외 컨벤션단체와의 전략적 제휴가 미흡
- 국제공항과의 대중교통수단 불편
- 대회 규모에 비해 수송, 숙박이 미흡

Opportunities
- 지역별 민속, 관광축제와 같은 Event가 매년 증가
- 정부로부터 국제회의 도시로 지정받아 행정·재정적 지원을 받을 수 있게 됨

Threats
- 원화가치 상승, 고유가, 테러 등의 영향으로 관광경기 후퇴 예상
- 개최경쟁국의 새로운 컨벤션센터 완공
- 국제회의 개최를 위한 아시아 경쟁국들의 경쟁 심화

03 세부운영계획

[주요 컨벤션센터 회의시설]

컨벤션센터	위 치	회의 시설
Coex	서 울	컨퍼런스룸, 오디토리움, 그랜드볼룸
Bexco	부 산	오디토리움, 컨벤션홀, 누리마루
Exco	대 구	컨벤션홀, 오디토리움, 그랜드볼룸
ICC JEJU	제 주	탐라홀, 한라홀, 삼다홀, 영주홀, 백록홀
Songdo Convensia	인 천	그랜드볼룸, 프리미어볼룸, 중·소회의실
KINTEX	일 산	그랜드볼룸, 이벤트홀, 통합회의실, 대회의실, 중회의실, 분할회의실, VIP회의실
김대중 컨벤션센터	광 주	컨벤션홀, 중소회의실, 다목적홀
DCC(Daejeon Convention Center)	대 전	그랜드볼룸, 컨퍼런스홀, 중회의실, 소회의실, 중회의장
SCC(Suwon Convention Center)	수 원	통합회의실, 중소회의실, 컨벤션홀
경주화백 컨벤션센터(경주HICO)	경 주	전시장, 회의장, 컨벤션홀

※ 기출문제에는 Coex, Bexco, ICC JEJU가 자주 출제됨

1 개회식

(1) 목 차

① 기본항목

항 목	내 용
개회식 개요	개회식 행사관련 정보
개회식 Concept	개회식 성공을 위한 기본방향과 전략
개회식 업무흐름도	개회식 준비 업무흐름도
개회식 세부 일정표(Time Table)	개회식 당일의 세부 진행일정
개회식장 Floor Plan	개회식장의 도면

② 선택항목(추가항목)

항 목	내 용
인력관리	개회식 영접요원 교육 및 현장배치
개회식 홍보전략	언론사에 개회식에 대한 보도자료 제공 슬라이드 (회의 의의·효과, 참석 정부관료 및 Guest Speaker 등의 내용)
개회식 필요 기자재 및 장비	노트북, 빔 프로젝트 등의 필요 장비
개회식장 교통편의 제공	개최식장과 호텔 간 교통편의 제공

(2) 항목별 세부 슬라이드 내용

① 개회식 행사 개요

개회식의 행사 개요에는 개회식의 '일시, 장소, 대상, 주최, 주관, 성격' 등 개회식과 관련된 다양한 정보를 포함하여 작성한다.

예 국제의학연구학회 연차총회

세부운영계획

개회식 개요

- 일시 : 2024년 11월 11일(월) 10:00~11:00
- 장소 : ICC JEJU 탐라홀
- 대상 : 회원, 비회원과 동반자 포함 약 1,000명
- 주최 : 대한의학회
- 주관 : (주)한라컨벤션서비스
- 후원 : 보건복지부, 한국과학기술단체총연합회, 한국관광공사
- 성격 : 개최지를 처음 소개하는 행사이므로 차분한 분위기 연출

예 세계 PCO협회 연차총회

세부운영계획

개회식 개요

- 일시 : 2024년 12월 16일(월) 10:00~11:00
- 주제 : Convention is Everybody's Business
- 장소 : COEX 오디토리움
- 대상 : PCO협회 회원, 비회원 및 동반자 1,000여 명
- 주최 : 문화체육관광부
- 주관 : (주)남산컨벤션서비스

---

② 개회식 Concept

개회식 Concept는 개회식을 성공적으로 진행하기 위한 기본방향과 전략으로, 회의의 성격과 목적에 따라 다양하게 설정할 수 있다. 출제되는 회의주제에 맞게 작성하면 된다.

예 국제의학연구학회 연차총회

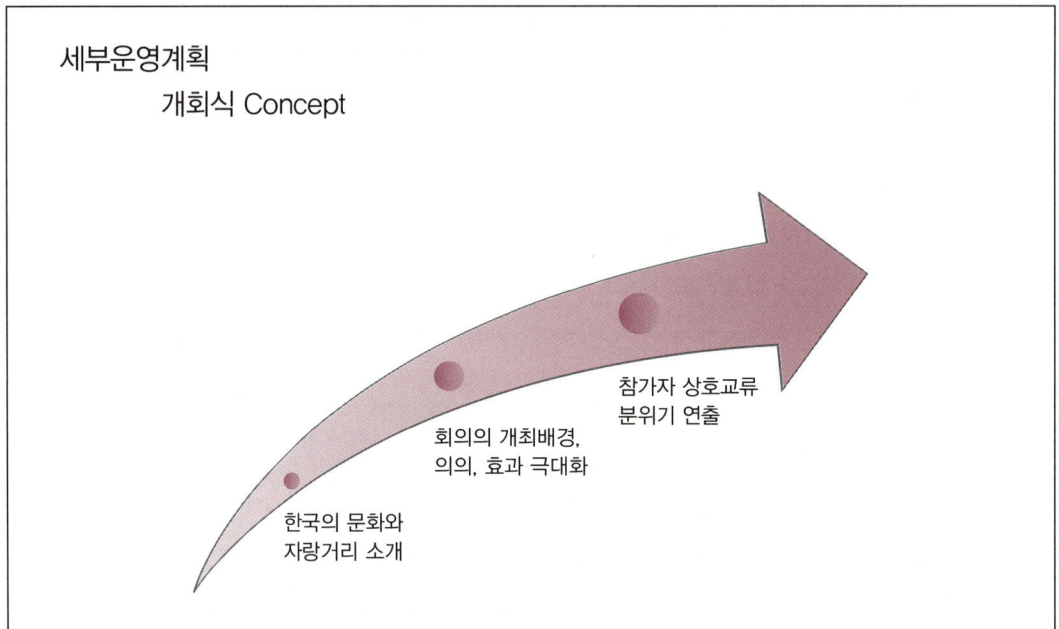

예 세계 PCO협회 연차총회

③ 개회식 업무흐름도

개회식 날짜를 정하고 장소를 선정하는 것과 같은 기본적인 계획부터 시작하여 개회식 당일 진행까지 개회식 행사 전체의 업무준비 흐름도를 '개회식 업무흐름도'라고 한다. 일반적으로 업무흐름도는 '개회식의 규모 확인 → 기본계획의 수립 → 장소 선정 → 개회식 진행준비 → 개회식 Set Up → 개회식 진행'의 순서로 진행되며, 각 단계마다 구체적으로 진행되어야 할 업무를 작성한다.

예

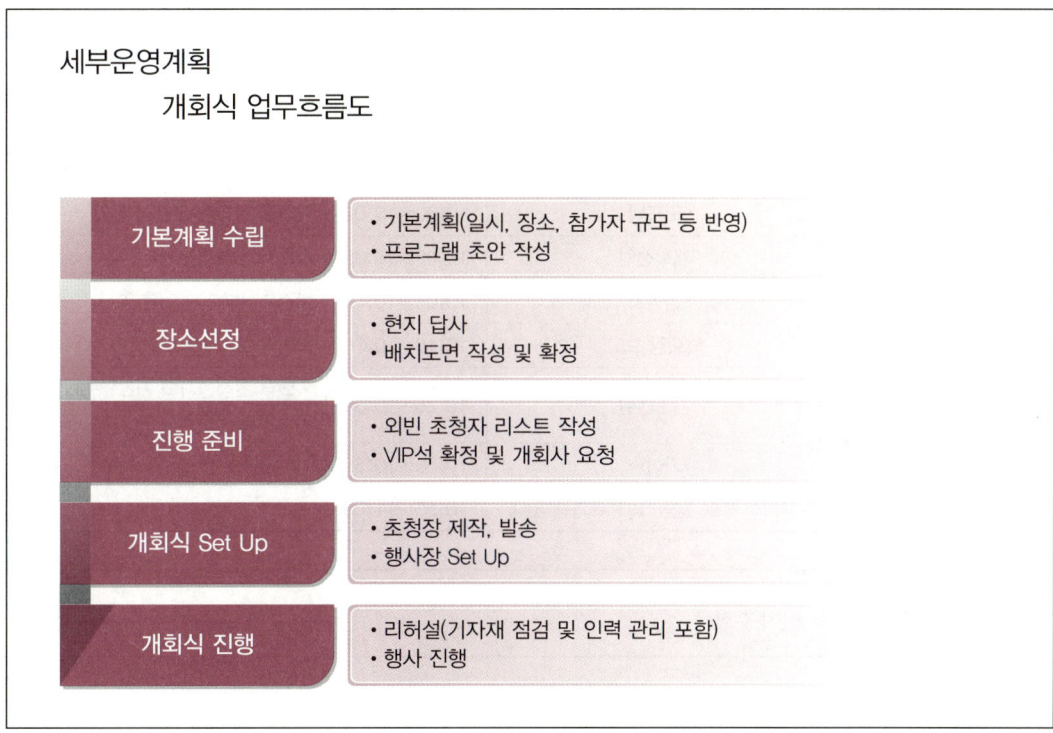

④ 개회식 세부 일정표

개회식 리허설에서부터 기조연설에 이르기까지 행사 당일의 현장에서의 진행 흐름도를 '세부 일정표'라고 한다. 시간별로 나뉜 Time Table에 맞추어 상세하게 준비된 프로그램의 내용을 적는다.

예 국제의학연구학회 연차총회

세부운영계획
개회식 세부 일정표

구 분	내 용	시 간	세부내용
리허설	최종 점검	9:00~9:30	• 기자재 및 음향 확인 • 인력 정위치
영 접	사회자 도착 및 준비	9:30~9:45	• 공연단 도착 확인 • 사회자 등장 후 전체 착석 유도
	참가자 입장 및 영접	9:45~10:00	• VIP 및 일반참가자 입장 및 착석 • 조명으로 대한의학회 로고 부각
개회선언	오프닝	10:00~10:02	개막을 알리는 오프닝 음악
	개회선언	10:02~10:05	사회자의 개회선언
	환영사	10:05~10:15	보건복지부 장관의 환영사
보 고	학회장 보고	10:15~10:25	학회장 보고자료 스크린 안내
기조연설	기조연설	10:25~10:30	• 외부 초청연사의 기조연설 • 영한 동시통역
축하공연	가야랑	10:30~10:55	가야금 1호 여성듀오 가수
폐 회	개회식 종료 알림 및 프로그램 안내	10:55~11:00	

예 세계 PCO협회 연차총회

세부운영계획
개회식 세부 일정표

구 분	내 용	시 간	세부내용
사전준비	사전준비 및 점검	9:00~9:30	• 행사장 Setting 및 점검 완료 • 행사 관련 요원 대기
영 접	참가자 입장 및 영접	9:30~10:00	• 참가자 입장 및 착석 • 조명으로 중앙 무대 부각
개회선언	오프닝	10:00~10:02	개막을 알리는 오프닝 음악
	개회선언	10:02~10:05	KAPCO 협회장의 개회선언
	환영사	10:05~10:10	문화체육관광부 장관
기조연설	기조연설	10:10~10:20	VIP 참가자 Dr.qulie
보 고	세계 PCO협회 사무총장 활동보고	10:20~10:35	세계 PCO협회의 연간 활동실적 보고
축하공연	리틀엔젤스의 축하공연	10:35~10:50	민속무용 및 합창
폐 회	개회식 종료 알림 및 프로그램 안내	10:50~11:00	

⑤ 개회식장 Floor Plan

개회식이 열리는 회의장과 연회장의 배치도면으로 '강의식, 연회식, 오디토리움'의 형태로 구분할 수 있다.

㉠ 강의식(교실식)

의자를 일렬로 늘어놓은 형태로 참가자 사이의 상호 연결성이 낮다. 1인당 면적이 넓은 특징을 가진 좌석배치 방식이다.

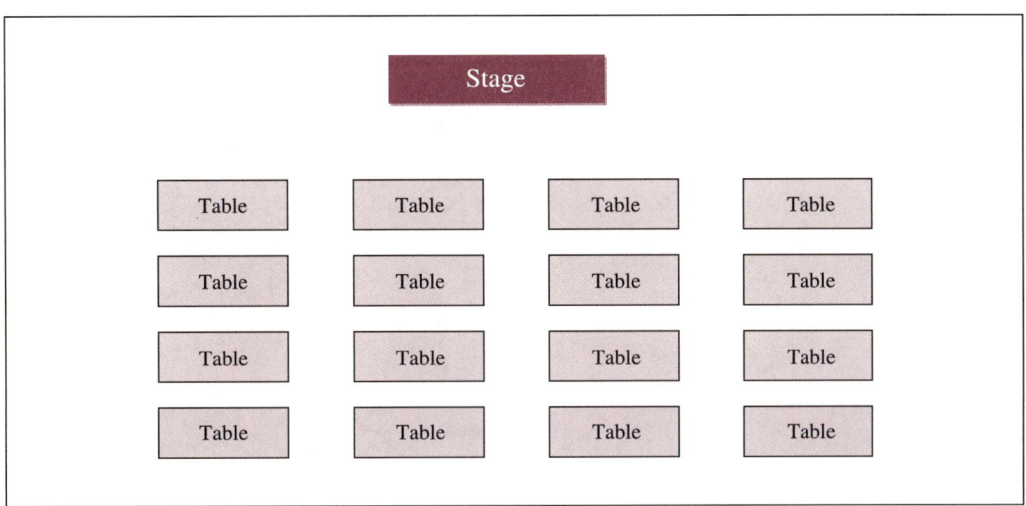

㉡ 연회식

원탁 회의식 형태로 참가자들 사이의 대화가 용이하며, 음식 서빙이 편리한 특징을 가진 좌석배치 방식이다.

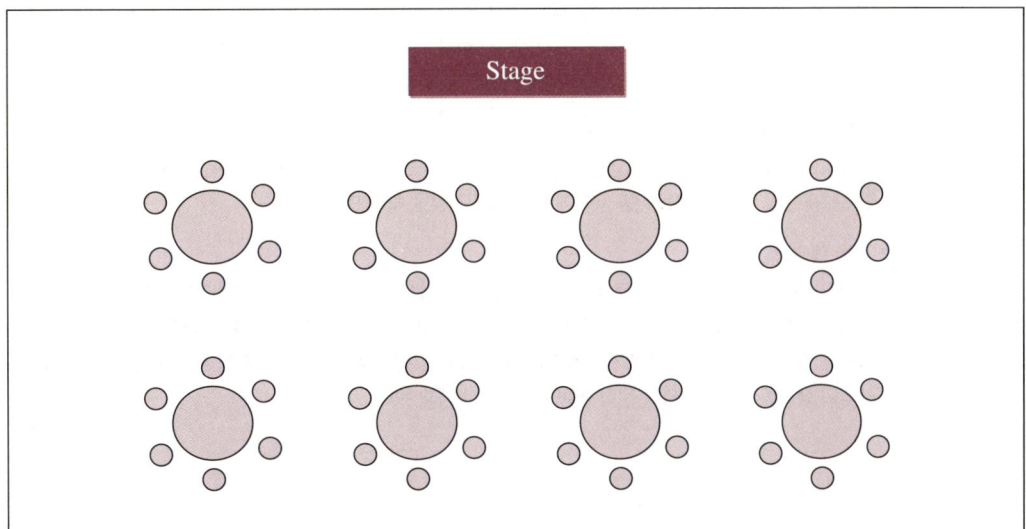

ⓒ 오디토리움(극장식)

의자를 일렬로 늘어놓은 형태로 뒤로 갈수록 좌석을 높여주어야 한다. 1인당 면적이 가장 넓은 좌석 배치 방식이다.

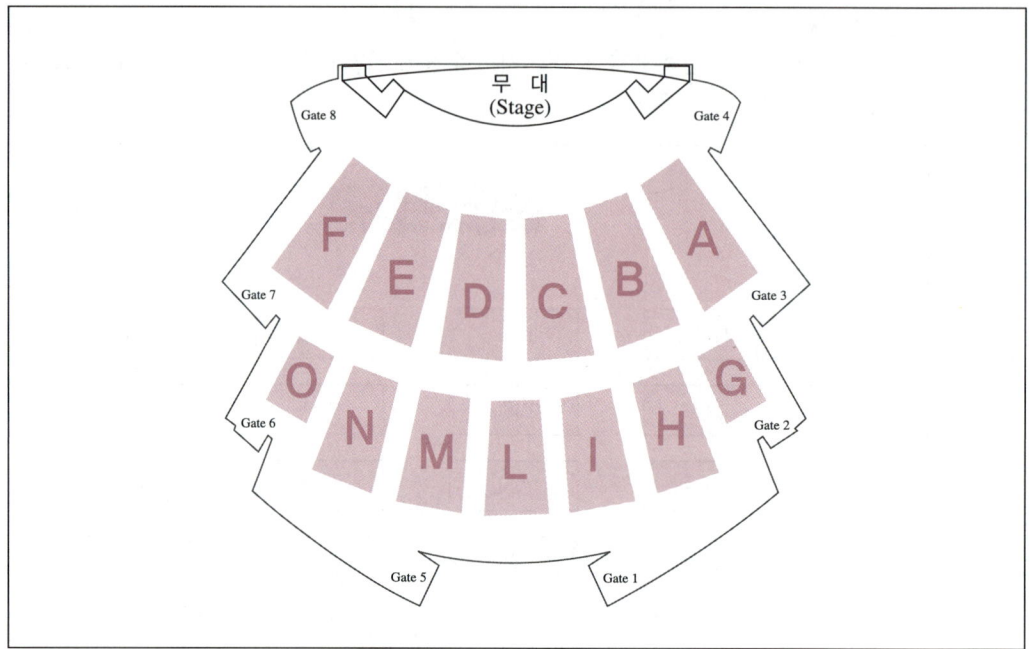

Plus one   개회식, 폐회식 공연을 위한 국내 유명 공연단

1. 리틀엔젤스예술단

(재)한국문화재단이 설립한 어린이들로 구성된 한국전통예술단이다. 문화예술과 한민족의 애호정신을 심어주기 위하여 1962년 5월 5일 창단되었으며, 8~14세 소녀 단원 200여 명으로 구성되어 있다. 창설 이후 40여 년 동안 6,000회 이상의 국내외 무대와 500회 이상의 TV 출연으로 평화사절단 역할을 해오고 있다.

2. 김덕수 사물놀이패

한국의 전통 음악 연주가이자 사물놀이를 처음 만든 김덕수가 단장이 되어 창단한 사물놀이패로 일본, 미국 등 해외 순회공연을 하며 사물놀이를 세계에 알려 국위선양을 하고 있다.

3. 서울 예술단

1986년 창설된 문화체육관광부 산하의 재단법인 공연예술 단체로 한국적 소재의 창작 음악극 및 가무극 제작, 공연을 목적으로 세워졌다. 40여 명의 단원으로 구성되어 있으며, 매년 3~4회씩 예술의 전당과 국립극장 등에서 정기공연을 갖는다. 1993년 대전엑스포의 개막식과 폐회식 공연, 2008년 북경 올림픽 공식 문화행사 등 다양한 국내외 행사에 참여하였으며 문화사절단 역할을 수행해 왔다.

2 폐회식

(1) 목 차

① 기본항목

항 목	내 용
폐회식 개요	폐회식 행사관련 정보
폐회식 Concept	폐회식 성공을 위한 기본방향과 전략
폐회식 업무흐름도	폐회식 준비 흐름도
폐회식 세부 일정표(Time Table)	폐회식 당일의 세부 진행일정
폐회식장 Floor Plan	폐회식장의 도면

② 선택항목(추가항목)

항 목	내 용
인력관리	폐회식 진행요원 교육 및 현장배치
폐회식 필요 기자재 및 장비	노트북, 빔 프로젝트 등의 필요 장비
차기 개최 예정지 소개	영상화면 자료를 통한 소개

(2) 항목별 세부 슬라이드 내용

① 폐회식 행사 개요

폐회식의 행사 개요에는 폐회식의 일시, 장소, 대상, 주최, 주관, 성격 등 폐회식과 관련된 다양한 정보를 포함하여 작성한다.

예

세부운영계획

　　폐회식 행사 개요

◆ 일시 : 2024년 11월 14일(목) 11:00~12:00

◆ 장소 : 제주 ICC 6층 탐라홀

◆ 참가자 : 약 1,000여 명(내국인 400명, 외국인 600명)

◆ 구성 : 영접, 대회 총평, 차기 개최국 인사, 폐회사

◆ 주관 : (주)한라산컨벤션서비스

◆ 성격 : 대회 일정을 마무리하고 정리하는 차분한 분위기

---

② 폐회식 Concept

폐회식의 Concept는 폐회식을 성공적으로 진행하기 위한 방향과 전략으로, 회의의 성격과 목적에 따라 다양하게 설정할 수 있다.

예 국제의학연구학회 연차총회

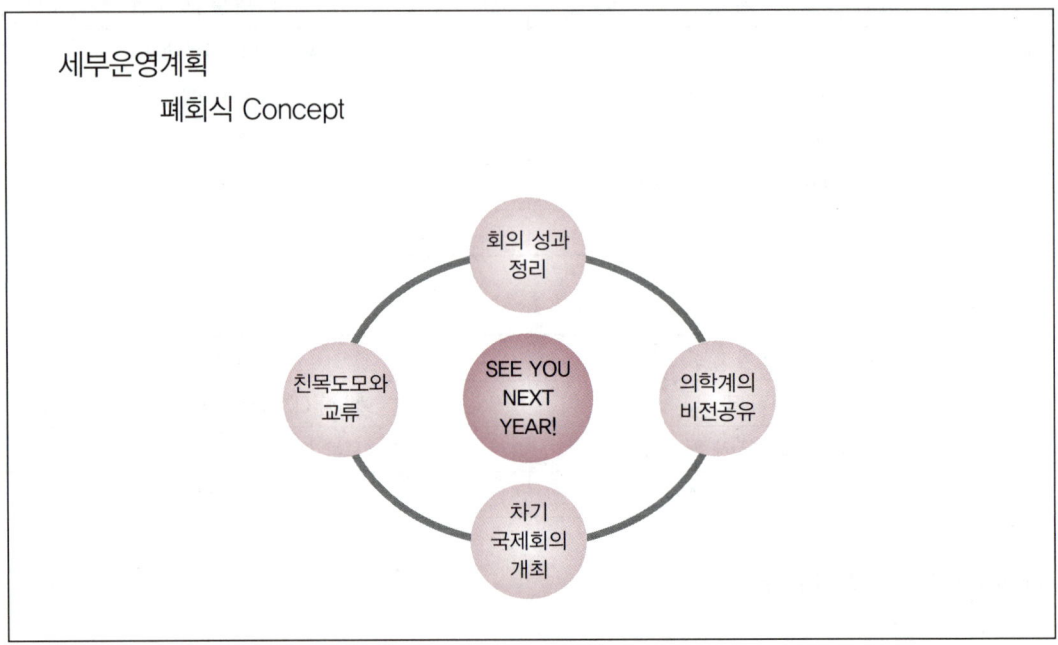

예 세계 PCO협회 연차총회

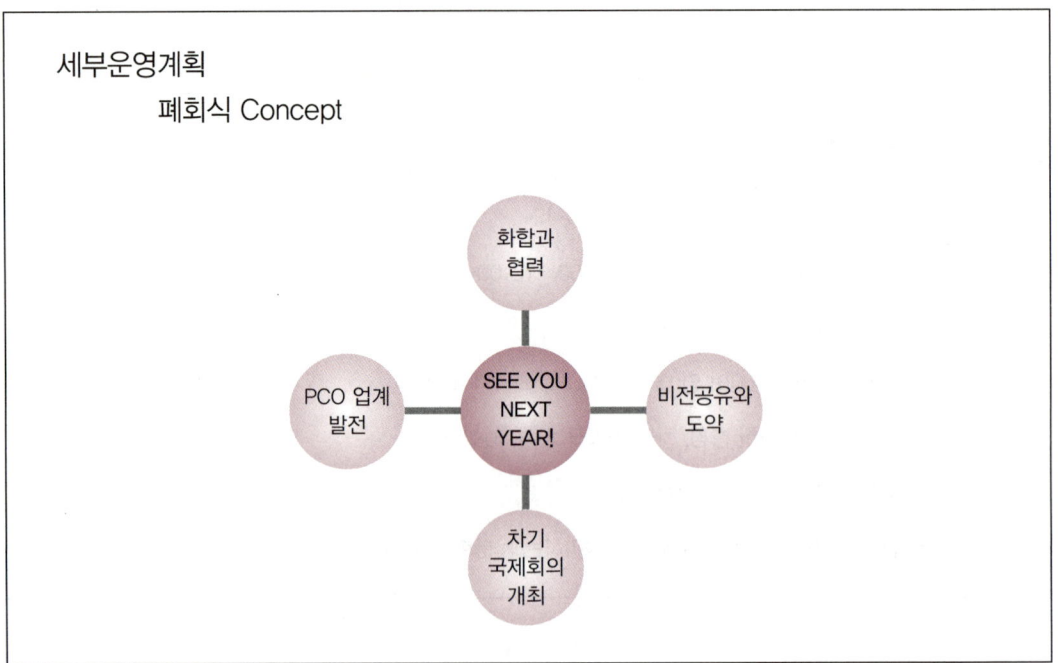

③ 폐회식 업무흐름도

폐회식 업무흐름도는 폐회식 날짜·장소와 같은 기본적인 계획수립에서부터 행사 당일 폐회식 일정까지를 총괄하는 행사 전반에 관한 업무 흐름을 나타낸 것이다. 폐회식 업무준비 흐름은 일반적으로 '기본계획의 수립(행사 날짜, 장소, 프로그램 초안 수립) → 기본계획의 확정(초안의 확정) → 초청자 명단(일반 초청자와 VIP 구분) → 폐회사 요청 → 초청장 제작 및 발송 → 행사장 Set Up → 행사진행'과 같은 순서로 진행된다. 각각의 단계는 계획에 따라 더 많은 단계로 구체화가 가능하다.

예

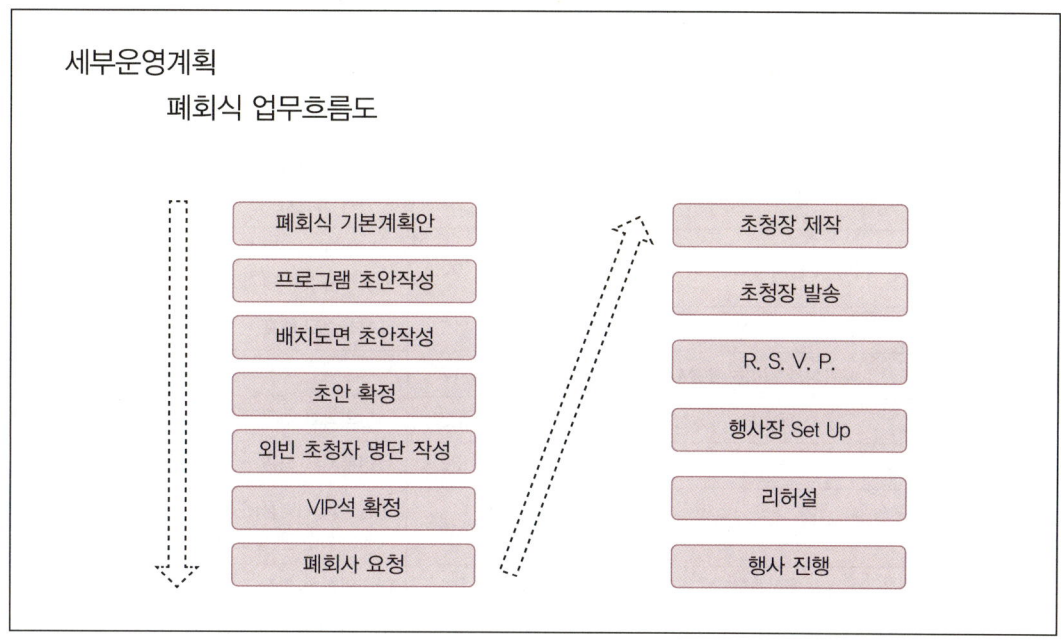

④ 폐회식 세부 일정표

폐회식 리허설에서부터 폐회선언까지 폐회식 현장에서의 진행흐름도를 시간별로 나눈 Time Table에 맞추어 적는다. 행사 진행순서는 대회의 성격에 따라 구성이 달라지며, 정형화된 순서가 있는 것이 아니므로 기획한 시나리오에 따라 공연, 시상식 등 다양한 구성을 자유자재로 변경할 수 있다.

예 국제의학연구학회 연차총회

세부운영계획
폐회식 세부 일정표

내용	시간	내용
행사장 Set Up 확인	10:30~10:50	• 기자재 및 BGM 준비 • 인력 정위치
사회자, 통역사 도착 확인	10:50~11:00	• 사회자 – 손범수 • 동시통역사 대기 확인
VIP, 참가자 입장 및 착석	11:00~11:15	폐회식순지 배포
폐회식을 알리는 BGM	11:15~11:17	
폐회사	11:17~11:20	대한의학회 회장
격려사	11:20~11:25	보건복지부 장관
시상식 및 수상소감	11:25~11:35	• 상장과 기념품 준비 • 최우수 논문 발표자
대회총평	11:35~11:40	대한의학회 회장
차기 개최지 소개	11:40~11:55	• 차기 개최국 조직위원장 • 개최국 관련 홍보영상 상영
폐회선언	11:55~12:00	

예 세계 PCO협회 연차총회

세부운영계획
　　폐회식 세부 일정표

내 용	시 간	내 용
Stand-by	10:30~10:50	• 최종 점검 • 기자재 및 BGM 준비 • Staff 정위치 • 사회자 도착 확인
VIP, 참가자 입장 및 착석	10:50~11:00	• VIP 먼저 입장 • 참가자 입장 후 착석 유도
폐회식을 알리는 BGM	11:00~11:03	
폐회사	11:03~11:10	한국 PCO협회 회장
대회총평	11:10~11:15	문화체육관광부 국제관광과장
공 연	11:15~11:40	서울 예술단
차기 개최지 소개	11:40~11:55	차기 개최지 홍보영상
폐회선언	11:55~12:00	선언 후 참가자 간의 교제시간 유도

⑤ 폐회식장 Floor Plan

폐회식장 장소에 따라 오디토리움, 교실식, 연회식으로 구분하여 도면으로 작성한다.

예

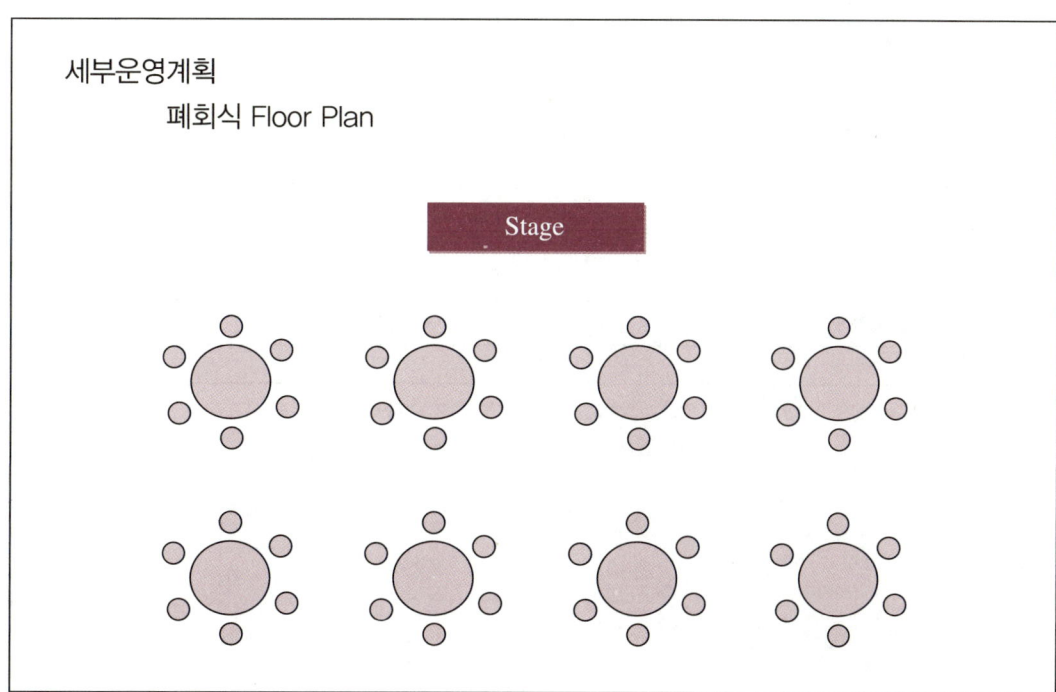

3 (학술)회의

(1) 목 차

항 목	내 용
회의 개요	회의 세부프로그램 내용
회의 기본방향	회의 성공을 위한 기본방향과 전략
회의 업무흐름도	논문(모집, 접수, 발표), 회의기획, 초청연사(선정, 영접절차) 관련 흐름도
회의 세부 일정표	사회자 소개, 발표 일정 등 세부 진행일정
회의장 운영계획	기자재를 비롯한 회의장 운영계획

(2) 회의 개요

회의 개요는 행사기간 동안에 열리는 세부적인 회의 프로그램을 간략하게 정리한 부분이다. 행사기간 동안의 회의와 관련된 '회의장, 참가대상, 참가인원, 프로그램' 등의 정보를 포함하여 다양한 방법으로 작성할 수 있다.

전체가 한 자리에 모이는 전체회의인지, 분과별로 모이는 주제별 회의인지를 구분한 후에 회의별로 어느 장소에서 언제 개최하는지를 서술한다. 회의별로 구분하여 장소를 서술해주면 더욱 좋다.

예 국제의학연구학회 연차총회

세부운영계획
학술회의 개요

주 제	의학연구와 치료의 국제화
장 소	제주국제컨벤션센터 탐라홀, 한라홀 외 기타 회의실
참가대상	학회관계자, 초청자, 레지던트 등(약 1,000명)
구 성	자유연제 1회(11월 13일) 심포지엄 1회(11월 14일) 특별강연 3회(11월 13일, 14일, 15일) 전시, 포스터 세션(상시운영)
공식언어	영 어

(3) 회의 기본방향

회의의 기본방향은 회의를 성공적으로 진행하기 위한 운영방향을 나타낸 것이다. 회의 운영방향은 일반적으로 '회의 공간의 조성, 회의 자료의 관리, 회의 전문인력의 구성'에 초점을 맞추어 작성하며, 최대한 참가자의 편의를 도모한 회의가 될 수 있도록 방향을 설정한다. 특히 학술회의의 경우에는 논문관리에 초점을 맞추어 기본방향을 설정하는 것이 좋다.

① 효율적인 논문의 접수와 관리
② 연사와의 지속적인 커뮤니케이션
③ 적절한 회의장 배치
④ 시스템의 안정적 운영(검증된 장비와 Technician 상주)
⑤ 참가자 이동 동선을 고려하여 참가자 편의를 도모
⑥ 진행요원 사전교육
⑦ 회의장 간의 네트워크 구축

예 국제의학연구학회 연차총회

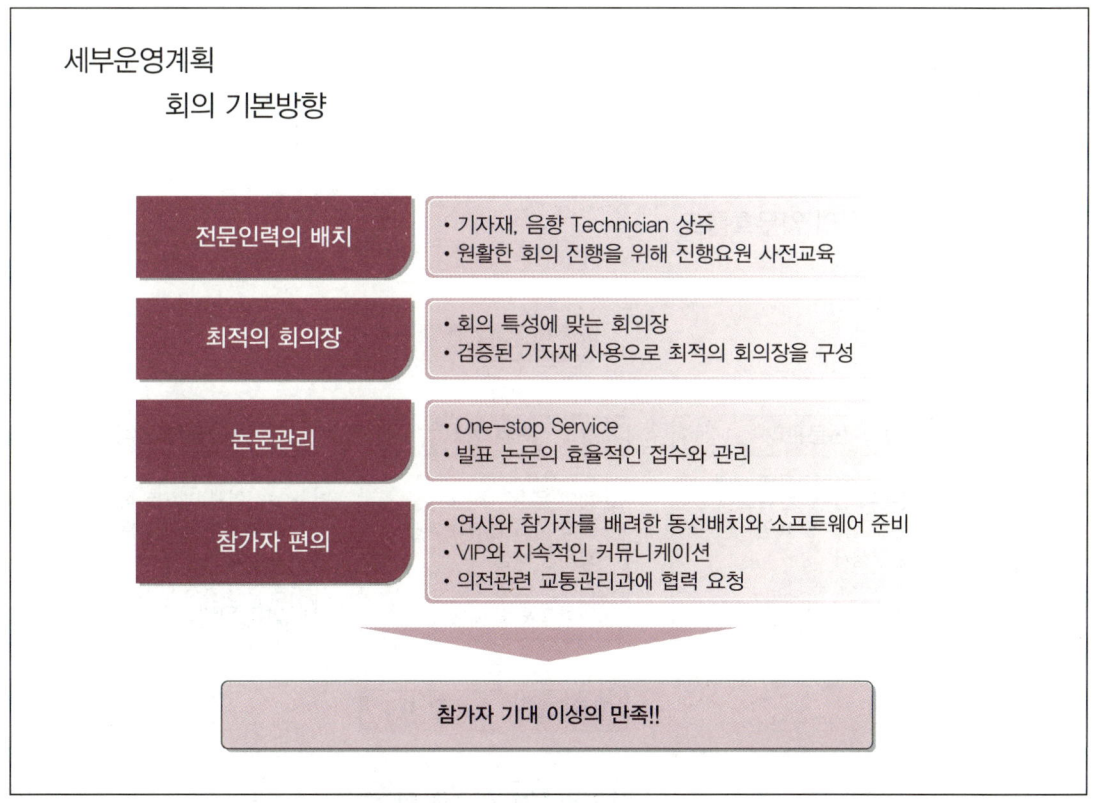

(4) 회의 업무흐름도

기본계획 수립 → 세부계획(회의기획, 논문 관리, 초청연사 관리) 수립 → 논문집 제작 → 회의 진행 → 결과보고

① 기본계획

회의주제와 장소를 선정

② 세부계획

㉠ 회의 기획 : 회의 운영안 작성 → 회의 장소 섭외 → 회의장 배정 → 기자재 준비 → 인력관리

㉡ 논문 관리 : 논문 모집 및 접수 안내 → 논문접수 → 논문심사 → 발표논문 선정 → 심사통보 → 발표일정 협의

㉢ 초청연사 관리 : 초청연사 선정 → 초청조건 협의 및 수락 → 초청장 발부 → 최종수락 → 발표주제 합의

③ 논문집 제작

④ 회의진행

회의 진행 후 최종 학술보고(결과보고)

예

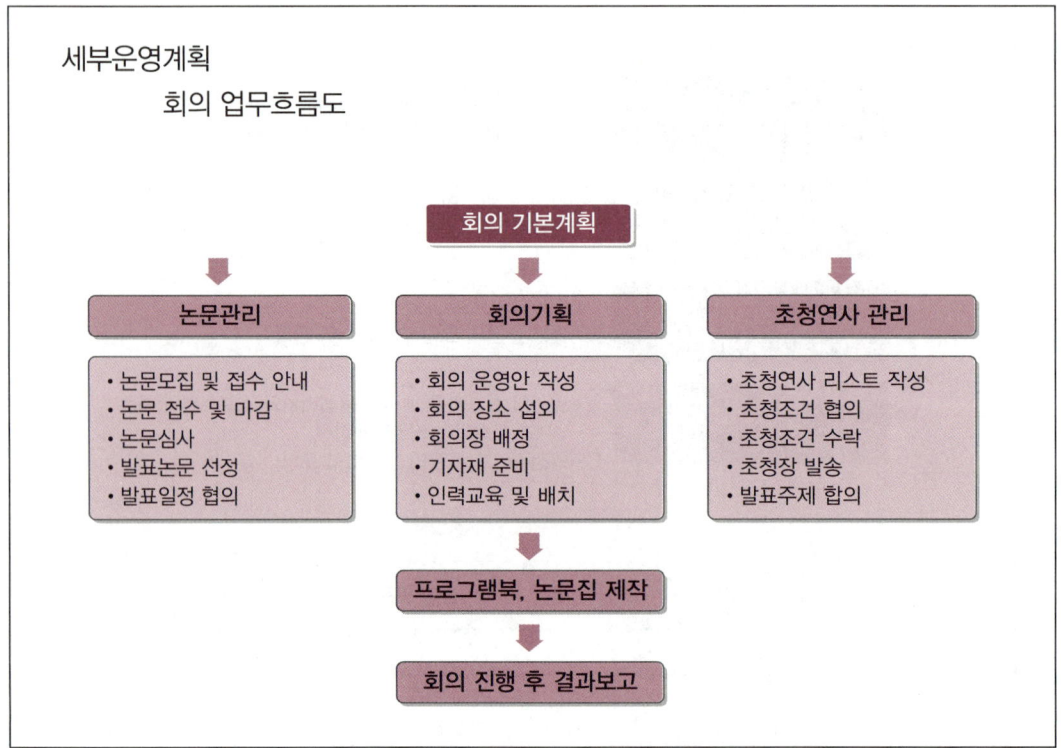

(5) 회의 진행 세부 일정표

회의장 기획에서부터 회의 진행에 이르기까지 회의를 진행하기 위한 준비 과정을 순서에 맞게 상세하게 작성한다.

① 회의장 기획

'어떤 회의장을 언제 사용할 것인지' 등 회의장 사용에 대한 전반적인 내용을 기획

② 회의장 배치 구성

회의장의 Floor Plan을 비롯한 전반적인 배치를 구성

③ 기획안 작성

진행되는 회의의 성격에 따라 회의 진행과정 시나리오를 작성

④ 리허설

⑤ 기자재 준비

회의장 마이크 등 필요 기자재의 상태 점검

⑥ 진행요원 교육

⑦ 논문집 배포

⑧ 회의진행

예

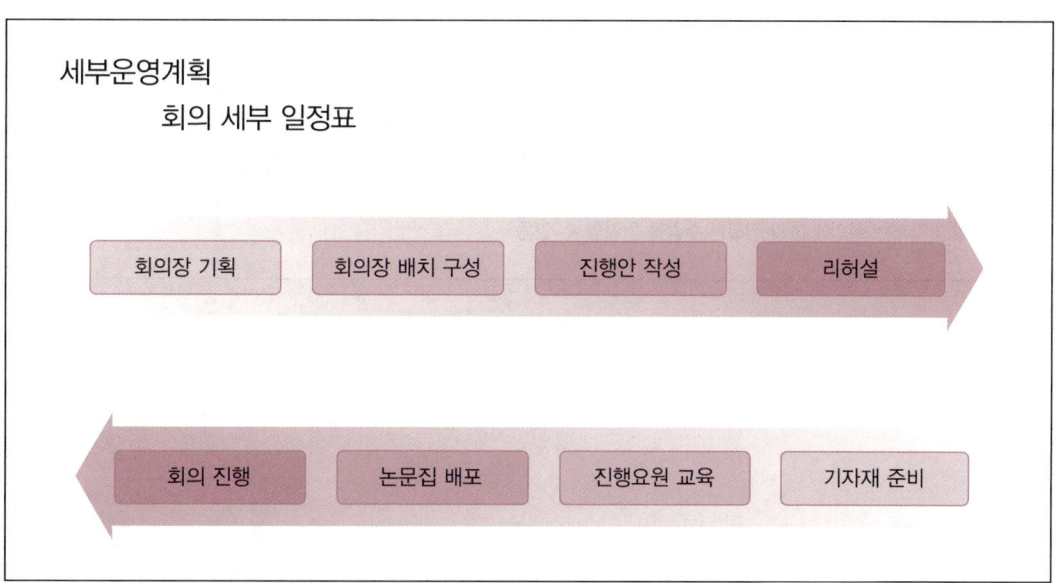

(6) 회의장 운영계획

진행 예정인 회의에 따라 참여인원에 알맞은 회의실 장소를 준비하고, 각 회의실별로 필요 기자재를 비롯한 회의장 운영계획을 작성한다.

예

세부운영계획
폐회식 Floor Plan

회의명	일시	장소	참여인원	인력배치	기자재
Special Lecture 1	11월 13일 (10:00~12:00)	영주홀 (강의식)	600명	진행요원 4명, Technician 2명	노트북, 프로젝터, 마이크1, 인터넷연결선, 음향장치, 레이저포인터, 무전기, 스크린
Special Lecture 2	11월 14일 (14:00~16:00)	한라홀 (강의식)	500명	진행요원 3명, Technician 2명	
Special Lecture 3	11월 15일 (10:00~11:00)	삼다홀 (강의식)	200명	진행요원 1명 Technician 1명	
Symposium	11월 14일 (10:00~12:00)	탐라홀 (연회식)	1,000명	진행요원 8명, Technician 4명	노트북2, 인터넷연결선, 레이저포인터2, 프로젝터1, 마이크2, 통역헤드폰
Oral Session	11월 13일 (14:00~15:00)	백록홀 (극장식)	500명	진행요원 3명	노트북4, 통역헤드폰, 인터넷연결선, 마이크2
Exhibition/ Poster Session	상시 전시	전시홀	-	안내 접수요원 1명	포스터 패널, 번호판 등

※ 기자재는 회의에 따라 정확한 수량을 입력할 수 있음

4 관광

(1) 목차

항목	내용
관광 콘셉트	개최지역의 문화, 역사, 명소 등을 소개하는 콘셉트
관광 운영계획	기본계획, 예산, 프로그램, 안내데스크 운영방안
성공전략	관광을 효과적으로 진행하기 위한 전략
업무 흐름도	관광 프로그램을 준비하기 위한 업무의 흐름
세부 일정표	동반자 프로그램, Pre/Post 프로그램 등 세부 프로그램 소개
이동경로	관광 일정에 따른 관광지 이동경로 표시
관광지 소개	방문하게 되는 관광지 정보 소개

※ 목차상의 모든 항목이 기획서에 포함되어야 하는 것은 아님

① 관광 콘셉트

관광 프로그램을 통해 개최지역의 문화, 역사, 명소 등을 소개하기 위한 핵심 Concept를 적는다. 'Nature, Culture, Taste, Shopping'과 같은 간단한 단어로 관광의 핵심을 적거나 '여운을 남기는 여행, 회의 후 휴식'과 같은 짧은 구절로 표현해도 좋다.

예

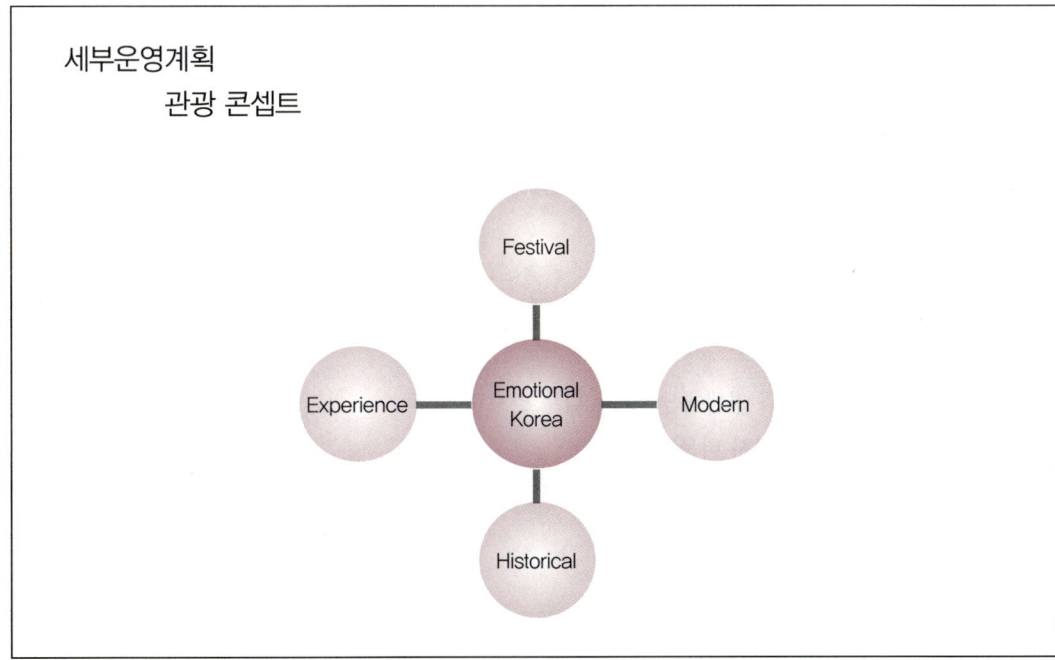

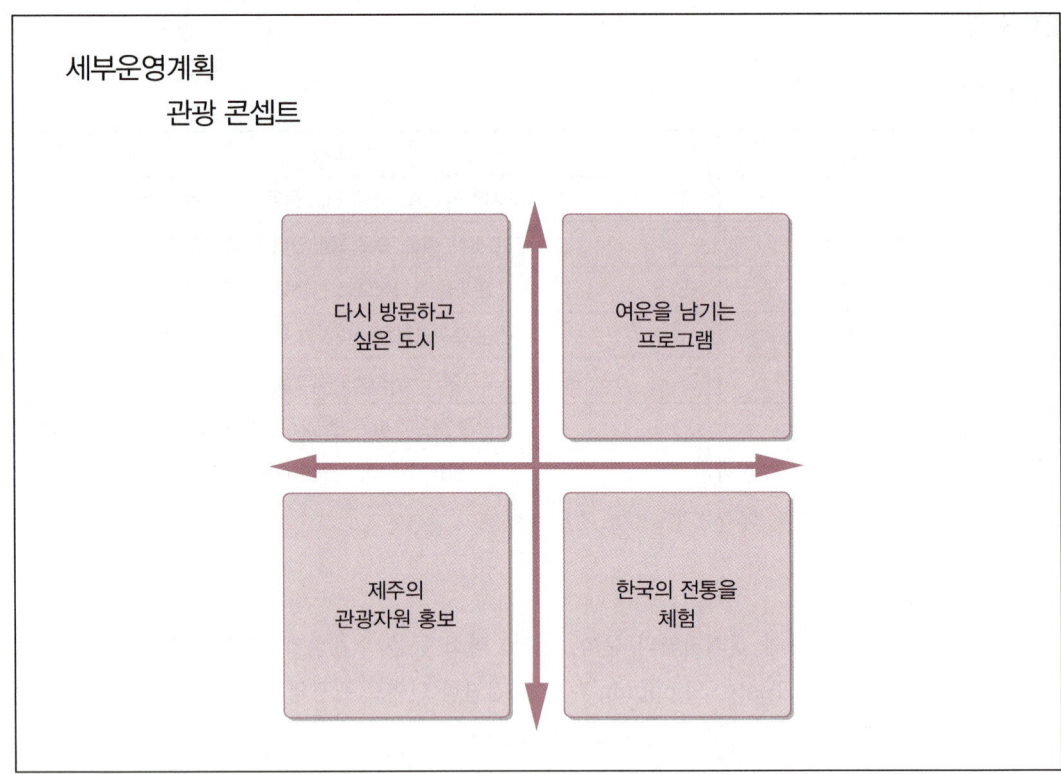

② 관광 운영계획

관광프로그램을 운영하기 위한 계획을 '기본계획, 예산, 프로그램, 안내데스크'의 네 가지 부분으로 나누어 작성한다.

㉠ 기본계획 : 관광 장소와 시간을 비롯한 기본적인 계획을 수립
- 행사/단계별 기본계획 수립
- 관광지 선정
- 개략적인 예산 수립
- 사전등록 접수
- 관광사 선정

㉡ 예산 : 준비예산안과 진행예산안으로 나누어 수립
- 준비예산안(사전답사 비용)
- 진행예산안(예약 및 기념품)

ⓒ 프로그램 : 프로그램 자체의 운영방향과 프로그램 준비를 위한 운영계획을 함께 수립
- 탄력적인 관광
- 맛 위주의 프로그램으로 구성
- 2개 이상의 코스 선택 가능
- 통역 가이드의 배치
- 셔틀버스 운행

ⓓ 안내데스크 : 안내데스크 운영을 위한 계획 수립
- 관광 프로그램에 대한 정보제공
- 접수 응대
- 등록 가능
- 예약 확인
- 예약 결제

예

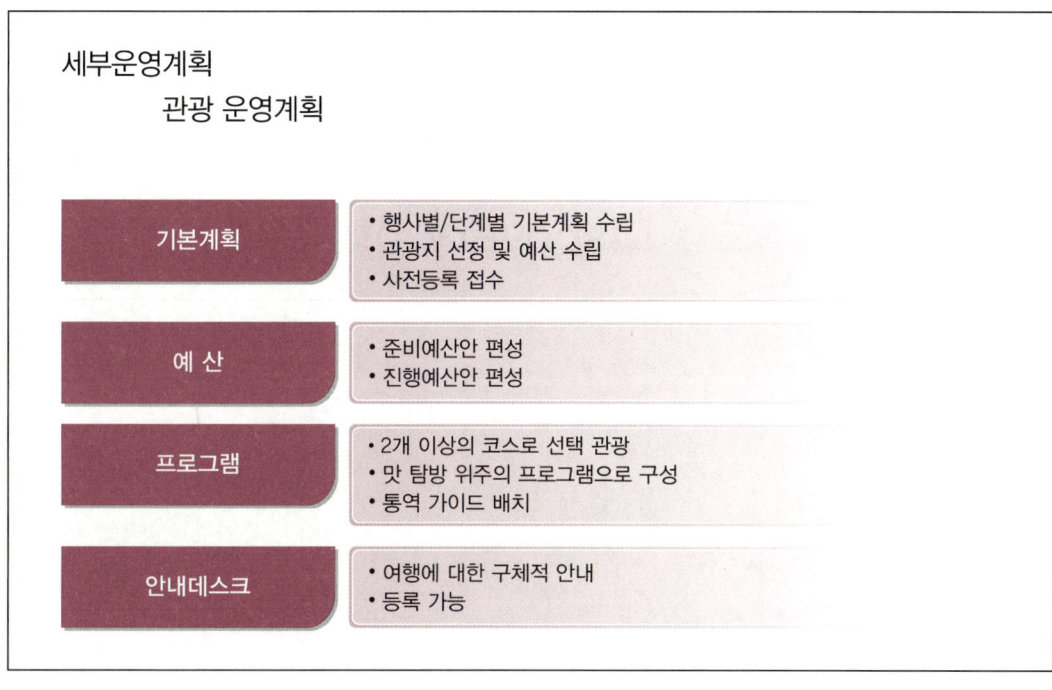

③ 관광 성공전략

참가자들에게 만족도가 높은 관광 프로그램을 제공하기 위한 성공전략을 작성한다. 관광 프로그램이 성공적이기 위해서는 컨벤션센터가 있는 각 지역의 특성에 부합하는 관광전략을 세워야 한다.

예

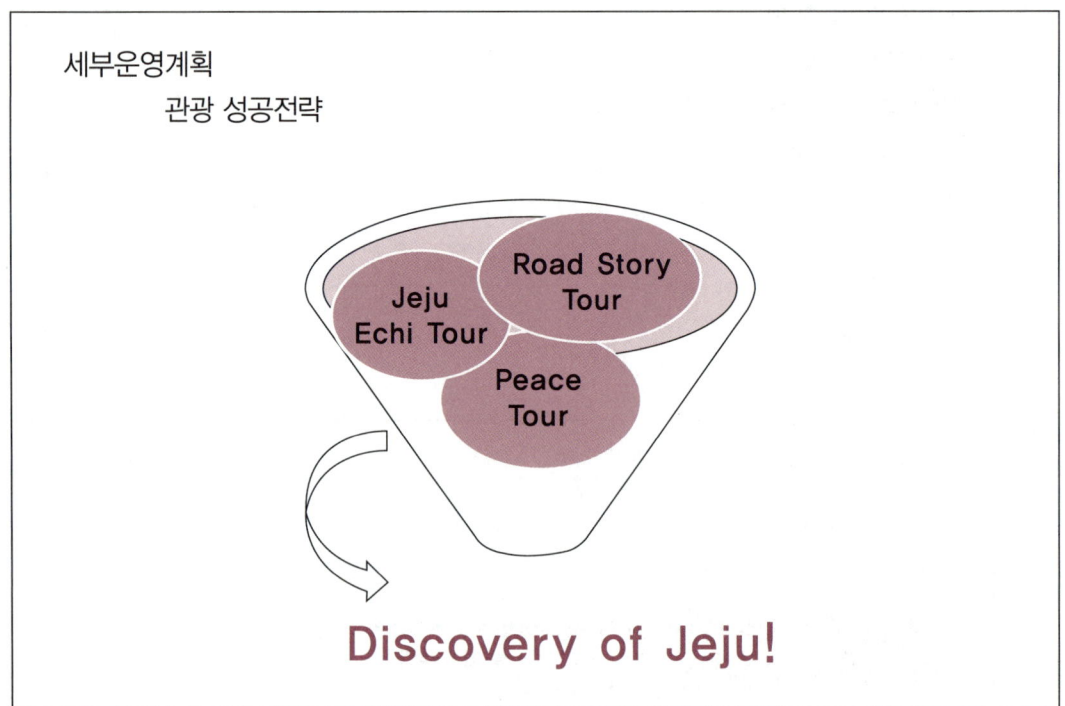

④ 관광 업무흐름도

관광지 결정 → 전문여행사 선정 → 관광코스 기획 → 관광코스 예정지 답사 → 관광코스 확정 → 참가대상자 한국 도착 → 관광 프로그램 진행 → 관광 보고

예

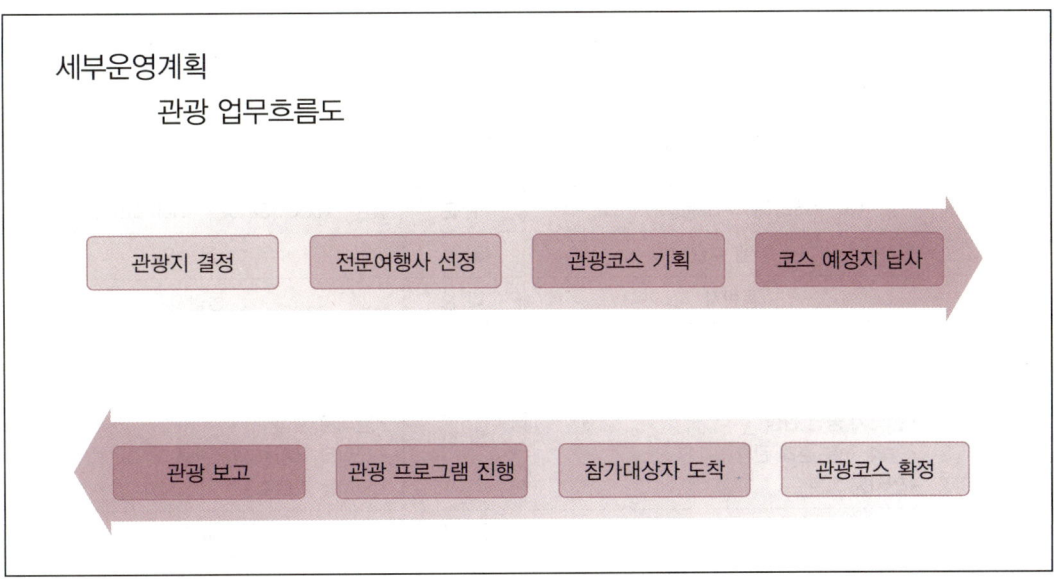

⑤ 관광 세부 일정표

관광에는 '동반자 관광(참가자와 함께 방문한 동반자가 참여하는 관광)'과 'Pre/Post 관광(행사 전/후 관광)'이 있다. 반드시 세 가지 관광이 모두 기획되어야 하는 것은 아니므로, 행사 상황에 맞게 관광 프로그램을 기획하여 세부 일정표를 작성한다. 이때 참가자들의 선택의 폭을 넓혀주기 위하여 두 개 이상의 프로그램을 동시에 진행하는 것이 바람직하다.

예

세부운영계획
관광 세부 일정표(동반자 관광)

〈SPOUSE 01〉: Half Day Tour	구 분	〈SPOUSE 02〉: Half Day Tour
○월 ○일	일 시	○월 ○일
동반자	대 상	동반자
US$70	요 금	US$80
• 한국 민속촌 관람 • 줄타기 공연 관람 • 농악, 전통 혼례 관람 • 인사동 방문	일 정	• 덕수궁 • 남대문 시장 • 대학로 뮤지컬 단체관람 • 인사동 가로수길
서울 시내 투어로 교체	우천 시	우비 지급

세부운영계획
관광 세부 일정표

World Natural Heritage Tour	구 분	Symbolic Cultures of Jeju Tour
2024년 ○월 ○일	일 시	2024년 ○월 ○일
참가자	대 상	참가자
US$60	요 금	US$60
• 한라산 • 거문오름 용암동굴계 • 성산일출봉	일 정	• 제주목 관아 • 제주 삼양동유적 • 서귀포 감귤박물관 • 제주 돌문화공원 • 절물자연휴양림
• 최소 20명 이상 • 점심식사 포함 • 버스 운행 • 전문가이드 배치	일 정	• 최소 20명 이상 • 점심식사 포함 • 버스 운행 • 전문가이드 배치
우비 지급	우천 시	우비 지급

> **Plus one** 일반적인 관광일정 순서
>
> - Main Hotel 앞 집합
> - 관광지로 이동
> - 관 광
> - 점심식사
> - 또 다른 관광지로 이동
> - 관 광
> - Return to Main Hotel

⑥ 관광지 이동경로 예시

Main Hotel 앞 집합 → 경복궁 → 인사동 → 남산 → 명동 → Return to Main Hotel

⑦ 관광지 소개

컨벤션센터가 있는 주요 도시를 중심으로 각 도시의 유명 관광지에 대하여 숙지하고 있어야 한다.

컨벤션센터	도 시	유명 관광지
코엑스	서 울	경복궁, 인사동, 남산, 명동
벡스코	부 산	동백섬, 태종대, 해운대, 광안대교, 금정산성
제주 컨벤션센터	제 주	중문해수욕장, 주상절리, 여미지식물원, 테디베어뮤지엄, 퍼시픽리솜
송도 컨벤시아	인 천	인천대교 전망대, 해돋이공원, 부평 문화의 거리, 소래포구, 월미도 문화의 거리
킨텍스	일 산	행주산성, 렛츠런팜 원당, 헤이리예술마을, 호수공원, 라페스타 쇼핑몰
대전 컨벤션센터	대 전	엑스포과학공원, 수운교도솔천, 구성리산성, 숭현서원지
엑스코	대 구	강정고령보, 반야월연꽃단지, 팔공산, 대구수목원
김대중 컨벤션센터	광 주	식영정, 소쇄원, 명옥헌 원림, 광주 예술의 거리, 백양사
SCC	수 원	수원화성, 화성행궁, 팔달문, 삼성이노베이션뮤지엄, 장안문
경주HICO	경 주	불국사, 석굴암, 첨성대, 동굴, 대릉원, 양동마을, 황리단길

(2) 도시별 관광 기획서 작성

실제 시험에서는 컨벤션센터가 위치한 도시 중 어느 도시가 출제될지 알 수 없다. 따라서 우리나라의 주요 도시별로 관광명소를 정리하여 숙지한 후, 도시별 관광 컨셉, 세부일정과 같은 관광 프로그램을 기획하는 연습을 해보아야 한다.

① 서울 코엑스

  ㉠ 관광 콘셉트

> **[This is SEOUL]**
> - History
> - Culture
> - Nature
> - Shopping

  ㉡ 업무흐름도

> **[기본계획 수립]**
> - 여행사 선정
> - 관광 프로그램 구성계획
> - 수송계획 수립
> - 사전등록
>
> **[프로그램별 코스 결정]**
> - 다양한 관광코스 선택
> - 관광 프로그램 참가비 결정
>
> **[프로그램 운영]**
> - 수송차량 운행
> - 관광 진행요원 배치
> - 관광 안내데스크 운영

ⓒ 세부 일정표
- Full Day Course

Time	Course A	Course B
10:00	Main Hotel 앞 집합	Main Hotel 앞 집합
10:00~10:30	이 동	이 동
10:30~12:30	경복궁 관광	창경궁 관광
12:30~13:30	점심식사	점심식사
13:30~14:00	이 동	이 동
14:00~16:00	남산 관광	인사동 관광
16:00~16:30	이 동	이 동
16:30~18:30	명동 관광	63빌딩 관광
18:30~19:00	Return to Main Hotel	Return to Main Hotel

- 우천 시 일정

Time	Schedule
10:00	Main Hotel 앞 집합
10:00~10:30	이 동
10:30~12:30	국립중앙박물관
12:30~13:30	점심식사
13:30~14:00	이 동
14:00~16:00	남산타워
16:00~16:30	이 동
16:30~18:30	63빌딩
18:30~19:00	Return to Main Hotel

ⓓ 관광지 소개

주요 관광지	관광정보
경복궁	관람코스 : 근정전 → 사정전 → 강녕전과 교태전 → 동궁 → 경희루
남 산	남산공원, 남산 케이블카, 전망대
명 동	명동쇼핑거리
창경궁	보유 문화재 • 국보 제226호 명정전 • 보물 제384호 홍화문
인사동	서울을 대표하는 문화의 거리
63빌딩	아쿠아플라넷63, 63아트

② 부산 벡스코

　㉠ 관광 콘셉트

[By Theme Busan Tour]
- Road Story Tour
- Busan Echi Tour
- Peace and War Tour

　㉡ 관광 성공전략

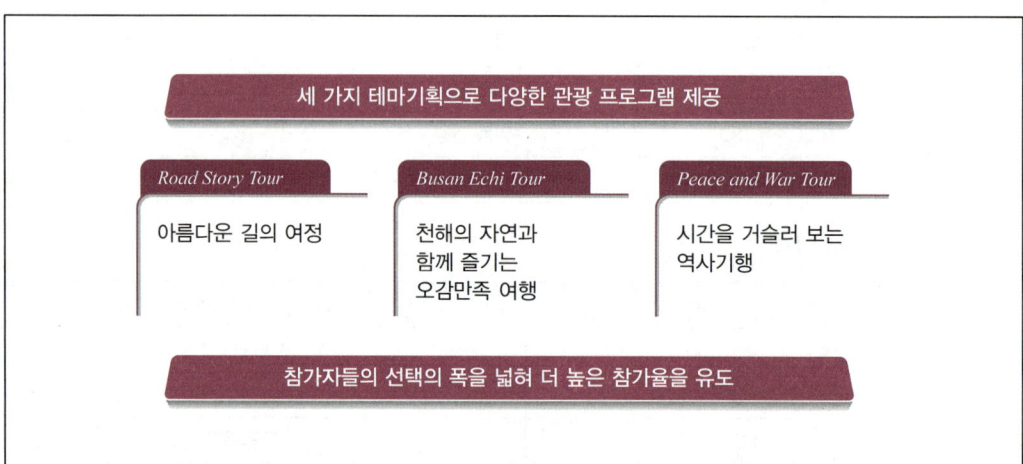

　㉢ 세부 일정표

Theme 1. Road Story Tour

일 시	2024년 ○월 ○일
대 상	참가자 및 동반자
요 금	US$50
일 정	• 허황후 신행길 • 해운대 기차소리길 • 기장 등대길 • 영도 봉래산 둘레길
비 고	• 최소 20명 이상 • 점심식사 포함 • 버스 운행
우천 시	우비 지급

Theme 2. Busan Echi Tour

일 시	2024년 ○월 ○일
대 상	참가자 및 동반자
요 금	US$50
일 정	• 강끝투어 • 공룡투어 • 바다환경체험투어 • 퐈아오투어
비 고	• 최소 20명 이상 • 점심식사 포함 • 버스 운행
우천 시	우비 지급

Theme 3. Peace and War Tour

일 시	2024년 ○월 ○일
대 상	참가자 및 동반자
요 금	US$60
일 정	• Lost Bunker • 6.25투어 • 동래읍성과 좌수영성 전투 • 근대건축물 투어
비 고	• 최소 20명 이상 • 점심식사 포함 • 버스 운행 • 전문가이드 배치
우천 시	우비 지급

③ 제주 컨벤션센터
　㉠ 관광 콘셉트

> [The most memorable experience in Jeju]
> • World Natural Heritage Tour
> • Symbolic Cultures of Jeju Tour

　㉡ 관광 운영전략

관광 프로그램 운영전략

> [사전준비]
> • 참가자들의 안전을 위해서 여행보험에 가입
> • 불의의 사고에 대비하여 의료진 준비
> • 행사별 상세한 시간계획과 방문지에 대한 Information Brochure 배포
>
> [현장운영]
> • 안내데스크를 마련하여 참가자들의 편의를 도모
> • 관광 진행요원 배치
> • 전문 가이드 배치

　㉢ 세부 일정표

World Natural Heritage Tour	구 분	Symbolic Cultures of Jeju Tour
2024년 ○월 ○일	일 시	2024년 ○월 ○일
참가자 및 동반자	대 상	참가자 및 동반자
US$60	요 금	US$60
• 한라산 • 거문오름 용암동굴계 • 성산일출봉	일 정	• 제주목 관아 • 제주 삼양동유적 • 서귀포 감귤박물관 • 제주 돌문화공원 • 절물자연휴양림
• 최소 20명 이상 • 점심식사 포함 • 버스 운행 • 전문가이드 배치	비 고	• 최소 20명 이상 • 점심식사 포함 • 버스 운행 • 전문가이드 배치
우비 지급	우천 시	우비 지급

④ 인천 송도컨벤시아
　㉠ 관광 콘셉트

> [Enjoy Incheon]
> - Incheon Island Tour
> - Historic Sites Tour

　㉡ 업무흐름도

> [기본계획 수립]
> - 여행사 선정
> - 관광 프로그램 구성계획
> - 수송계획 수립
> - 사전등록
>
> [프로그램별 코스 결정]
> - 다양한 관광코스 선택
> - 관광 프로그램 참가비 결정
>
> [프로그램 운영]
> - 수송차량 운행
> - 관광 진행요원 배치
> - 관광 안내데스크 운영

　㉢ 세부 일정표

Incheon Island Tour	구 분	Historic Sites Tour
2024년 ○월 ○일	일 시	2024년 ○월 ○일
참가자 및 동반자	대 상	참가자 및 동반자
US$60	요 금	US$50
• 무의도 • 신도&시도&모도 • 자월도	일 정	• 강화역사관　• 광성보 • 덕진진　• 초지진 • 전등사　• 고인돌 • 고려궁지
• 최소 20명 이상 • 점심식사 포함 • 버스 운행 • 관광 진행요원 배치	비 고	• 최소 20명 이상 • 점심식사 포함 • 버스 운행 • 전문가이드 배치
Historic Sites Tour로 통합	우천 시	우비 지급

ⓔ 이동경로

Incheon Island Tour
• 무의도 : 하나개해수욕장 → 환상의 길 → 호룡곡산 • 신도&시도&모도 : 영종도 삼목선착장 → 수기해수욕장 → 모도 조각공원 • 자월도 : 연안부두 → 달바위 선착장 → 장골해변

Historic Sites Tour
강화역사관 → 광성보 → 덕진진 → 초지진 → 전등사 → 고인돌 → 고려궁지

⑤ 일산 킨텍스

ㄱ) 관광 콘셉트

[Let's Go to Goyang]
- Enjoy Korean waves
- Best of Best
- Special Experience

ㄴ) 성공전략

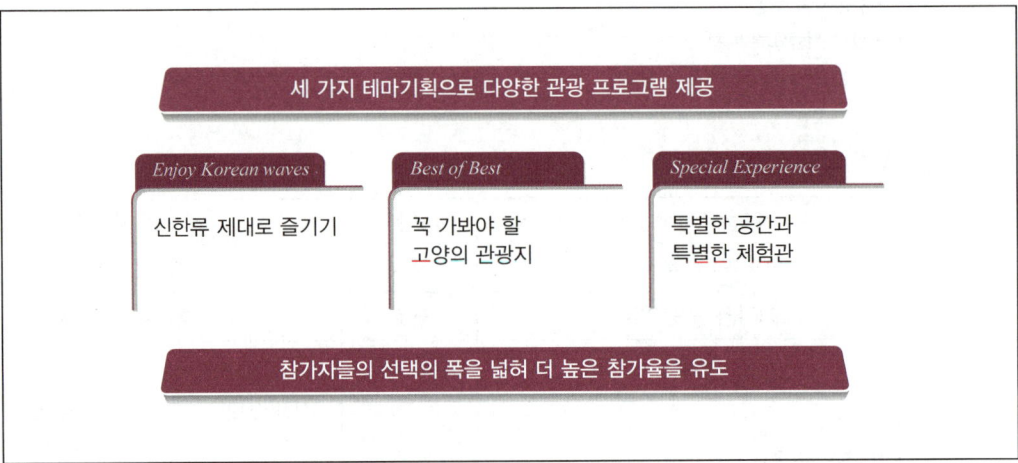

ⓒ 세부 일정표

Course 1. Enjoy Korean Waves

Time	Schedule
09:00	Main Hotel 앞 집합
09:00~9:30	이 동
09:30~11:30	호수공원과 자전거
11:30~11:40	이 동
11:40~13:00	MBC드림센터와 체험관
13:00~14:00	점심식사
14:00~15:00	신한류 홍보관
15:00~15:30	이 동
15:30~16:30	라페스타, 웨스턴돔
16:30~17:00	이 동
17:00~18:00	고양아람누리

Course 2. Best of Best

Time	Schedule
09:00	Main Hotel 앞 집합
09:00~9:30	이 동
09:30~11:30	호수공원
11:30~12:00	이 동
12:00~13:00	점심식사
13:00~15:00	풍동애니골
15:00~15:30	이 동
15:30~16:30	세계문화유산 서오릉
16:30~17:00	이 동
17:00~18:00	행주산성

Course 3. Special Experience

Time	Schedule
09:00	Main Hotel 앞 집합
09:00~9:30	이 동
09:30~11:30	휴앤트리식물원
11:30~12:00	이 동
12:00~13:00	점심식사
13:00~15:00	선인장다육식물연구소
15:00~15:30	이 동
15:30~16:30	고양아람누리
16:30~17:00	이 동
17:00~18:00	일산 밤가시초가

⑥ 대전 컨벤션센터

㉠ 관광 콘셉트

[It's Daejeon – Tour Routes by Theme]
- Science Tour
- Historical & Cultural Tour
- Eco-health Tour

㉡ 성공전략

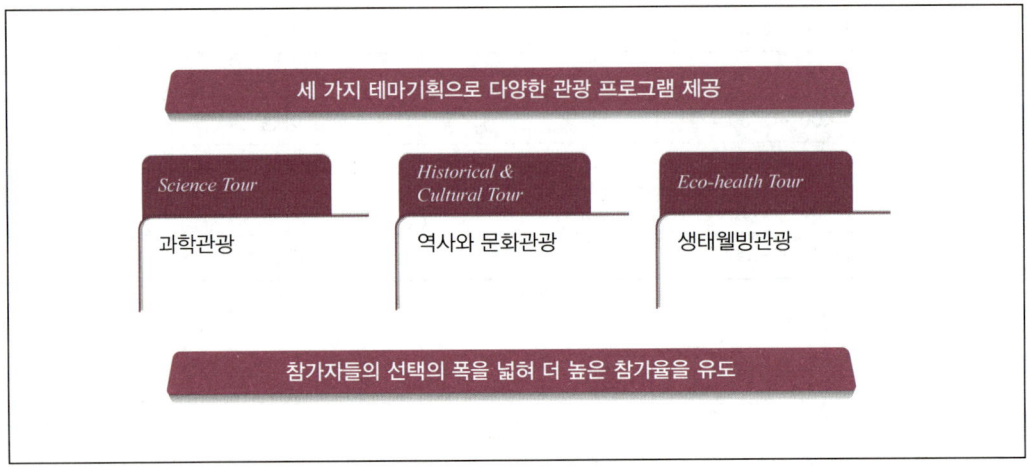

ⓒ 세부 일정표

Theme 1. Science Tour

Time	Schedule
09:00	Main Hotel 앞 집합
09:00~9:30	이 동
09:30~11:30	엑스포과학공원(첨단과학관)
11:30~12:00	이 동
12:00~13:00	점심식사
13:00~15:00	국립중앙과학관
15:00~15:30	이 동
15:30~16:30	화폐박물관
16:30~17:00	이 동
17:00~18:00	지질박물관

Theme 2. Historical & Cultural Tour

Time	Schedule
09:00	Main Hotel 앞 집합
09:00~9:30	이 동
09:30~11:30	우암사적공원
11:30~12:00	이 동
12:00~13:00	점심식사
13:00~15:00	동춘당(무형문화재전수회관)
15:00~15:30	이 동
15:30~16:30	계족산성
16:30~17:00	이 동
17:00~18:00	뿌리공원

Theme 3. Eco-health Tour

Time	Schedule
09:00	Main Hotel 앞 집합
09:00~9:30	이 동
09:30~11:30	계족산맨발황토길
11:30~12:00	이 동
12:00~13:00	점심식사
13:00~15:00	대청호반길
15:00~15:30	이 동
15:30~16:30	대청댐물문화관
16:30~17:00	이 동
17:00~18:00	대청호자연생태관

⑦ 대구 엑스코

㉠ 관광 콘셉트

[Variety Daegu]
- Slow Well-being
- Modern Culture
- Night View

㉡ 성공전략

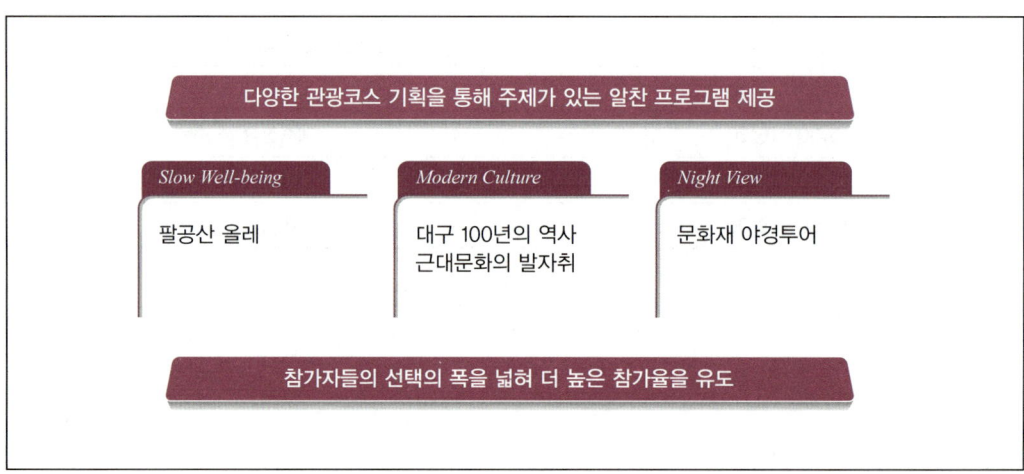

ⓒ 이동경로

Course 1. 팔공산 올레

시인의 길 → 돌집마당 → 방짜유기박물관 → 북지장사

Course 2. 근대문화의 발자취

동산선교사주택 → 3.1만세 운동길 → 계산성당 → 이상화고택 → 서상돈고택 → 진골목 → 염매시장 → 종로 → 제일교회 → 성밖골목

Course 3. 문화재 야경투어

반월당 → 관덕정 → 성유스티노성당 → 성모당 → 샬트르성바오로수녀원성당 → 계산성당 → 서상돈고택 → 이상화고택 → 3.1만세 운동길 → 동산선교사주택 → 성밖골목 → 약령시 → 제일교회 → 진골목 → 경상감영공원

⑧ 광주 김대중컨벤션센터

ⓐ 관광 콘셉트

[The Eight Sceneries of Gwangju]
- Nature
- History
- Culture
- Night View

ⓑ 운영계획

[사전준비]
- 참가자들의 안전을 위해서 여행보험에 가입
- 불의의 사고에 대비하여 의료진 준비
- 행사별 상세한 시간계획과 방문지에 대한 Information Brochure 배포

[현장운영]
- 안내데스크를 마련하여 참가자들의 편의를 도모
- 관광 진행요원 배치
- 전문 가이드 배치

ⓒ 세부 일정표

일 시	2024년 ○월 ○일
대 상	참가자 및 동반자
요 금	US$60
일 정	• 무등산 • 사직공원 • 월봉서원 • 포충사 • 중외공원 • 월드컵경기장 • 구 도청앞 광장 • 잣고개 야경
비 고	• 최소 20명 이상 • 점심식사 포함 • 버스 운행 • 전문가이드 배치
우천 시	우비 지급

5 숙 박

(1) 목 차

항목	내용
숙박 콘셉트	참가자들의 숙박장소 콘셉트
숙박 운영방안	숙박장소 결정을 위한 운영방향
업무흐름도	숙박 업무흐름도
호텔소개	숙박장소 소개
수송계획	호텔, 컨벤션센터, 공항 사이의 수송계획
Map	숙박 장소의 지도

※ 목차상의 모든 항목이 기획서에 포함되어야 하는 것은 아님

① 숙박 콘셉트

숙박 장소는 '접근성, 경제성, 편리성, 다양성' 등 다양한 점을 고려하여 결정되어야 한다. 장소 결정 시 고려되어야 할 중요한 점들을 핵심 콘셉트로 작성한다. 콘셉트는 '접근성, 경제성, 편의성, 관광지 근접성, 서비스'와 같은 간단한 단어나 '1등급 숙박시설, 고객 맞춤 서비스'와 같은 짧은 구절로 모두 작성이 가능하다.

예

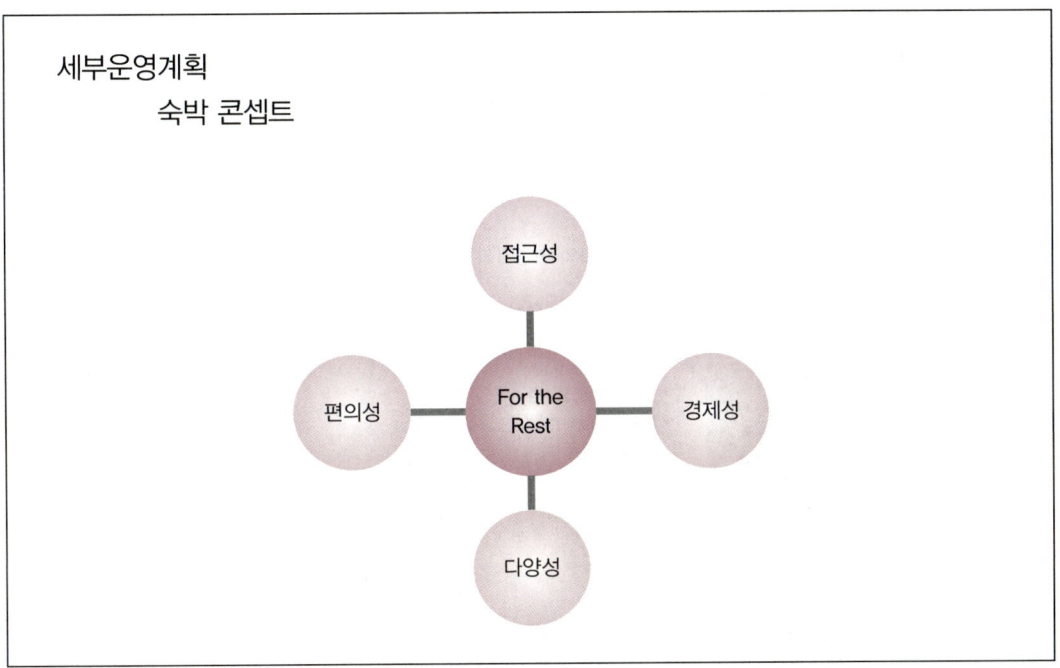

② 숙박 운영방안

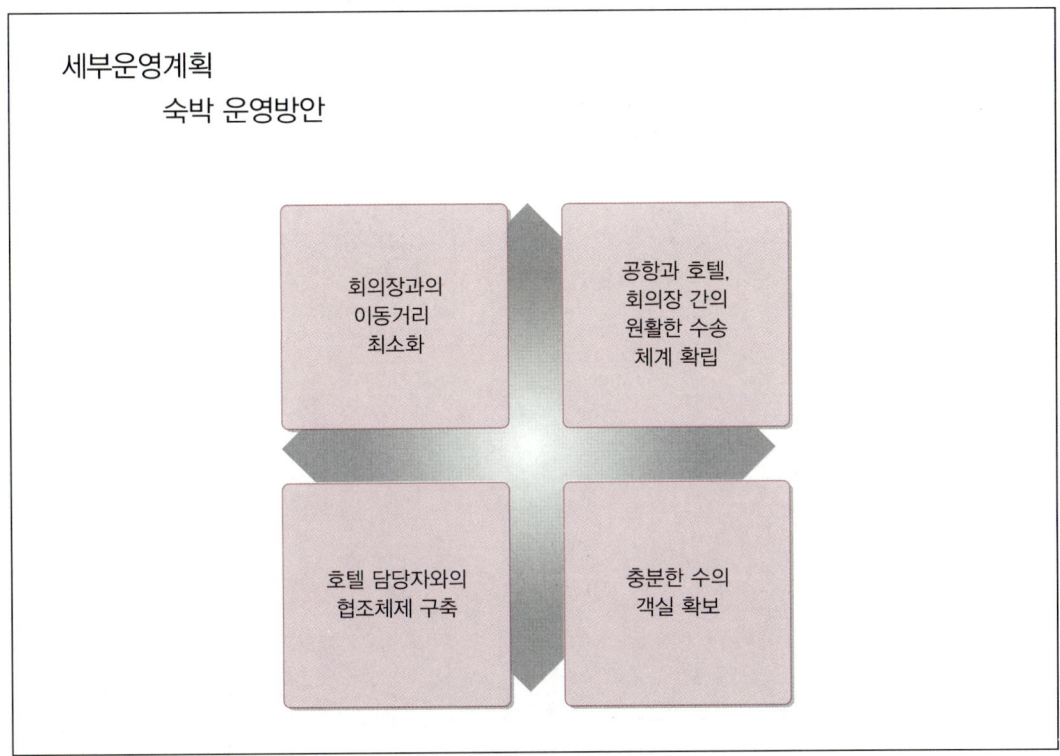

③ 숙박 업무흐름도

세부운영계획 업무흐름도

호텔조사
- 객실 수
- 행사장과의 이동거리
- 등 급
- 호텔 비교표 작성

호텔선정
- 호텔 비교표 검토
- Main/Sub 호텔 선정
- 계약체결

객실확보
- 호텔별 객실 블록수 및 블록해제일 협의
- 객실블로킹

객실배정
- VIP용 객실 배정
- 일반 참가자용 객실 배정

현장운영
- VIP와 일반참가자 Check In/Out 관리
- 현장 변경사항 대처

숙박보고
- 일일 숙박보고
- 최종 숙박보고

④ 숙박 호텔 소개

우리나라에서 현재 운영되고 있는 컨벤션센터 주변의 주요 호텔리스트를 숙지하고 있어야 한다.

컨벤션센터	도 시	주변 주요호텔	
코엑스	서 울	• 인터컨티넨탈 서울 코엑스 • 그랜드 인터컨티넨탈 서울 파르나스 • 임페리얼 팰리스 호텔	• 르 메르디앙 서울 • 파크 하얏트 서울 호텔 • JW 메리어트 호텔
벡스코	부 산	• 부산 웨스틴조선호텔 • 호텔 농심 • 파라다이스호텔	• 그랜드 조선 부산 • 롯데호텔 부산
제주 컨벤션센터	제 주	• 롯데호텔 제주 • 스위트호텔 제주	• 호텔신라 제주 • 씨에스 호텔 앤 리조트
송도 컨벤시아	인 천	• 쉐라톤인천호텔 • 파라다이스호텔	• 라마다송도호텔 • 하버파크호텔
킨텍스	일 산	• 메이트호텔 • 소노캄 고양	• 레지던스앤유 • 밀레니엄호텔
대전 컨벤션센터	대 전	• 롯데시티호텔 대전 • 호텔 인터시티	• 유성호텔
엑스코	대 구	• 호텔 인터불고 엑스코 • 호텔 인터불고, 호텔 인터불고 별관 • 그랜드 호텔	
김대중 컨벤션센터	광 주	• 라마다플라자 광주호텔 • 홀리데이인 광주	
SCC	수 원	• 노보텔 앰배서더 수원 • 라마다 플라자 수원 • 코트야드메리어트 수원	• 포포인츠 바이 쉐라톤 수원 • 더블트리바이힐튼 서울 판교 • 그래비티 서울 판교
경주HICO	경 주	• 힐튼 경주 • 호텔 경주 교육 문화회관 • 베스트 웨스턴 플러스 경주	• 한화리조트 경주 • 코모도호텔 경주

⑤ 수송계획
   ㉠ 숙박 호텔과 컨벤션센터와의 이동수단
   ㉡ 셔틀버스 운행 시간표
   ㉢ 호텔과 컨벤션센터 간의 거리와 이동경로
   ㉣ 호텔과 공항 간의 교통편의

예

세부운영계획
    수송계획

구 간	이동수단	배차간격
공항 ↔ 호텔	Shuttle Bus	1시간
호텔 ↔ 컨벤션센터	Shuttle Bus	30분

(2) 컨벤션센터별 숙박 기획서 작성

① 코엑스
   ㉠ 숙박 콘셉트

• 접근성	• 편의성	• 최상의 서비스

   ㉡ 업무흐름도

호텔조사	• 객실 수 • 행사장과의 이동거리 • 등 급 • 호텔 비교표 작성
호텔선정	• 호텔 비교표 검토 • Main/Sub 호텔 선정 • 계약체결
객실확보	• 호텔별 객실 블록 수 및 블록해제일 협의 • 객실블로킹
객실배정	• VIP용 객실 배정 • 일반 참가자용 객실 배정
현장운영	• VIP와 일반참가자 Check In/Out 관리 • 현장 변경사항 대처
숙박보고	• 일일 숙박보고 • 최종 숙박보고

ⓒ 호텔소개

종류	등급	호텔명	가격	예약가능 객실 수
Main Hotel	특1급	INTERCONTINENTAL SEOUL COEX	• 슈페리어 : 160,000 • 엘리트 : 170,000	150실
Sub Hotel	특1급	JW MARRIOTT	• 슈페리어 : 140,000 • 디럭스 : 150,000	100실
Sub Hotel	특1급	PARK HYATT	• 스탠다드 : 140,000 • 디럭스 : 150,000	100실

※ Convention Rate 제공 : 컨벤션 참가자 객실할인 최대 50% 적용 가격

ⓔ 수송계획

구 간	이동수단	배차간격
공항 ↔ 호텔	Shuttle Bus	1시간
호텔 ↔ 컨벤션센터	Shuttle Bus	30분

ⓜ Map

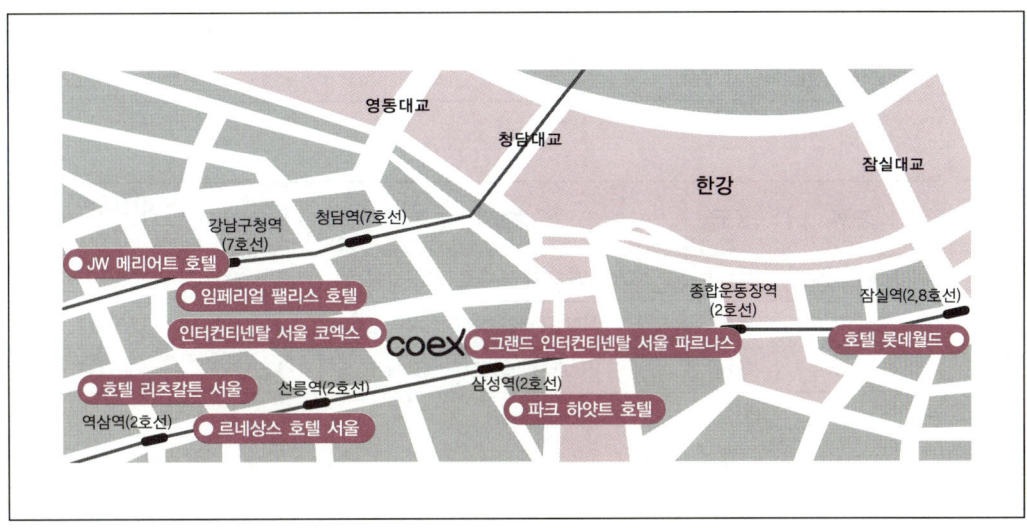

② 벡스코
　㉠ 숙박 콘셉트

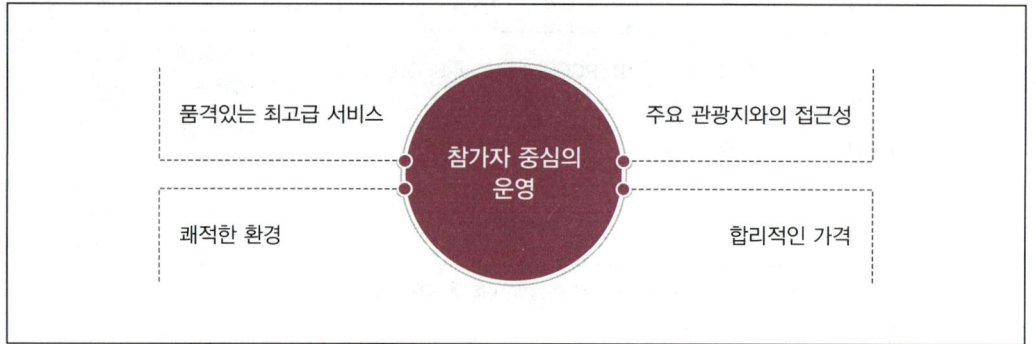

　㉡ 운영전략

사전준비 전략	현장운영 전략
• 숙박장소에 대한 자세한 정보를 포함하여 참가자들에게 Housing Request Form 발송 • 우편 및 전자우편을 통해 참가자들의 Housing Request Form 접수 • 참가자들에게 예약이 확정되었음을 미리 알려주기 위해 숙박신청 완료확인서 발송	• 숙박현장 관리를 위해 참가자 전용 서비스데스크를 현장에 설치 • 참가자들의 이동 편의를 위해 무료 셔틀버스 운행 • 비즈니스 센터와 연회장 운영

　㉢ 호텔소개

종 류	등 급	호텔명	정상가	사전등록 할인가	예약가능 객실 수
Main Hotel	특1급	THE WESTIN CHOSUN BUSAN	320,000	160,000	150실
Sub Hotel	특1급	ANANTI HILTON BUSAN	300,000	150,000	100실
Sub Hotel	특1급	PARADISE HOTEL BUSAN	300,000	150,000	100실

③ 제주 컨벤션센터
  ㉠ 숙박 콘셉트

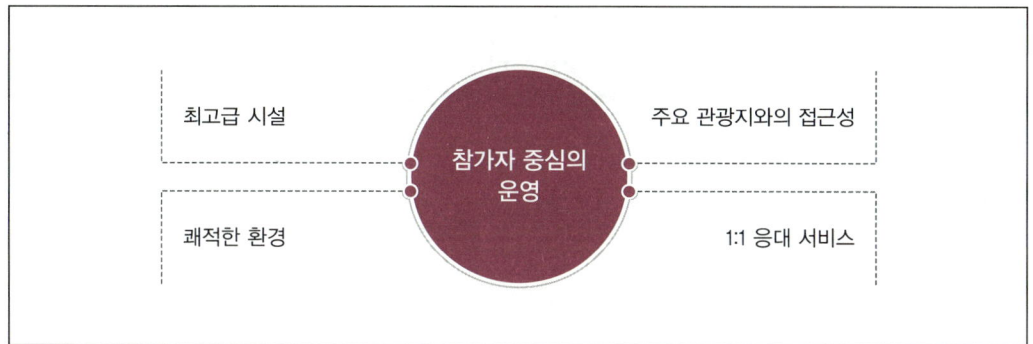

  ㉡ 운영전략

사전준비 전략	현장운영 전략
• 숙박장소에 대한 자세한 정보를 포함하여 참가자들에게 Housing Request Form 발송 • 사전등록 숙박할인 홍보를 통해 사전등록 유도 • 참가자들에게 숙박신청 완료확인서를 발송하여 예약이 확정되었음을 사전에 공지	• 숙박현장 관리를 위해 참가자 전용 서비스데스크를 현장에 설치 • 참가자들의 이동 편의를 위해 무료 셔틀버스 운행 • 비즈니스 센터와 연회장 운영

사전등록 참가자를 위한 특별 서비스
• 제주 특산물 한라봉 바구니 증정 • 1:1 개인별 맞춤 응대 서비스 • 돌하르방 열쇠고리 증정

  ㉢ 호텔소개

종류	등급	호텔명	정상가	사전등록 할인가	예약가능 객실 수
Main Hotel	특1급	THE SEAES HOTEL&RESORT	320,000	160,000	150실
Sub Hotel	특1급	THE SHILLA JEJU	300,000	150,000	100실
Sub Hotel	특1급	LOTTE HOTEL JEJU	300,000	150,000	100실

② Map

④ 송도 컨벤시아

  ㉠ 숙박 콘셉트

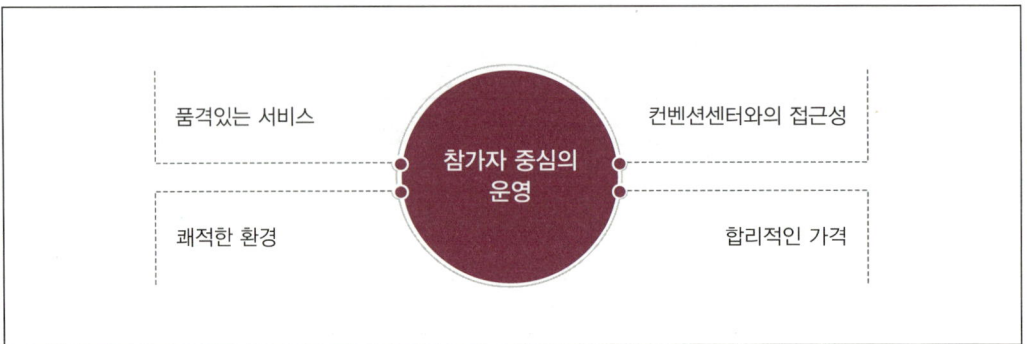

  ㉡ 호텔소개

종 류	등 급	호텔명	정상가	사전등록 할인가	예약가능 객실 수
Main Hotel	특1급	SHERATON INCHEON HOTEL	320,000	160,000	150실
Sub Hotel	특1급	SONGDO PARK HOTEL	200,000	150,000	100실
Sub Hotel	특1급	HOLIDAY IN INCHEON SONGDO	200,000	150,000	100실

ⓒ Map

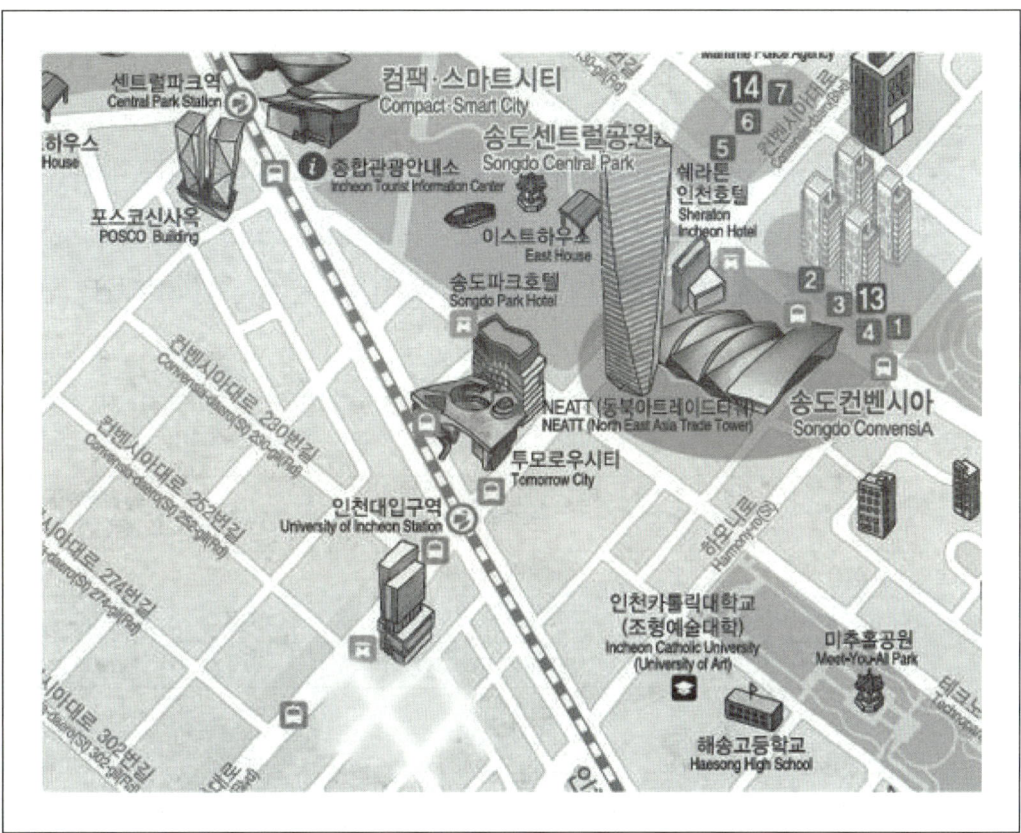

⑤ 킨텍스

㉠ 숙박 콘셉트

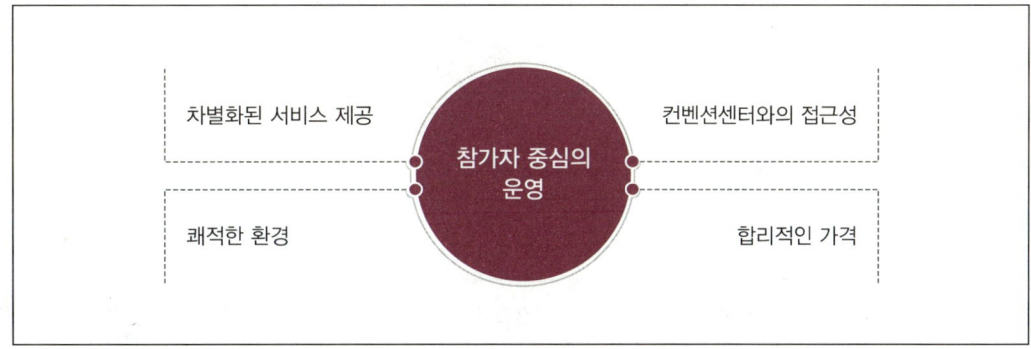

㉡ 호텔소개

종 류	등 급	호텔명	정상가	사전등록 할인가	예약가능 객실 수
Main Hotel	특1급	MAYFIELD HOTEL	200,000	100,000	150실
Sub Hotel	특2급	LOTTE CITY HOTEL	160,000	80,000	100실
Sub Hotel	특2급	STANFORD HOTEL	160,000	80,000	100실

⑥ 대전 컨벤션센터
　㉠ 숙박 콘셉트

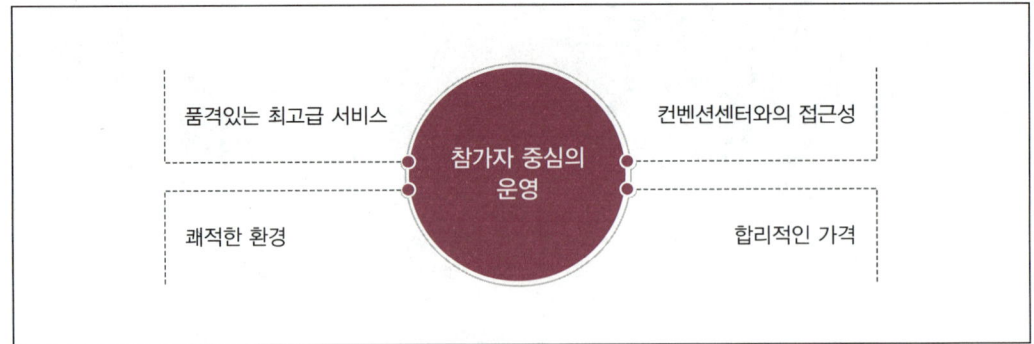

　㉡ 호텔소개

종 류	등 급	호텔명	정상가	사전등록 할인가	예약가능 객실 수
Main Hotel	특1급	HOTEL RIVIERA	150,000	80,000	100실
Sub Hotel	특2급	YOUSUNG HOTEL	120,000	60,000	50실
Sub Hotel	특2급	HOTEL INTERCITY	120,000	60,000	50실

⑦ 엑스코
　㉠ 숙박 콘셉트

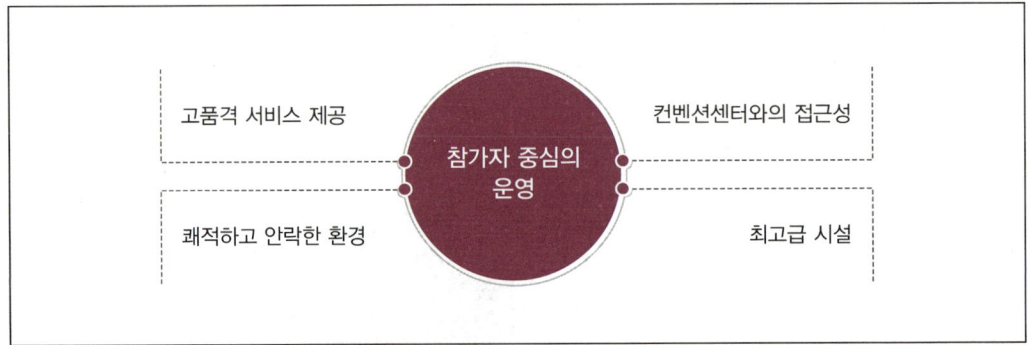

　㉡ 호텔소개

종 류	등 급	호텔명	정상가	사전등록 할인가	예약가능 객실 수
Main Hotel	특1급	HOTEL INTER-BURGO EXCO	320,000	160,000	150실
Sub Hotel	특1급	THE GRAND HOTEL DAEGU	300,000	150,000	100실
Sub Hotel	특1급	HOTEL INTERCITY	300,000	150,000	100실

ⓒ Map

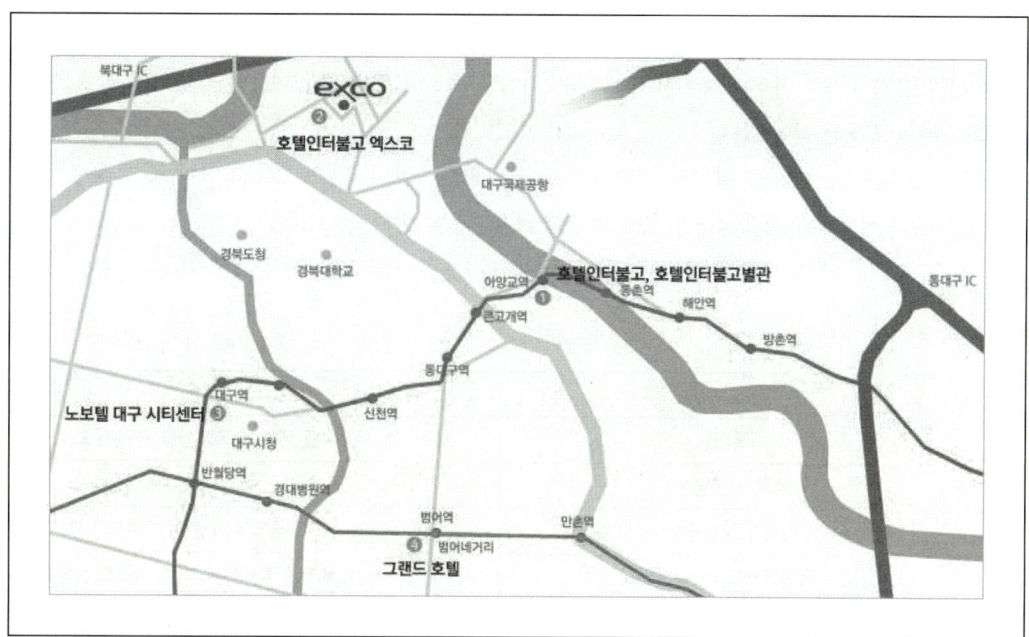

⑧ 김대중 컨벤션센터

㉠ 숙박 콘셉트

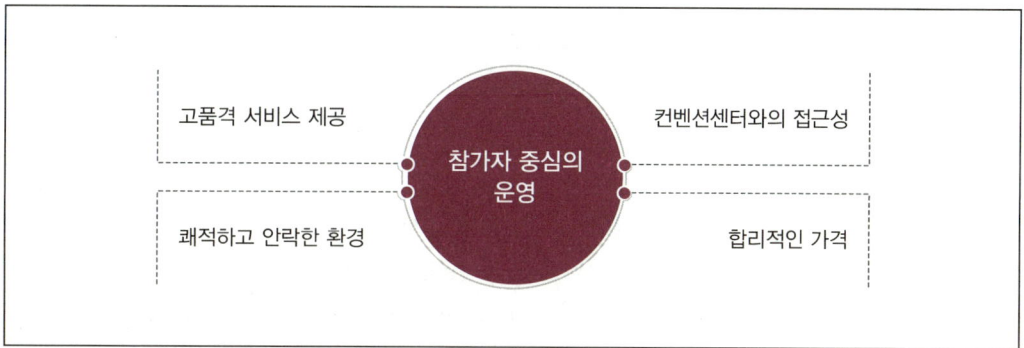

㉡ 호텔소개

종류	등급	호텔명	정상가	사전등록 할인가	예약가능 객실 수
Main Hotel	특1급	RAMADA PLAZA GWANGJU	320,000	160,000	150실
Sub Hotel	특1급	HOLIDAY IN GWANGJU	300,000	150,000	100실

6 등 록

세부운영계획 중 등록은 지금까지 정해진 범위 없이 '사전등록과 현장등록을 모두 포함한 범위의 등록(일반적인 등록)'으로 출제되는 경우가 대부분이었으나, 시험문제가 어려웠던 2004년에는 '온라인 등록'으로 그 범위가 구체화되어서 출제된 적이 있다.
시험에서 등록문제가 출제될 경우에는 범위가 다양하게 출제될 수 있으므로, 다양한 등록 방법들을 모두 대비하여 준비하고 시험당일 출제되는 범위에 맞추어 작성하도록 한다.

(1) 등록

① 목 차

항목	내용
등록개요	행사 참여를 위한 등록방법을 간단히 표로 정리
등록 기본방향	등록업무 콘셉트와 기본 운영방향
등록 업무흐름도	등록업무의 준비 흐름도
등록데스크 Process	사전등록과 현장등록에 따른 데스크 운영과정
등록데스크 운영	등록데스크 운영방식
Floor Plan	데스크 배치도면

※ 목차상의 모든 항목이 기획서에 포함되어야 하는 것은 아님

② 등록개요

등록개요는 행사 참여를 위한 등록방법을 간단히 표로 정리한 것으로, 사전등록과 현장등록으로 나뉜다. 개요에는 등록접수방법을 비롯하여 '등록기간, 등록비, 등록예상인원, 업무내용'의 내용을 포함하여 작성한다.

㉠ **등록방법** : 일반적으로는 '홈페이지, E-mail, 팩스, 현장등록데스크'를 이용하여 등록이 이루어지게 되며, 온라인 등록은 홈페이지를 통한 등록을 의미한다.

㉡ **등록비** : '사전등록과 현장등록' 간의 차이와 '회원과 비회원' 간의 차이를 두어 책정한다. 행사시작 후에 등록하는 현장등록보다 사전등록의 비용이 더 낮아야 하며, 비회원보다 회원의 등록비가 더 낮아야 한다.

예

세부운영계획
　　등록개요

구 분	사전등록	현장등록
기 간	행사 6개월 전~2024년 O월 O일	2024년 O월 O일~O일
방 법	홈페이지, E-mail, Fax	현장에 등록데스크 배치
등록비	Member : $700 Non-member : $800	Member : $770 Non-member : $880
등록 예상인원	국내 : 180명 해외 : 490명	국내 : 60명 해외 : 105명
등록방법	온라인 등록(홈페이지), 오프라인 등록(Mail, Fax), 확인증 발급	Grand Ballroom Lobby에 있는 현장등록데스크에서 접수 및 확인증 발급
등록비 납입	온라인 결제시스템, 계좌이체 활용	현장등록데스크에서 납부
등록 취소 및 변경	등록이 완료된 후 등록에 관한 취소 및 변경사항은 서신으로 작성하여 팩스, 우편, 메일을 통하여 본부 사무국으로 송부	

③ 등록 기본방향

　등록의 기본 콘셉트와 등록업무를 효율적으로 하기 위한 운영방향을 한 장의 슬라이드로 작성한다. 등록 컨셉으로 가능한 답안으로는 '준비성, 전문성, 편리성, 신속성, 정확성, 보안성, 효율성, 친절'이 있다.

예

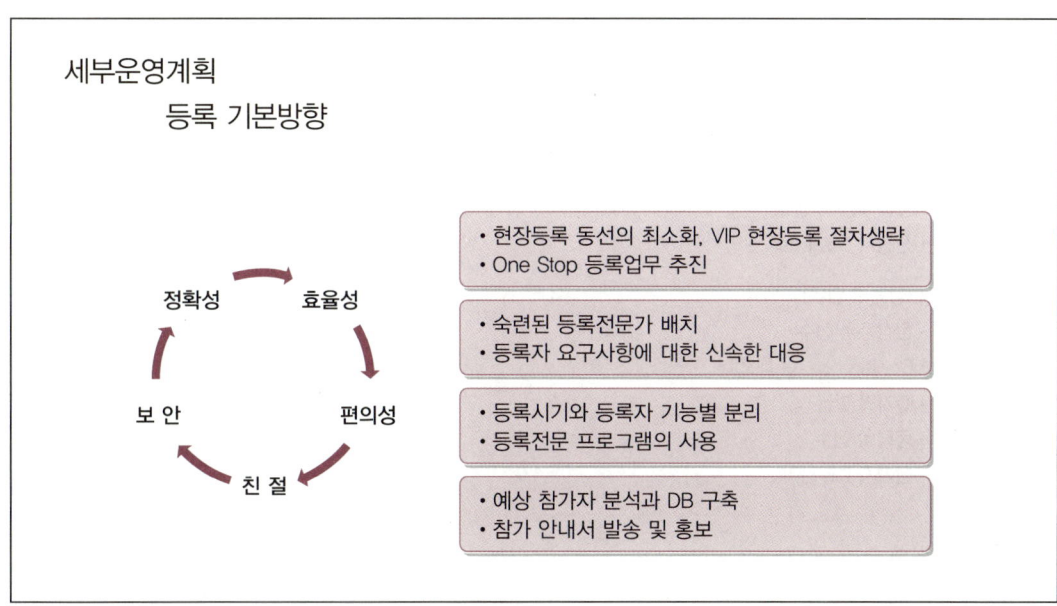

④ 등록 업무흐름도

등록업무는 크게 '기획단계 → 접수단계 → 운영단계'의 흐름으로 진행된다.
- ㉠ **기획단계** : 등록운영계획 수립(등록비, 등록기간, 등록접수에 관한 정책, 등록데스크 운영 등), 예상 참가자(회원, 전차대회 참석자, 관련업체) DB 확보 및 홍보, 등록프로그램 개발, 현장등록데스크 운영인력 선발 및 교육
- ㉡ **접수단계** : 회원·비회원 등록접수, 등록확인, 등록통보
- ㉢ **운영단계** : 등록 DB 변동사항 체크, 등록신청서 준비, 테이블 및 필기구 준비, 현장 진행요원 배치, 컴퓨터 비치, 운영리허설

내용	1월 D-11	2월 D-10	3월 D-9	4월 D-8	5월 D-7	6월 D-6	7월 D-5	8월 D-4	9월 D-3	10월 D-2	11월 D-1	12월 D
등록비·등록방법 결정	▨	▨										
사전등록 준비			▨									
등록 안내				▨	▨							
사전등록 접수 및 확인					▨	▨	▨					
현지등록 장소 결정								▨				
등록 진행요원 교육								▨	▨			
현지등록 Set Up										▨		
등록										▨	▨	▨

※ 일정은 월 단위 또는 D 마이너스 월 단위로 표현한다.

[사전등록 업무]
- 사전등록신청서 제작
- 온라인/오프라인 사전등록 신청서 접수
- 등록비 납입 확인
- 등록 확인증 발송
- 신청자 Database 관리

[현장등록 업무]
- 현장등록 접수
- Conference Kit 배포
- ID카드 발급
- 등록비 접수
- 참가자 DB 관리

예

세부운영계획
등록 업무흐름도

기획단계	접수단계	운영단계

• 예상참가자 DB 확보
• 등록프로그램 구축
• 등록비 및 등록기간 결정
• 등록접수에 관한 정책 결정
• 등록유도 홍보
	• 온라인 등록
	  (등록현황 확인, 등록확인 메일 발송, 등록현황 관리)
	• 오프라인 등록
	  (이메일, 팩스, 우편접수 확인, 확인메일 발송, 등록변동 사항 확인)
		• 등록 DB 변동사항 체크
		• 등록접수 마감
		• 현장등록 준비
		• 현장등록데스크 기자재 설치 및 운영
		• 현장 진행요원 배치
		• 운영리허설
		• 현장등록데스크 운영

세부운영계획
등록 업무흐름도

프로그램 구축 및 운영	등록비 및 등록기간 설정	등록 접수 및 분류작업	현장등록데스크 설치 및 운영
• 효율적 온라인 등록 시스템 구축 • Total Service가 가능한 등록시스템 구축	• 사전등록 마감일 설정 • 등록유도 홍보	• 회원, 비회원 등록접수 • 등록확인 • 조직위원회와 원활한 커뮤니케이션 강화	• Congress Kit 준비 • 등록신청서 준비 • 신청서 작성 가능한 테이블과 필기구 등 배치 • 등록신청서 On-line 작성 가능 컴퓨터 비치 • 실시간 Name Tag 출력 • 현장 진행요원 배치

⑤ 등록데스크 Process

등록데스크에서 등록 확인을 받는 과정은 사전등록과 현장등록의 경우로 나누어 이루어진다.

㉠ 사전등록데스크
- 참가자에게 등록번호 및 등록확인증 요청 → 등록 확인 → 등록비 납부 확인 → 등록 Kit 제공
- 참가자에게 등록번호 및 등록확인증 요청 → 등록 확인 → 등록비 미납 → 현장데스크에서 등록비 납부 → 영수증 확인 → 등록 Kit 제공

㉡ 현장등록데스크

등록 신청서 작성 → 등록번호 부여 → 등록비 납부 → 영수증 발급 → 등록 Kit 제공

예

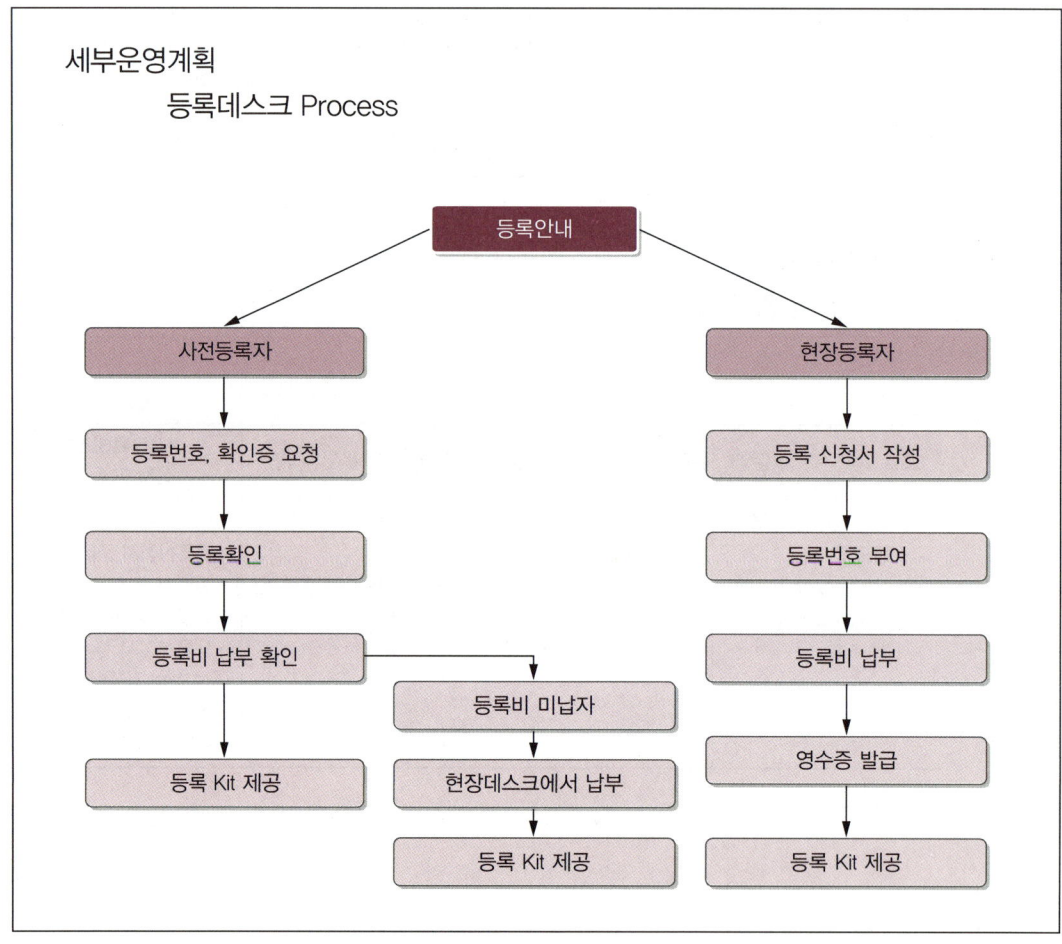

⑥ 등록데스크 운영

행사 당일 현장등록데스크 운영에 관한 내용을 작성하는 슬라이드에는 '등록데스크를 운영하는 기간과 설치 장소'를 표시한다. 또한 운영되는 데스크를 사전등록데스크, 현장등록데스크와 같이 여러 개로 구분하여 각각 데스크의 운영방안과 구성계획을 적는다.

예

세부운영계획
등록데스크 운영

운영 일시	2024년 O월 O일~O일(9:00~19:00)
설치 장소	컨벤션센터 로비

구 분	구성계획	운영방안
사전등록데스크 (Pre-registration Desk)	총 3개	• 사전등록자 확인 • 등록비 입금 확인 • 개인봉투, Name Tag 지급 • 등록현황 정리 • 날짜별 등록 집계
현장등록데스크 (On-site Registration Desk)	총 5개	• 현장등록 신청서 접수 • 등록비 수납 • 실시간 Name Tag 출력 • 날짜별 등록 집계 • 등록현황 정리
안내데스크	총 2개	• 일정 및 장소 안내 • 등록방법 및 시간 안내 • 관광, 교통 안내 • 기타 각종 안내
기타데스크	Kit 배포 데스크, Fill-up 데스크(등록신청서, 문구류 등 비치)	

※ 외국 참가자 수가 많아지는 경우에는 국내와 국외를 구분하여 데스크 설치

⑦ Floor Plan

예

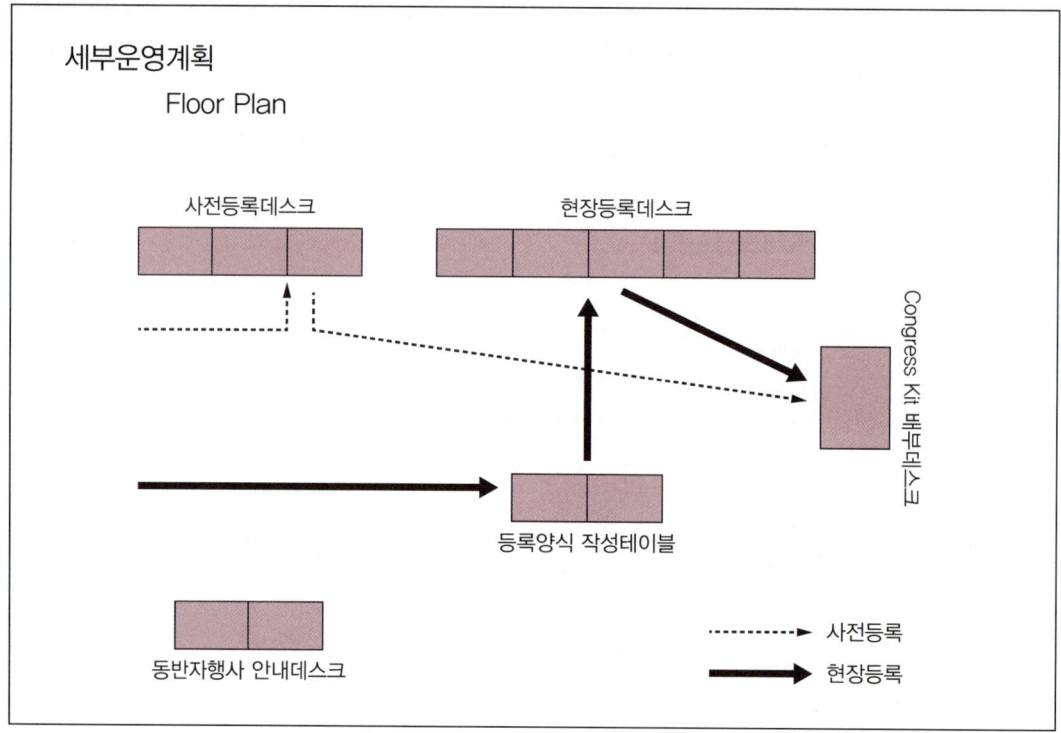

(2) 온라인 등록

온라인 등록이 단독으로 출제되는 경우에는 홈페이지, 팩스, 메일 등의 다양한 사전등록 방법 중에서 홈페이지를 이용한 온라인 사전등록에 대하여 묻는 문제이다. 따라서 일반적인 등록업무 사항에 온라인 등록에 관한 정보를 구체화하여 작성하면 된다.

① 온라인 등록의 효과
    ㉠ 참가자 정보의 정확한 관리 및 분석 가능
    ㉡ 자동화를 통한 인력절감
    ㉢ 빠른 등록비 입금처리
    ㉣ 등록절차의 간소화
    ㉤ 행사관련 사전정보 획득

② 온라인 등록 업무
    ㉠ 참가자 등록 후 등록증 발송
    ㉡ 현장등록과의 연계
    ㉢ 카테고리별 등록
    ㉣ 온라인 등록 DB와 오프라인 등록 DB 통합관리

③ 온라인 등록 Process

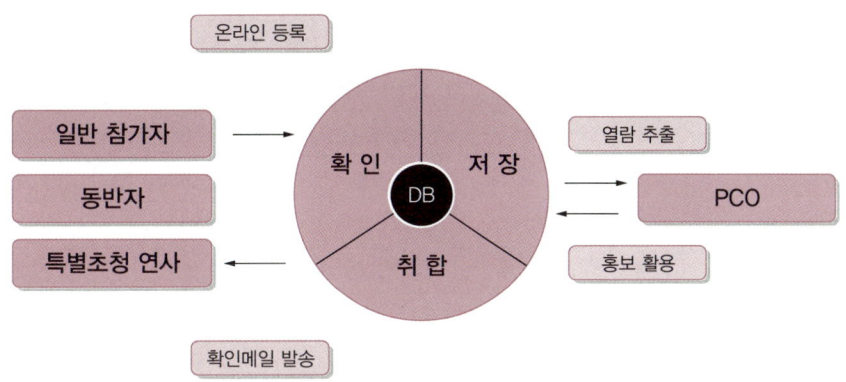

7 예 산

컨벤션을 유치하고 성공적으로 개최하기 위한 과정에서 예산은 매우 중요하다. 예산문제는 2004년 시험에 1번 출제된 적이 있으며, 예산문제가 출제되는 경우 시험문제 난이도가 매우 높아진다. 따라서 2004년 이후로는 출제된 적이 없지만, 실제 출제된 적이 있는 만큼 문제 난이도가 높아지는 경우에 다시 출제가 가능하다.

먼저 실제 예산의 기출유사문제를 통해 시험에서 예산문제가 어떻게 출제되는지 알아보자.

- 예산 참고사항

  본 행사의 총 예산은 15억이며, 이 중 2억은 본 행사관련 중앙부처의 지원을 받는다. 외국인 일반참가자 등록비는 $500이고, 동반자는 $200, 내국인 일반참가자는 40만 원이다. 본 행사에서는 환영연, 한국의 밤 행사, 환송연이 있고 5회의 커피 Break가 있다. 교통비와 숙박비는 참가자가 부담(단, 항공료 40%, 호텔 50% DC)한다. 공항에서 호텔까지의 수송은 무료로 지원하며, 행사기간 중 10대의 셔틀버스가 호텔과 행사장 간에 운행된다. 본 행사의 일반관리비는 5%, 기업이윤과 예비비는 각각 10%이다. 1$는 1,200원이다.

  ※ 총 참가자수는 본부요원 20명과 진행요원 100명 및 초청연사 50명을 제외한 외국인 800명, 내국인 1,000명, 동반자 200명이다.

• COEX Capacities & Charges 표

No.	Facility	Room	Capacity		Rental Charge/Day
			Theater Type	Classroom Type	
1	Grand Ballroom	101	300	150	2,000,000
		102	300	150	2,000,000
		103	600	300	3,000,000
		104	300	150	2,000,000
		105	300	150	2,000,000
		101~105	1,800	900	11,000,000
2	ASEM Hall	202A	40	25	800,000
		202B	40	25	800,000
		203A	100	50	1,300,000
		203B	100	50	1,300,000
		203	180	100	1,500,000
		204	50	25	700,000
		205	50	25	700,000
		206	40	20	800,000
3	Convention Hall	11	3,800	1,900	15,000,000
		12	3,200	1,600	8,926,000

• 지출 세부내역 양식

NO	항목	세부항목	예산					비고
			단 가	수 량	단위/기간	금 액	소 계	
1	공항→호텔	인천-호텔	600,000	15	대*4일	36,000,000	42,000,000	전세버스
		김포-호텔	200,000	15	대*2일	6,000,000		15인승 벤
	소 계					42,000,000		

• 문 제

행사별 세부예산(안)을 수입·지출 총괄표, 수입예산내역, 지출세부내역을 포함하여 작성하되, 지출세부내역은 위 보기의 양식을 참조하여 작성하시오(A4용지 10장 내외, 글자크기 11포인트).

예산문제는 크게 '총괄예산, 수입예산내역, 지출세부내역' 표를 작성하도록 출제된다. 예산문제에서의 핵심은 정확한 비용계산보다 각각의 표에 포함되어야 하는 항목들이 제대로 포함되어 있는지 여부이다. 따라서 수입, 지출 세부항목을 중심으로 암기한 후에 표를 작성하는 연습을 하도록 한다. 또한 정확한 금액 계산을 위해서 엑셀을 사용하여 표를 작성한 후에 파워포인트로 옮긴다.

(1) 수입·지출 총괄표

수입·지출 총괄표는 차후에 발생할 수입이나 지출의 내역을 미리 정하고, 이를 총괄하여 나타낸 표이다. 총괄예산 부분은 수입부문과 지출부문으로 나누어 항목별로 금액을 간단히 작성한다.

수입·지출 총괄표			
수입		지출	
항 목	금 액	항 목	금 액
1. 등록비	928,000,000	1. 대관료	140,104,000
		2. 연회행사비	525,096,000
2. 전시수입	120,000,000	3. 기기임차비	66,200,000
		4. 전시 및 홍보	125,000,000
3. 회의자료판매	102,000,000	5. 인쇄제작비	69,000,000
		6. 수송비	139,000,000
4. 후원금	350,000,000	7. 인력운영비	35,600,000
정부지원	200,000,000	8. 일반관리비(5%)	55,000,000
기 타	150,000,000	9. PCO 대행수수료(10%)	110,000,000
		10. 예비비(10%)	110,000,000
합 계	1,500,000,000	합 계	1,375,000,000

① 수입 부문

수입예산은 기출문제 제시문에 제시된 총 예산금액을 수입의 합계금액으로 정한다. 수입에 포함되는 항목으로는 '등록비, 전시수입, 회의자료판매, 후원금' 등이 있다. 등록비는 제시문에서 주어진 정보를 이용하여 달러는 원화로 바꾸어 직접 계산하여야 하며, 제시문에서 총 예산 중 2억을 중앙부처의 지원을 받았다고 언급하였으므로 후원금 중 2억을 정부지원으로 표시한다.

② 지출 부문

지출예산은 행사에서 지출될 총 경비를 세분화하여 나눈 예산이다. 지출의 항목이 정해져 있는 것은 아니며, 위의 표에 나타난 항목 외에 추가적으로 '본부운영비, 사무국운영비, 초청비, 현장진행비, 공항영접비' 등을 추가할 수 있다. 제시문의 참고사항에서 일반관리비 5%, 기업이윤 10%, 예비비 10%의 언급이 있었으므로 지출항목에 포함시켜 작성해야 하며, 각각의 %는 1~7까지의 지출항목을 포함한 총 합계의 %이다.

㉠ 일반관리비 : 1,100,000,000 × 0.05 = 55,000,000
㉡ PCO 대행수수료 : 1,100,000,000 × 0.1 = 110,000,000
㉢ 예비비 : 1,100,000,000 × 0.1 = 110,000,000

(2) 수입예산내역

수입예산내역은 발생한 수입을 항목별로 나누어 작성한 표이다.

항목			단 가	수량/명	금 액	비 고
1. 등록비	일반 참가자	국 외	$500	800명	480,000,000	1$ = 1,200
		국 내	400,000	1,000명	400,000,000	
	동반자		$200	200명	48,000,000	1$ = 1,200
소 계					928,000,000	
2. 전시수입	전시수입				120,000,000	
소 계					120,000,000	
3. 회의자료판매	자료판매수입				102,000,000	
소 계					102,000,000	
4. 지원금	문화체육관광부				200,000,000	
	컨벤션산업협회				150,000,000	
소 계					350,000,000	
합 계					1,500,000,000	

(3) 지출총괄내역

지출총괄내역서는 이미 지출된 비용을 항목별로 나누어 작성한 표이다.

항목			단가	수량	금액	비고
1. 대관료	개회식/plenary	컨벤션홀 11	15,000,000	4일	60,000,000	
	분과회의	그랜드볼룸 103	3,000,000	4일	12,000,000	
		그랜드볼룸 104	2,000,000	4일	8,000,000	
		그랜드볼룸 105	2,000,000	4일	8,000,000	
		아셈회의실 203	1,500,000	4일	6,000,000	
		아셈회의실 203A	1,300,000	4일	5,200,000	
		아셈회의실 203B	1,300,000	4일	5,200,000	
	전시장	컨벤션홀 12	8,926,000	4일	35,704,000	
	소 계				140,104,000	
2. 연회 행사비	환영연	꽃장식	3,300,000		3,300,000	
		주 류	10,000	1,200명	12,000,000	
		뷔 페	40,000	1,200명	48,000,000	
	한국인의 밤	사회자		1명	2,000,000	전문사회자
		꽃장식	3,300,000		3,300,000	
		칵테일	9,000	1,500잔	13,500,000	
		주 류	10,000	200병	2,000,000	
		한정식	55,000	1,500명	82,500,000	
	환송연	사회자		1명	2,000,000	전문사회자
		꽃장식	3,300,000		3,300,000	
		오르드볼	100,000	50tray	5,000,000	
		칵테일	9,000	1,500잔	13,500,000	
		주 류	38,000	200병	7,600,000	
		양정식	50,000	1,500명	75,000,000	
	오 찬	도시락	40,000	1,500개(3회)	180,000,000	
	Coffee Break		5,000	1,500잔(5회)	37,500,000	
	공연비	개회식			5,000,000	
		환영연			10,000,000	
		한국인의 밤			4,596,000	
		환송연			15,000,000	민속공연
	소 계				525,096,000	

분류		항목	단가	수량	금액	비고
3. 기기 임차비	사무기기	노트북	200,000	45대	9,000,000	
		프린터	200,000	10대	2,000,000	
		팩스	120,000	5대	600,000	레이저방식
		무전기	15,000	25대(4일)	1,500,000	
	스크린	보조스크린	300,000	5대(4일)	6,000,000	100인치
		Rear Screen	500,000	5대(4일)	10,000,000	250인치
		PDP	500,000	5대(4일)	10,000,000	
	A/V	빔프로젝터 (12,000Ansi)	1,200,000	3대(4일)	14,400,000	
		빔프로젝터 (7,000Ansi)	800,000	3대(4일)	9,600,000	
		OHP	50,000	3대(4일)	600,000	
	기타	중계시스템	625,000	4일	2,500,000	
소 계					66,200,000	
4. 전시 및 홍보		매체광고	10,000,000	5회	50,000,000	
		기자간담회	5,000,000	3회	15,000,000	
	옥외광고	현판	2,000,000	10개	20,000,000	
		전광판	20,000,000	2개	40,000,000	
소 계					125,000,000	
5. 인쇄 제작비	디자인	앰블럼개발	5,000,000		5,000,000	
	지급품	기념품	20,000	1,000개	20,000,000	
		등록가방	20,000	1,000명	20,000,000	
	제작물	종합안내판	2,000,000	2개	4,000,000	
		주회의장 배너	5,000,000		5,000,000	
		안내표지판	5,000,000		5,000,000	
	인쇄물	포스터	3,000,000		3,000,000	
		프로그램북	5,000,000		5,000,000	
		행사초청장	2,000,000		2,000,000	
소 계					69,000,000	

6. 수송비	공항이용	안내데스크 임차	3,000,000	5개소	15,000,000	
	제작물	현수막	5,000,000		5,000,000	대형현수막
		배 너	2,000,000		2,000,000	
	일반참가자	전세버스	600,000	15대, 4일	36,000,000	인천-호텔
		15인승 벤	200,000	15대, 2일	6,000,000	김포-호텔
	주요인사	승용차	2,400,000	15대, 2일	72,000,000	
		전문영접요원	200,000	15명	3,000,000	
소 계					139,000,000	
7. 인력 운영비	전문요원	전문도우미	3,000,000		3,000,000	
		영상촬영기사	4,000,000	2명	8,000,000	
		사진촬영기사	4,000,000	3일	12,000,000	
	진행요원	등록요원	70,000	20명, 3일	4,200,000	
		수송요원	70,000	20명, 3일	4,200,000	
		회의요원	70,000	20명, 3일	4,200,000	
소 계					35,600,000	
합 계					1,100,000,000	

8 의전(영접, 영송)

의전은 국가 원수 및 고위급 인사의 방문과 영접에서 행해지는 특별한 형식을 갖춘 의식이나 관행으로 굳어진 전례를 의미한다. 컨벤션에서의 의전은 국제회의에 참여하는 참석자들이 원활하게 출·입국하여 회의에 편하게 참석하고, 컨벤션이 끝난 후 자국으로 안전하게 돌아갈 수 있도록 돕기 위한 절차이다. 일반적으로는 행사가 개최되기 2일 전부터 운영하며, VIP의 경우에는 개별 입국일정에 따라 영접하게 된다. 영접은 일반적으로 공항에서 이루어지게 되며, 영송은 공항이나 숙박시설에서 이루어진다.

(1) 목 차

항 목	내 용
의전 Concept	의전의 성공을 위한 기본방향과 전략
의전 주요업무	국제회의 주요장소에 따른 주요 의전업무
영접, 영송 업무흐름도	영접과 영송의 전체적인 업무흐름도
영접 주요업무	업무흐름도와 영접데스크 운영방식
영송 주요업무	주요 업무내용

(2) 항목별 세부 슬라이드 내용

① 의전 Concept

의전은 상대방을 배려하는 정신으로부터 발생한 것으로, '배려'에 기초하여 여러 가지 Concept을 구성할 수 있다. 'Safety, Hospitality, Simple, Accuracy'

예

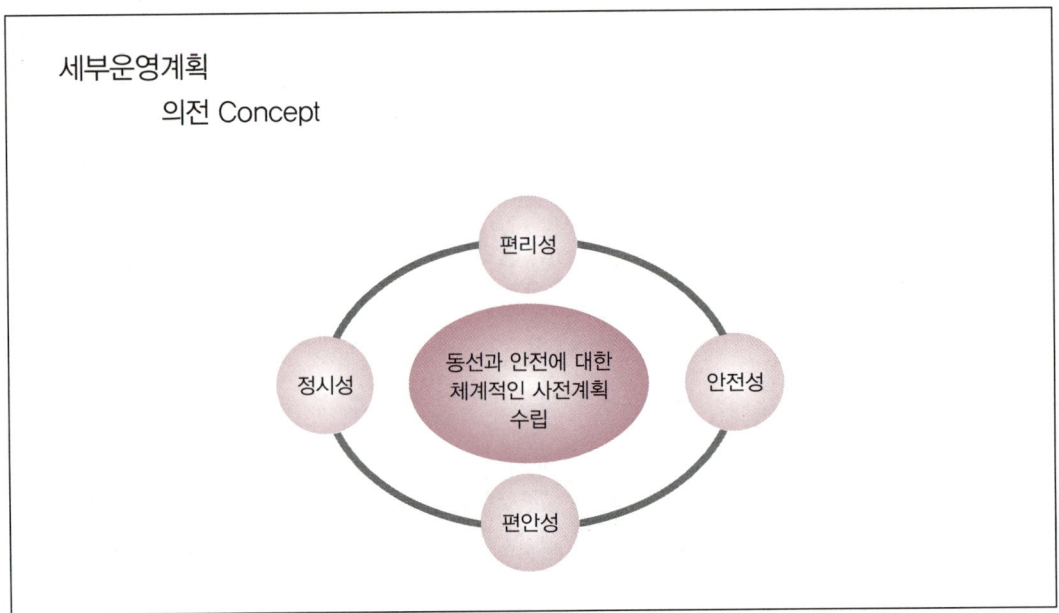

② 의전 주요업무

국제회의 과정에서 영접과 영송을 비롯하여 의전이 행해져야 하는 주요장소와 주요업무를 정리한다.

㉠ 공항에서 이루어지는 구체적인 의전은 일반참가자와 VIP를 구분한다.

㉡ 회의장 내에서는 VIP의 경우 의전 대상자의 행사참석 여부와 동반여부 등을 파악하여 동선을 파악한다. 또한 VIP룸을 운영하고 초청부서와 협조하여 담당자를 배치시킨다.

㉢ 의전 운영 시에는 사전에 수립한 계획에 따라 의전을 담당할 요원을 VIP룸, 행사장 입구와 내부 등에 배치시키고, 주요 대상자들의 스케줄에 맞추어 의전을 수행한다.

예

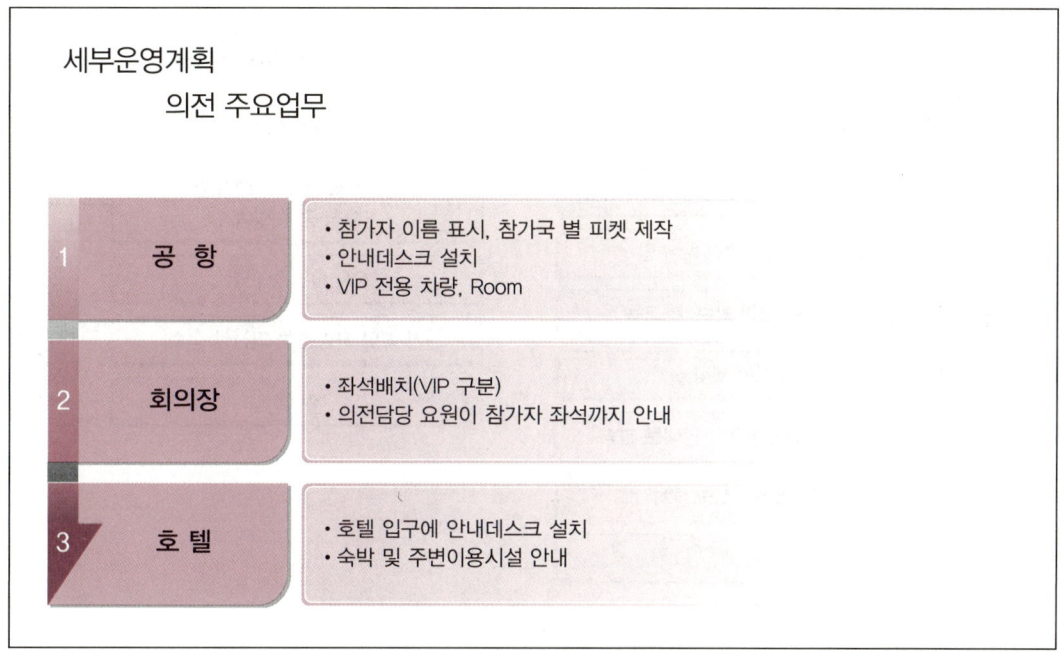

③ 영접, 영송 업무흐름도

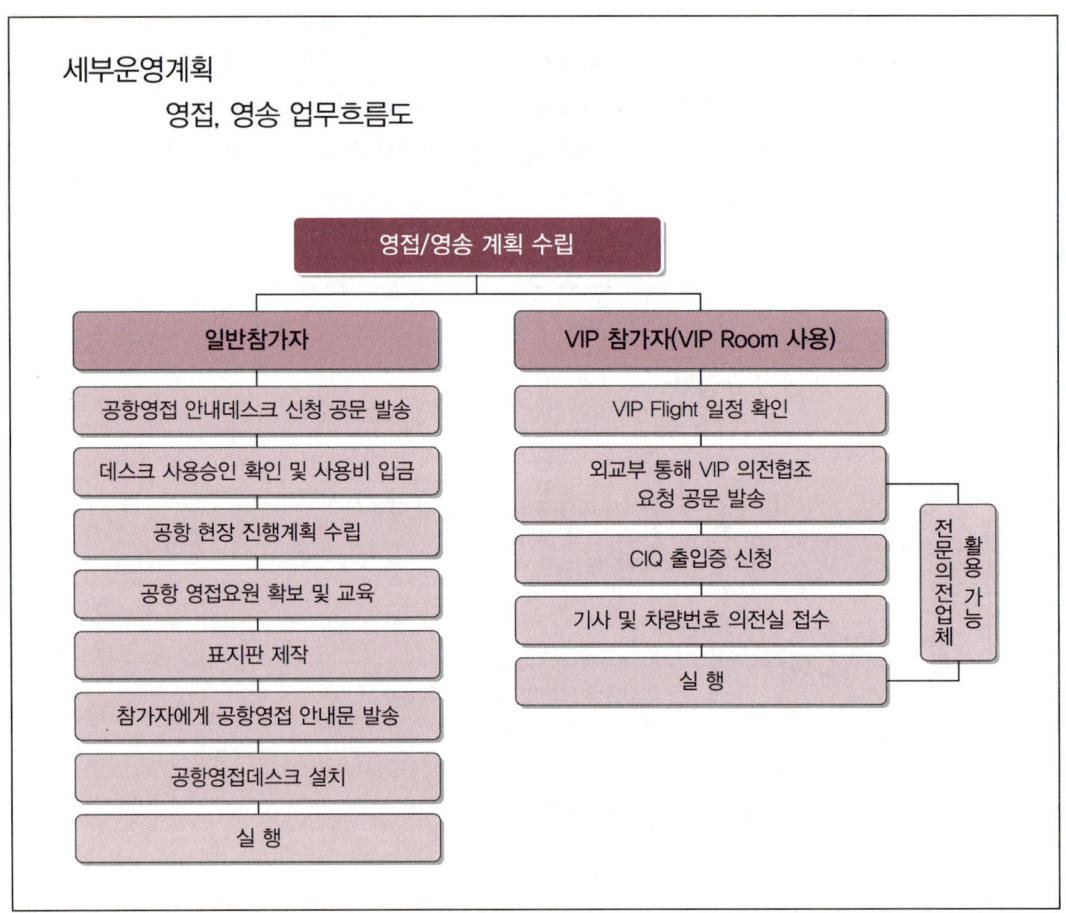

④ 영접 주요업무

공항 영접의 목적은 행사 참가자의 입국과 출국 수속에 대한 편의를 제공하고, 행사안내와 환영을 위해 참가자 도착 시 편의를 제공하기 위함이다. 영접 업무는 일반참가자와 VIP 참가자로 나누어 구체적인 절차를 확정해야 한다.

㉠ 영접 기본계획 수립

의전이 필요한 참가자들을 확정하고, 그 참가자들을 다시 VIP와 일반 대상자로 구분하여 계획을 수립한다.

㉡ 입국 일정 확인

의전 대상자들의 입국 일정을 확인하여 영접 스케줄을 구성한다.

㉢ 유관기관 협조

VIP Room, 안내데스크, 전용 심사대, 의전 주차장, 행사요원의 대리입국 수속 등을 위해 관련 공항에 협조를 요청한다.

ⓔ VIP 참가자

공항에 도착한 순간부터 일반 입국장을 이용하지 않고 VIP 전용 통로로 입국 수속을 하거나 행사요원이 대리로 입국수속을 진행한다. 입국절차가 완료된 후에 목적지로 향하는 차량을 대기하는 등 신속하고 원활한 입출국 절차를 마련한다.

ⓜ 일반참가자

공항에 도착하여 공항 안내데스크에서 안내를 받고 호텔까지 **빠르게** 이동할 수 있도록 간편한 입출국 절차를 마련한다.

예

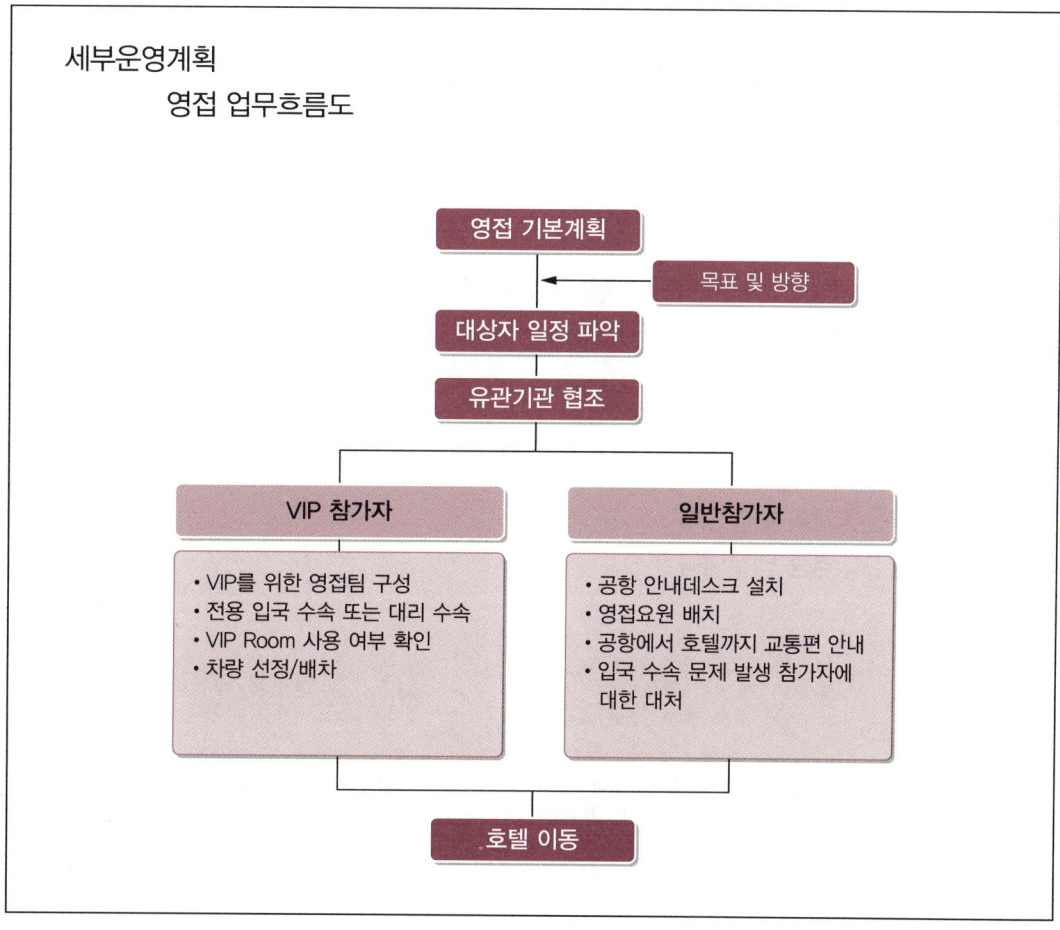

세부운영계획
공항 안내데스크 운영

VIP 데스크 운영
- 입국 일정 사전 파악
- 입국 일정에 맞추어 영접인사 사전 대기
- 입국 심사 및 통관 대리 수행(운영요원)
- VIP 주차장에 대기 중인 승용차로 안내

일반참가자 데스크 운영
- 입국하는 참가자에게 환영인사
- 공항에서 호텔 간 교통편 안내
- 공항시설 이용 안내
- 입국 수속 문제 발생 시 대처

⑤ 영송 주요업무

영송은 행사를 무사히 끝마친 참가자들을 마지막까지 배려하기 위한 절차이다. 영접은 일반화되어 있고 절차가 복잡한 반면, 영송은 해당 숙박시설이나 공항에서 특별한 관리가 필요한 경우 외에는 운영하지 않는 경우가 더 일반적이다.

예

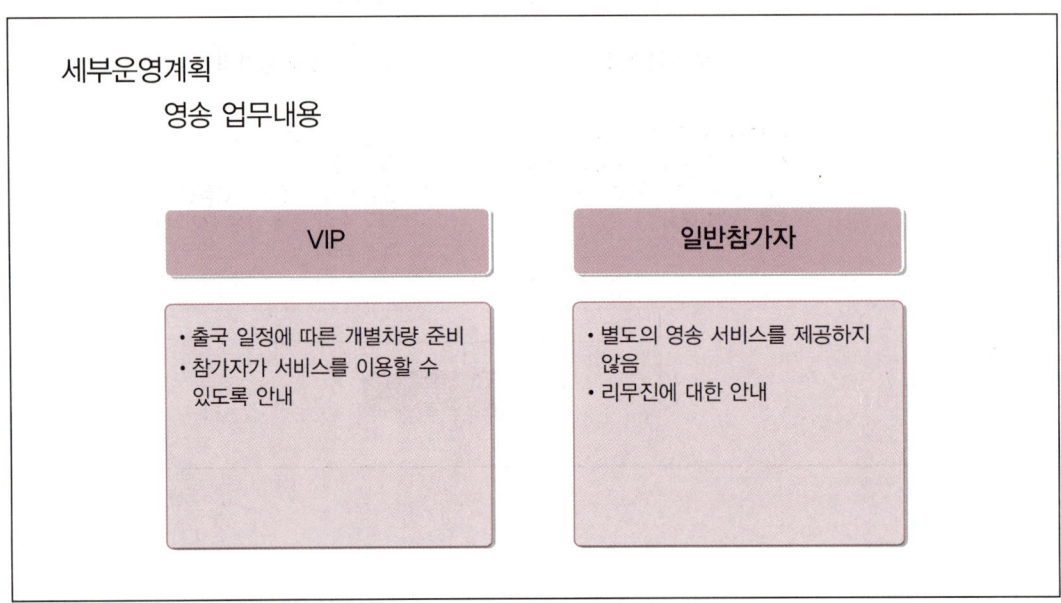

9 수송

수송은 '개최지역까지의 수송'과 '개최지에 도착한 이후의 수송'으로 구분할 수 있으며, 전자는 항공교통에 의하여 수송이 이루어지고, 후자는 지상교통에 의하여 수송이 이루어진다. 따라서 항공수송 및 지상수송 전반에 걸친 종합계획을 수립한 후에 각각 구분하여 세부추진계획을 수립하여야 한다.

(1) 수송 기본방향

수송에서는 충분한 수량으로 수송을 하고 운행시간을 엄수하며, 보험가입 차량에 의한 안전운행을 하는 것이 가장 중요하다.

예

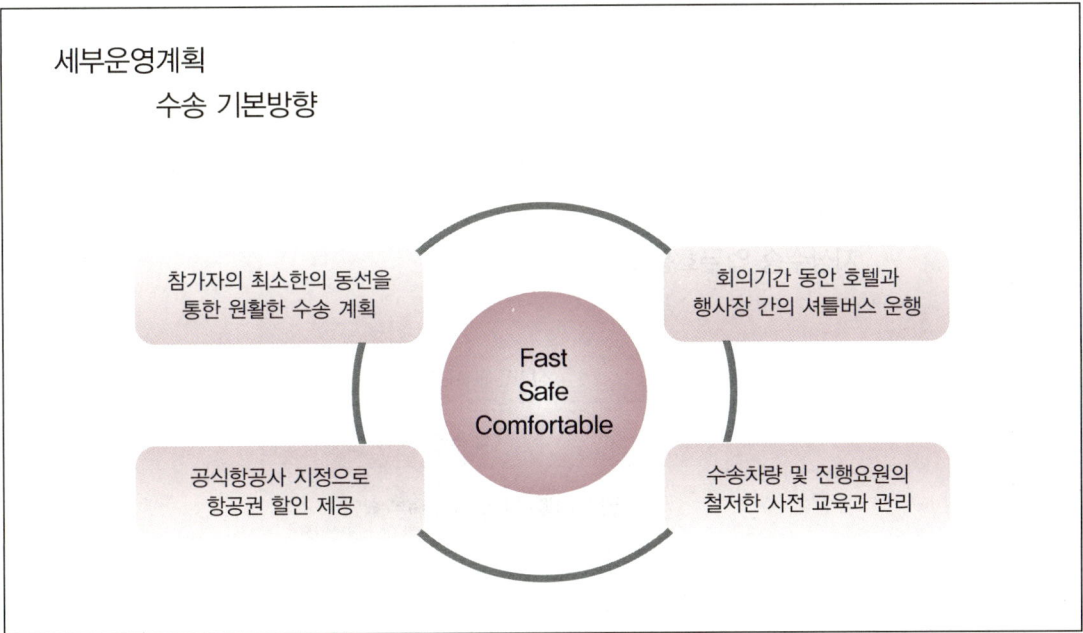

(2) 수송 업무흐름

① 항공수송 업무흐름

㉠ 공식항공사 지정

국외 참가자가 많은 경우, 주최 측에서는 참가예정자들에게 요금이나 서비스 할인을 제공하기 위하여 공식항공사를 지정하는 경우가 많다. 공식항공사 지정 시 항공사와 항공권 가격과 항공편을 협의하고, 항공권 혜택의 범위를 논의하도록 한다.

> 항공노선 정보수집(개최지역의 취항 항공사, 노선, 운임 조사) → 공식항공사 후보 선정 → 항공료 할인&서비스 협의 → 공식항공사 지정 → 공식항공사 선정 공지(할인 항공료, 스케줄 공지)

㉡ 추가항공사 선정

만약 노선이나 국제회의 일정에 따라 1개의 항공사로는 참가자들의 요구를 모두 충족시키기 어려운 경우, 공식항공사 외에 추가적으로 항공사를 확보하기도 한다.

② 지상수송 업무흐름

　㉠ 지상수송은 '입·출국 수송'과 '회의기간 중의 수송'으로 구분된다. 입·출국 수송은 공항과 숙박장소 간의 교통편을 제공하는 것이다. 회의기간 중의 수송은 '숙박 장소와 행사장' 또는 '회의장과 행사장' 간의 수송을 의미한다.

　㉡ 대부분의 공항에는 호텔의 리무진 서비스가 있는 것이 일반적이므로, 이를 이용하게 하거나 대중교통 수단을 이용할 수 있다. 따라서 참가자들이 밀집되는 시기에는 별도의 교통수단을 배정하고, 그렇지 않은 경우에는 기존의 교통수단을 이용하는 것이 일반적이다. VIP의 경우에는 입·출국 시에 공항과 숙소 또는 회의장을 운행하는 전용차량을 따로 준비한다.

> 참가인원, 일정, 동선 등 파악 → 수송계획 수립(운행노선, 운행 횟수, 시간 등) → 호텔의 셔틀서비스 제공여부 확인 → 서비스 미제공 시 수송업체 선정 → 지상수송 운영

예

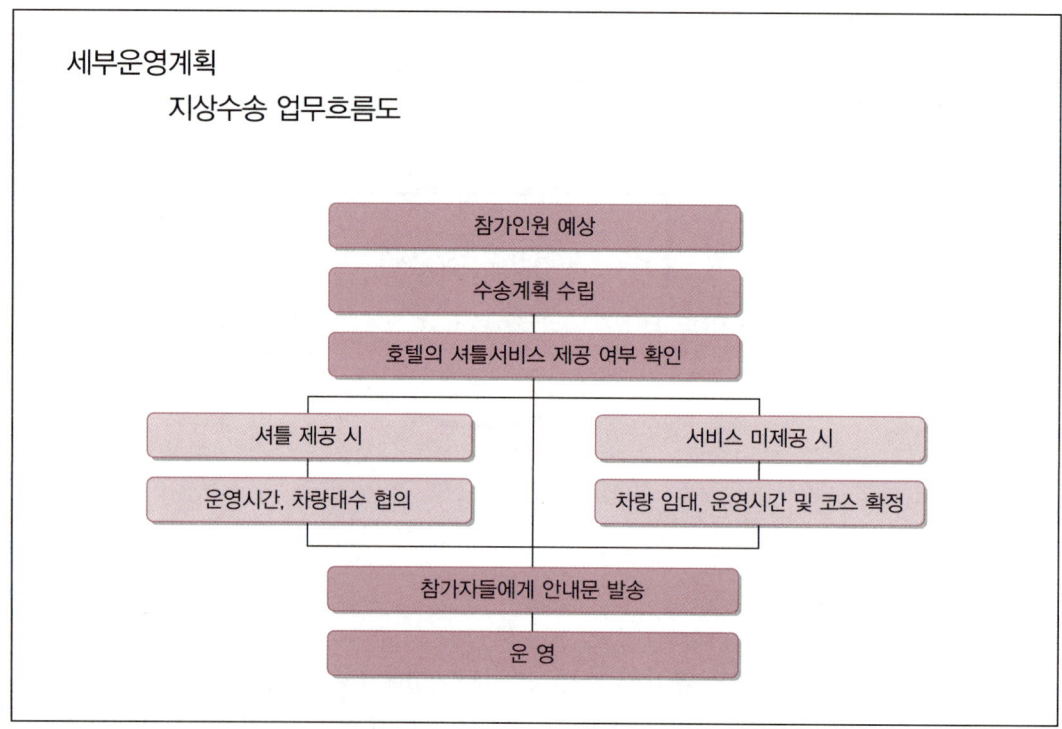

(3) 수송 운영방침과 주요업무

① 입출국 수송

　㉠ 공항주차장
- 주차공간 사전확보 및 유지
- 각종 차량부착물, 수송관련 표지판 설치&관리
- 차량과 운전기사 대기상태 확인
- 내빈 출발 후 영접본부로 보고

　㉡ 숙소이동
- 인원 점검과 수하물 확인
- 공항에서 호텔로 이동하는 과정에서 한국소개
- 차량에서 호텔 내부로 안내

② 행사장 수송

　㉠ 동시 탑승인원이 최대가 되도록 배차(출발인원 관리)
　㉡ 행사 종료 10분 전 차량 배차 대기

(4) 수송 차량배치계획

예

세부운영계획
수송 차량배치계획

〈제주국제공항 – 호텔〉

운행구간	운행기간	대 상	수송편	운행간격	운행방법	비 고
제주국제공항-호텔 ICC 제주	2024년 11월 10일	일반 참가자	호텔리무진	5~10분 간격	• 공항안내요원 배치 • 지정된 승하차장에서 출발	• 운전기사와 수시 연락 • 5~10분 탄력적 운행
제주국제공항-호텔 ICC 제주	2024년 11월 9일	VIP	VIP 영접차량	개별 운행		VIP 참가자가 출발할 경우 즉시 사무국에 연락

〈ICC 제주 – 호텔〉

운행구간	대 상	수송편	운행간격	운행방법	비 고
ICC 제주-호텔	일반 참가자	셔틀버스	• 오전 8:00~10:00 • 점심 11:00~12:30 • 오후 16:00~18:00	15분마다 운행	호텔별 버스 운행 및 셔틀버스 시간표 부착

10 홍 보

국제회의의 가장 핵심이 되는 분야는 회의이지만, 일단 회의가 조직된 후에는 홍보가 회의의 성공과 실패를 좌우할 수 있는 중요한 요소가 된다. 홍보는 잠재적 참가자에게 컨벤션 행사에 관련된 지식 및 정보를 제공하고, 컨벤션 행사에 대한 이미지를 제고하며 참석률을 증가시키기 위해서 비인적인 매개체를 사용한다. 성공적인 홍보를 위하여 회의 기획자는 회의의 성격을 파악한 후, 목표로 삼는 참가자를 확인하고 그들로 하여금 회의에 참여하도록 유도해야 한다.

(1) 홍보 개요

홍보의 첫 번째 슬라이드에는 홍보의 전체적인 개요를 작성해야 하는데, '기본목표, 홍보기간, 대상별 홍보방법'과 같은 사항을 항목으로 포함시켜 작성하도록 한다.

① 기본목표
  ㉠ 대회의 기대감 조성
  ㉡ 대회 후원 및 협찬사 유치
  ㉢ 주최기관의 대외 홍보 및 위상 제고
  ㉣ 대회에 대한 이해와 긍정적 이미지 부각

② 대상별 홍보방법
  ㉠ 참가자 유치 홍보
  ㉡ 후원 유치 홍보
  ㉢ 언론 홍보

예

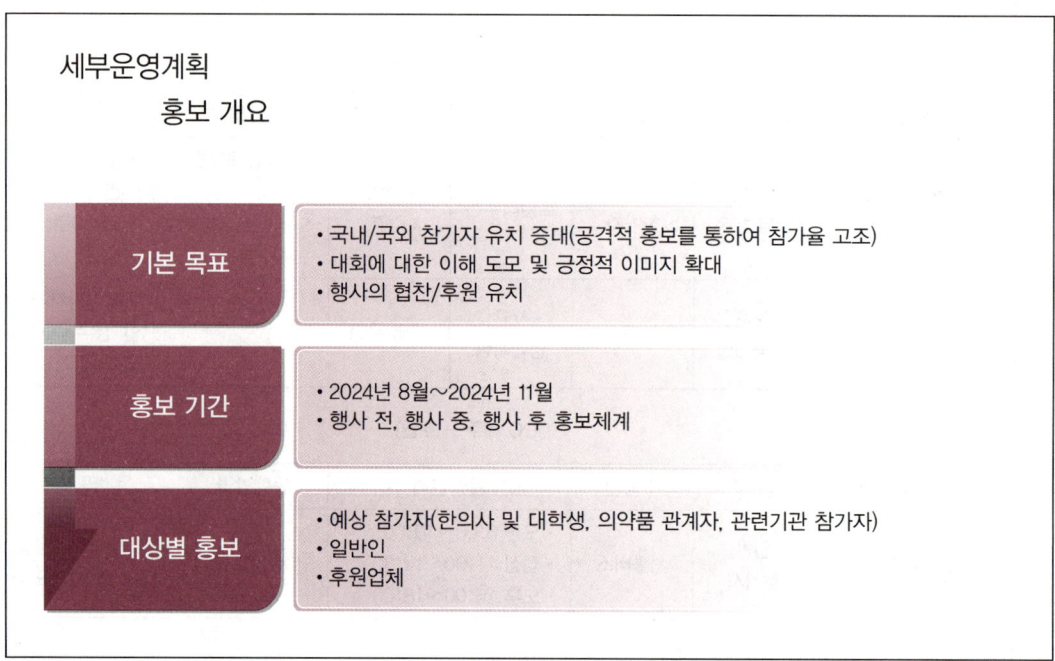

(2) 홍보 전략

홍보 전략은 홍보의 대상인 국제회의가 어떤 성격의 회의인지에 따라 차별화되어야 한다.

① 강제적 참여 성격의 회의

　㉠ 홍보 내용

　　기업회의의 경우처럼 회의 참가자들이 선택의 여지없이 회의 참석이 강요되는 경우에는 참가자들에게 행사의 중요성을 전달하고, 행사 참여로 인하여 개인과 조직이 얻게 되는 이익과 가치에 대하여 충분한 홍보가 필요하다.

　㉡ 홍보 방법

　　마케팅 수단으로 편지나 전단을 발송하고, 홍보자료를 준비하여 사보나 회사 내 게시판, 지역신문, 업계 전문지에 게재할 수 있다.

② 자발적 참여 성격의 회의

　㉠ 홍보 내용

　　협회회의와 같이 협회 회원들의 자발적 참여로 열리는 회의의 경우에는 홍보의 핵심이 회의참여의 동기부여이다. 따라서 양질의 프로그램을 제공한다는 홍보가 필요하다.

　㉡ 홍보 방법

　　주로 DM(Direct Mail)과 같은 직접우편물을 사용하며 DM으로 브로슈어, 개별 서신, 엽서, 초청장의 형식을 사용할 수 있다. 또한 업계 전문지에 광고를 하거나 미디어를 통한 광고도 가능하다.

예

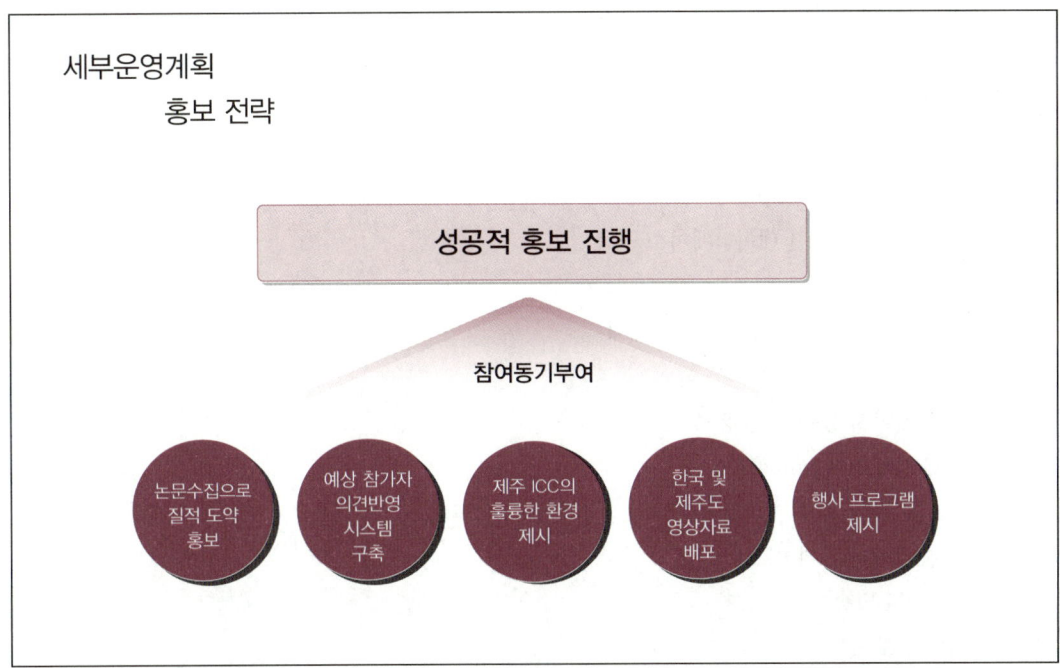

(3) 단계별 홍보전략

① 국제회의 전·후 단계별 홍보
- ㉠ 국제회의 개최 전(관심 및 Boom Up)
  - 사전 관심증대 이벤트
  - 홈페이지 개설
  - 홍보요원 선발
  - 홍보물 설치 및 커뮤니티를 통한 행사 홍보
- ㉡ 국제회의 개최기간 중(본 행사 고지 및 참여 유도)
  - 구체적 행사내용 홍보
  - 언론과 방송의 활용
  - 프레스 전담부서 및 별도 프레스 공간지원 서비스
  - 인터넷 생중계
- ㉢ 국제회의 종료 후(행사결과 및 의미공유)
  - 행사결과에 대한 의의
  - CD-rom 제작
  - 홈페이지에 결과 및 사진 게재
  - 대회관련 보고
  - 감사레터 발송

② 준비·사전·집중 단계별 홍보
- ㉠ 준비단계
  - 기본계획 수립
  - 매체별 홍보계획 수립(Target별 매체 리스트 확보)
  - 1차 Call for Paper 제작
  - 홈페이지, 관련 데이터베이스 구축
- ㉡ 사전홍보
  - 홍보(신문, 잡지, 전문지 등) 게재
  - 후원 및 협찬 확보
  - 홈페이지 등록자 웹 홍보
  - Call for Paper 배포
  - 관련 회의 참석
  - 홈페이지 업데이트
  - EDM 발송
- ㉢ 집중홍보
  - 광고, 특집기사, 취재보도
  - 일간지, 전문잡지 기사 게재
  - Call for Paper 게재

- 관련 학회 홍보물 발송
- 등록 독려 홍보

예

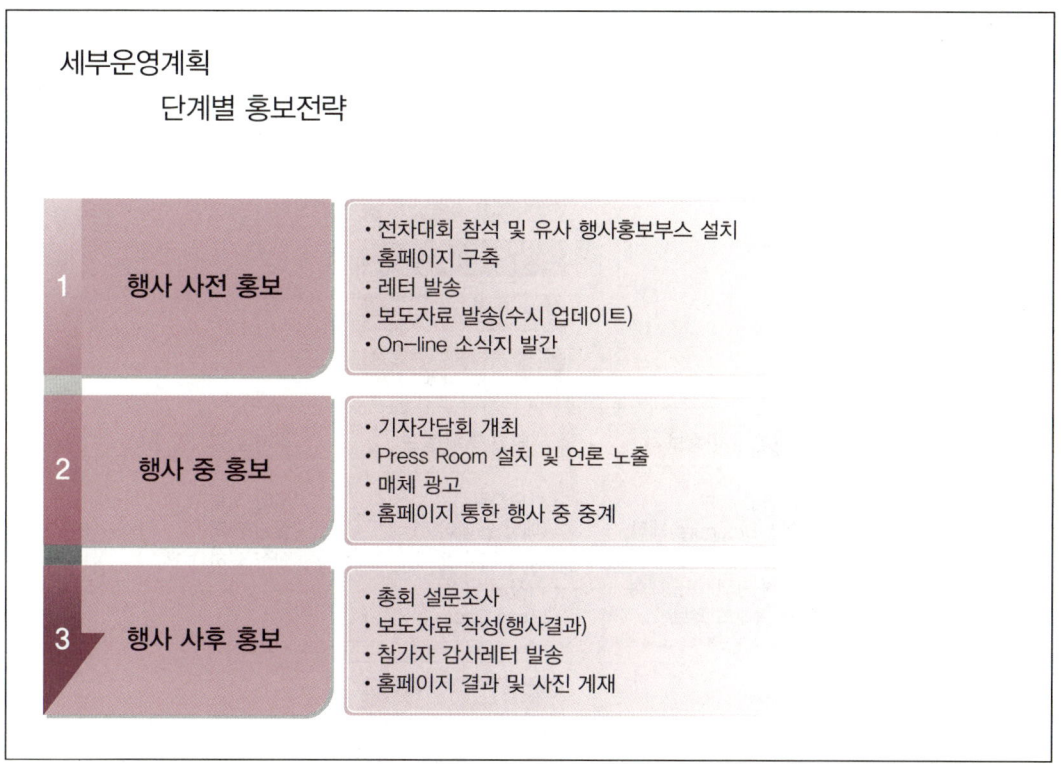

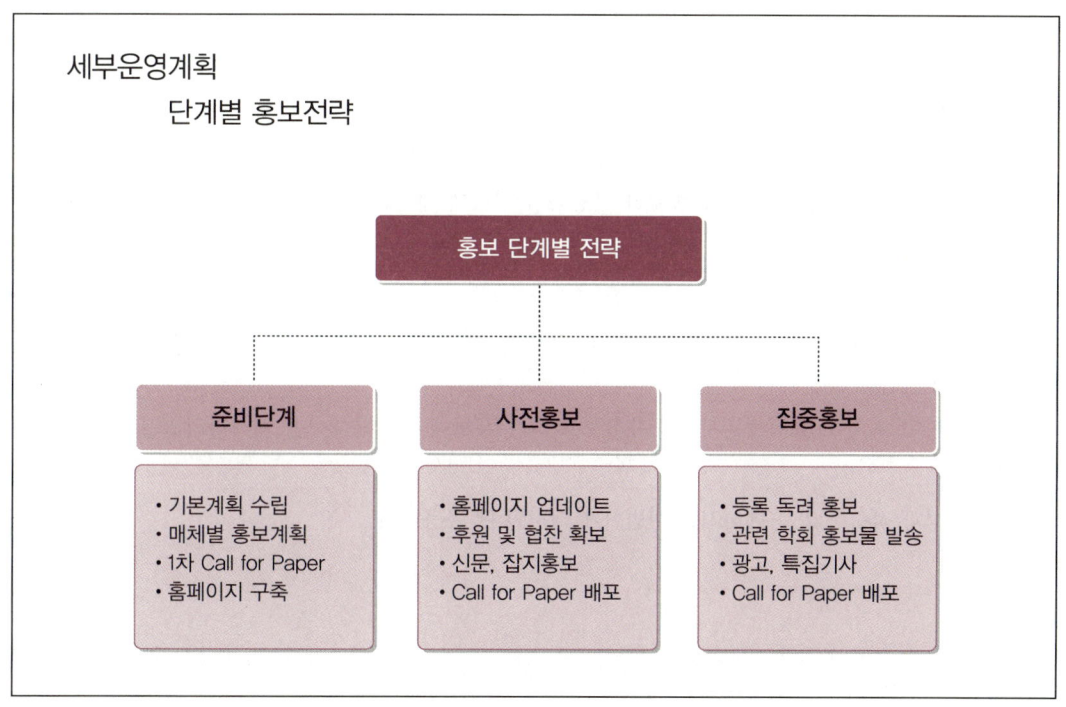

(4) 홍보 업무흐름도

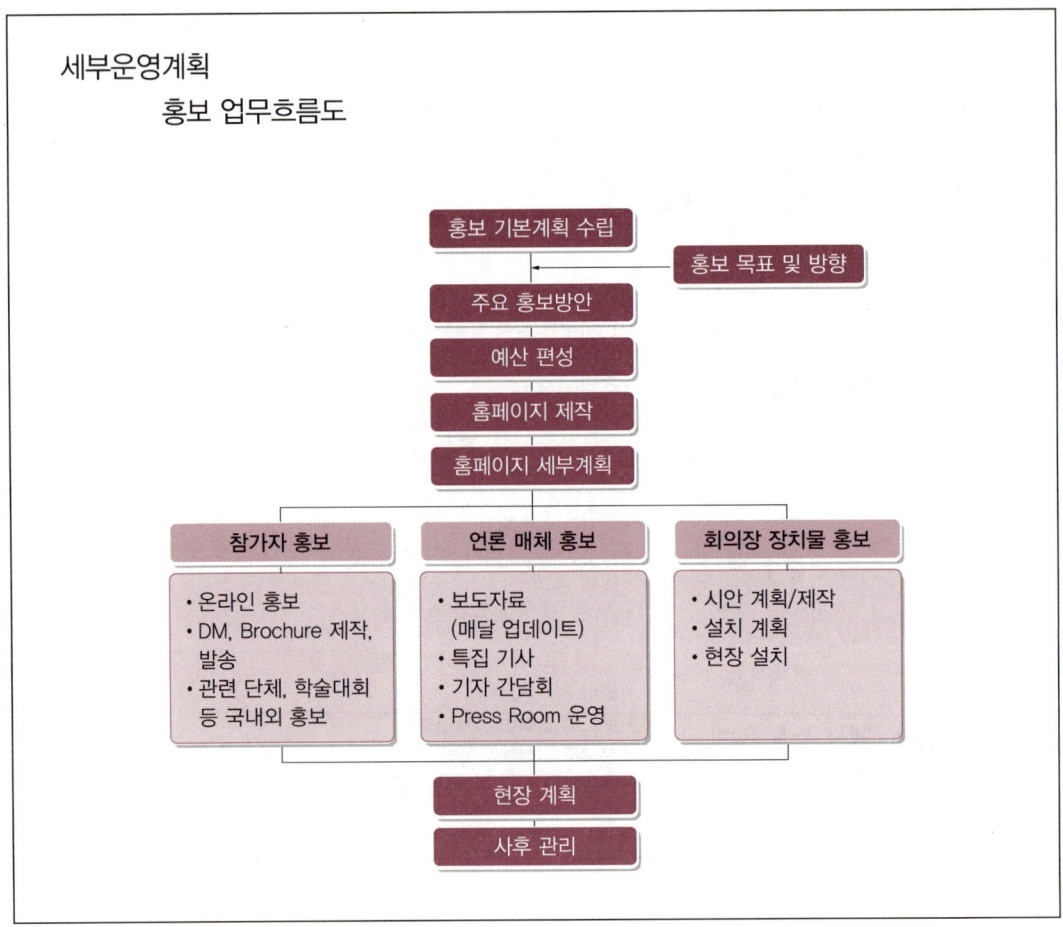

(5) 홍보 수단

예산에 맞춰 선정하되 각 홍보매체의 특징을 파악하여 최소의 비용으로 최대의 효과를 누릴 수 있도록 한다. 방송, 신문, 잡지, 인터넷 등 종류가 다양하기 때문에 매체의 성격에 맞는 홍보방법을 선정하여야 홍보효과를 극대화할 수 있다.

① TV

전달범위가 광역적이고 접근이 용이하다. 일반대중을 상대로 한 홍보에 적합하지만 비용이 많이 든다.

② Radio

비용이 적게 들고 표적세분시장을 대상으로 하는 홍보에 적합하다. 단, 메시지의 노출시간이 매우 짧다.

③ 신 문

신축성과 적시성 있는 메시지를 빈번하게 제시할 때 유용하다.

④ 잡지

전문지를 이용하여 선택적 독자에게 메시지를 효과적으로 전달할 경우 적합하다.

⑤ DM(Direct Mail)

모든 매체 중에서 가장 개성적이고 직접적인 방법이다. 목표시장에만 메시지를 전달할 수 있다.

⑥ 특수 제작물

회의에 대한 관심을 진작시키기 위해 홍보용품을 제작할 수 있다. 열쇠고리, 수화물 꼬리표, 펜 등 다양하며 제작비용 또한 천차만별이다.

브로슈어 (Brochure)	• 가장 일반적인 홍보물로 제작비용이 저렴하고 디자인에 따라 눈길을 끌 수 있다. • 브로슈어 지면에 회의에 대한 모든 내용을 담을 경우 어지럽고 산만해 보일 우려가 있다.
편지	• 일괄적으로 인쇄된 형태보다 개인적인 느낌을 주는 형태가 참가자의 관심을 끌 수 있다. • 단독으로 발송될 수도 있고, 다른 홍보물과 함께 발송될 수도 있다.
뉴스레터	값비싼 브로슈어를 만들지 않고도 회의와 관련된 주요 소식이나 흥미로운 정보 등 추가정보를 게재할 수 있다.
개최지 홍보자료	• 컨벤션 뷰로나 호텔, 컨벤션센터에서 제작한 홍보용 자료를 이용할 수 있다. • 등록 패키지에 포함시키거나 우편으로 발송함으로써 회의에 대한 예상 참가자의 관심을 유도할 수 있으며, 호텔 및 개최지가 회의참가 동기부여의 요인이 되기도 한다.

예

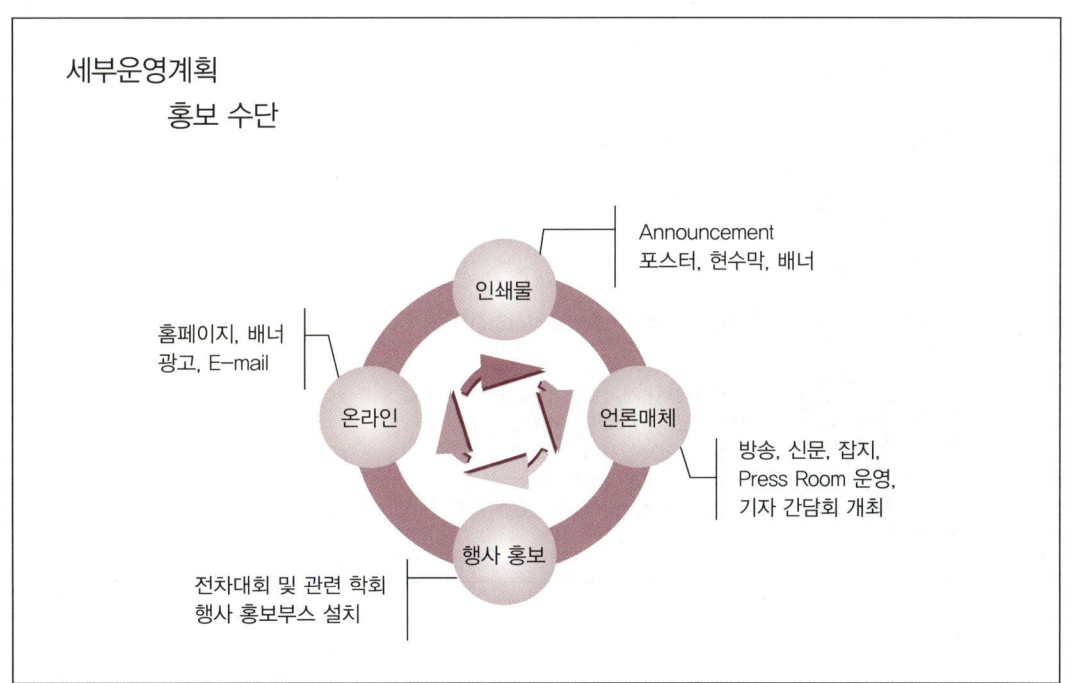

11 전시

전시는 모든 회의에서 필수적으로 개최되는 것은 아니다. 하지만 전시가 개최될 경우에는 주최 측의 입장에서는 주요 수입원이 되며, 참가자들에게는 정보와 신기술을 접할 수 있는 기회를 제공하는 역할을 한다. 또한 참가업체는 자사의 제품, 기술 등을 널리 홍보할 수 있다.

(1) 전시 개요

가장 첫 번째 슬라이드에는 전시회 개요에 대해 작성하며, 개요에 포함되어야 하는 항목으로는 다음과 같은 것들이 있다.

- 기간
- 장소
- 규모
- 주최
- 후원
- 주요일정

예

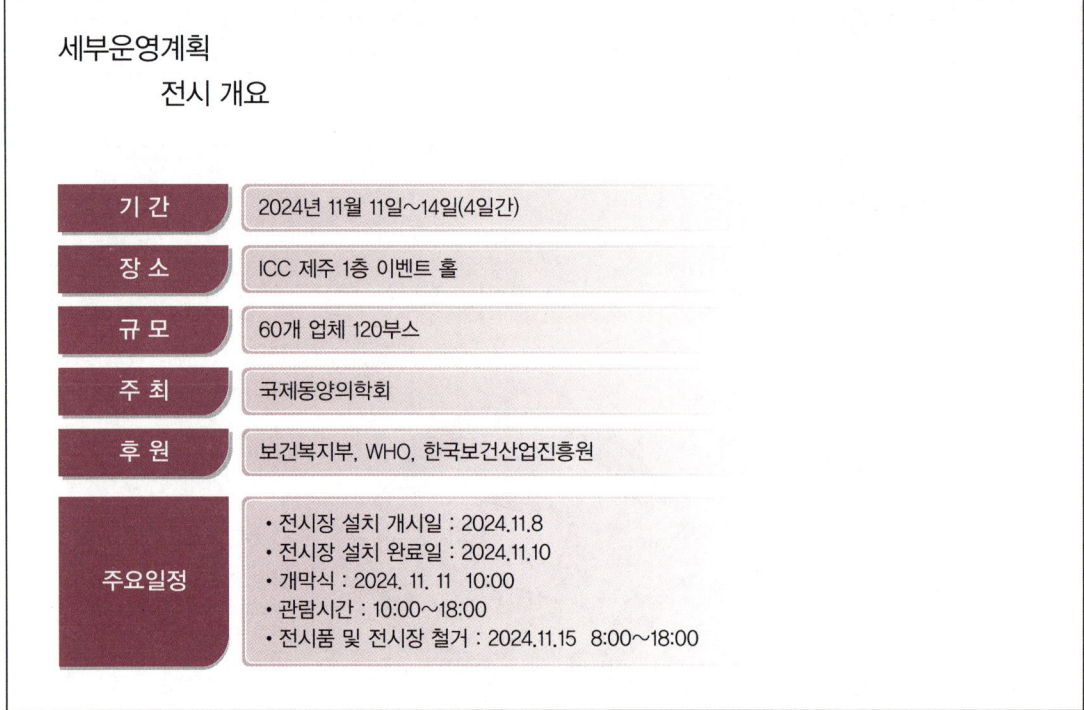

(2) 전시장 구성

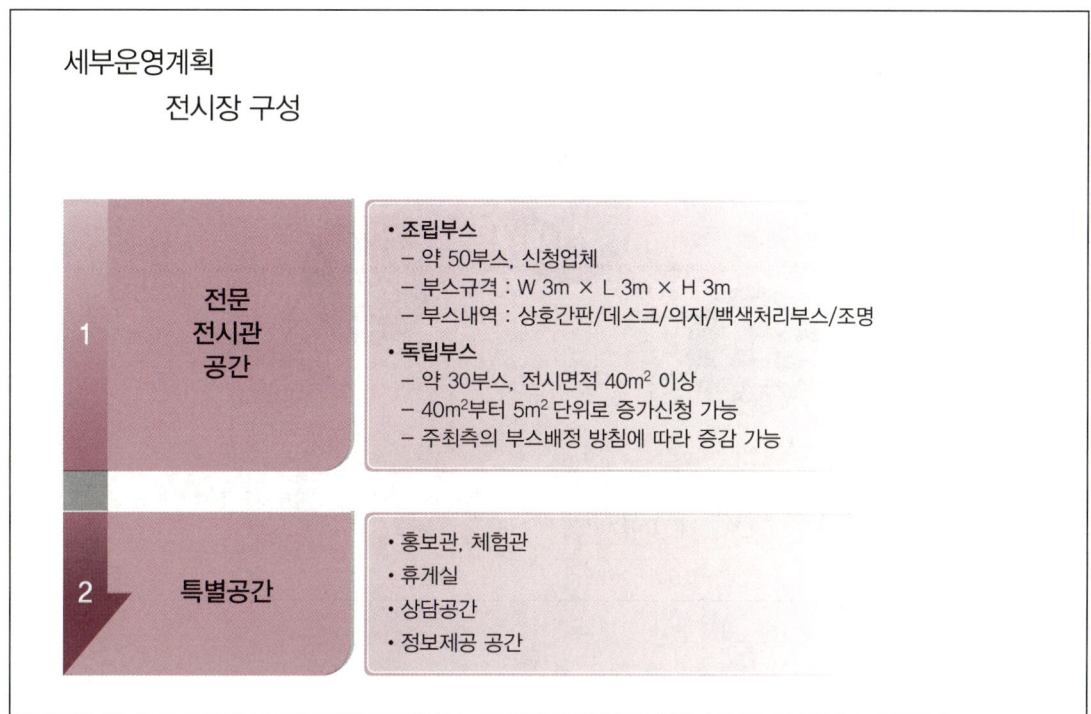

(3) 전시 업무흐름도

① 전시 기본계획 수립

　㉠ 개최개요 결정전시 주제, 기간(운영시간), 규모, 장소 등 협의

　㉡ 예산 편성

- 수입항목 산정 – 전시회 참가비, 광고 수입, 입장료 수입, 안내책자 판매 수입 등 포함
- 지출항목 산정 – 전시장 임차료, 인쇄비, 인건비, 장치료 등 포함

② 전시 장치업체 선정

　견적요청서 작성 → 견적 분석 및 업체선정 → 조건협의 및 계약

세부운영계획
　　전시 업무흐름도

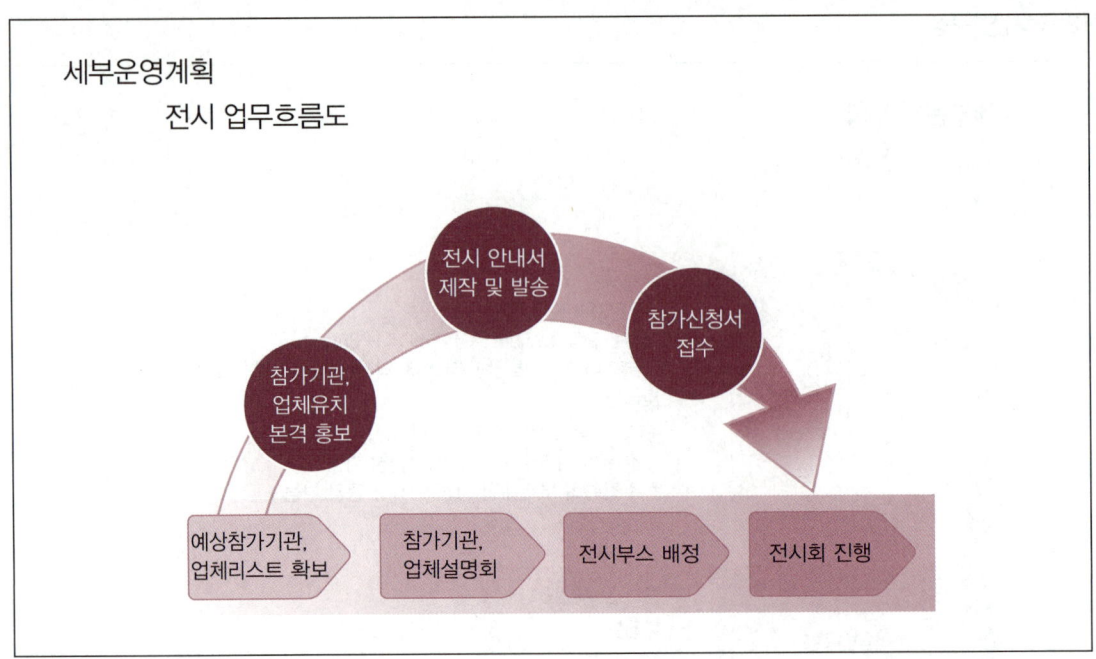

PART 3

영문서신 작성

CHAPTER 01 영문서신, 제대로 알고 작성하자
- 01 영문서신 작성을 위한 준비
- 02 영문서신 출제유형 분석

CHAPTER 02 영문서신 작성 Tip
- 01 영문서신 평가항목
- 02 영문서신 합격전략
- 03 컨벤션 장소와 조직
- 04 핵심 어휘 및 문구

CHAPTER 03 영문서신 합격 따라하기
- 01 영문서신 작성 기준
- 02 서신의 기본 구성
- 03 유형별 서신 작성

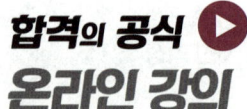

보다 깊이 있는 학습을 원하는 수험생들을 위한
SD에듀의 동영상 강의가 준비되어 있습니다.

www.sdedu.co.kr → 회원가입(로그인) → 강의 살펴보기

CHAPTER 01 영문서신, 제대로 알고 작성하자

01 영문서신 작성을 위한 준비

1 영문서신이란 무엇인가?

영문서신이란 상대방에게 안부, 소식, 용무와 같은 전달내용을 영문으로 적어 보내는 편지로 영문서한과 같은 말이다.

2 영문서신 출제방식

먼저 실제 기출문제를 통해 시험에서 영문서신 작성 부분이 어떻게 출제되는지 알아보자.

〈회의취지〉
한국 의학의 활성화를 위하여, 대한의학회에서는 제25차 국제의학연구학회 연차총회를 부산에서 개최하고자 한다. 이 행사를 주관하는 (주)용두산 컨벤션 서비스의 컨벤션기획사인 당신은 참가 대상자들에게 초록 제출을 권유하고, 등록 및 논문 제출 방법을 상세히 설명하는 영문서한을 작성하고자 한다.

〈조 건〉
대한의학회에서는 2006년 9월 7일(목)부터 10일(일)까지 4일간 제25차 국제의학연구학회 연차총회를 부산 BEXCO에서 개최하려 한다. 대한의학회(조직위원장 : 김길동)에서 주최하는 이 대회의 주관처로는 (주)용두산 컨벤션 서비스가 선정되었다. 본 대회에는 내국인 400명, 외국인 600명이 참석할 예정이다.

〈참고사항〉
- 등록비
  - 조기등록(2006년 8월 15일 이전) : US$700, 비회원 US$800, 동반자 US$100
  - 현장등록(2006년 8월 16일 이후) : 회원 US$800, 비회원 US$900, 동반자 US$120
- 등록비 납부방법
  US$로 신용카드(Visa, MasterCard만 가능), 계좌이체(한국은행, 12345-12345 예금주 : 대한의학회), 공식 홈페이지(www.med2006.org)상 전자결제 가능

- 등록비 포함사항
  - 참가자인 경우 : 콩그레스 키트(초록집, 프로그램북), 학술회의 입장, 개회식 및 환영연
  - 동반자인 경우 : 콩그레스 키트, 개회식 및 환영연
- 등록비 환불규정
  - 2006년 8월 15일 이전 : 수수료 50% 공제 후 환불
  - 2006년 8월 16일 이후 : 환불 불가
  - 환불 신청은 반드시 서면상으로 사무국에 통보되어야 함. 환불은 총회 종료 후 2개월 내로 완료
- 논문초록 제출마감 : 2006년 1월 31일(제출된 논문은 반환되지 않음)
- 초록 제한 길이 : 영단어 300자(반드시 영어로 제출)
- 초록 제출방법 : 공식 홈페이지상에서, 이메일 혹은 팩스로 MS Word 파일로 제출
- 초록 채택여부 통지 : 2006년 2월 말 개인 이메일로 통지 예정, 채택 시 발표일시도 함께
- 채택된 초록은 초록집에 실릴 것이며, 발표 시간은 20분임(질의응답 포함)

[문제 1]
초록 제출을 권유하는 서한을 영문으로 작성하시오(단, 작성일은 2003년 10월 11일로 간주하며, A4용지 2매 내외로 작성).

[문제 2]
등록정보에 관련된 1) 등록비 정보, 2) 납부 방법, 3) 환불정보 사항을 설명하는 서한을 영문으로 작성하시오(단, A4용지 2매 내외로 작성).

[문제 3]
초록 제출에 관련된 1) 마감일, 2) 제출 방법, 3) 채택여부 통지 사항을 설명하는 서한을 영문으로 작성하시오(단, A4용지 2매 내외로 작성).

영문서신을 작성하는 문제는 한 개의 제시문이 주어지고 그 안에서 총 3문제가 출제되므로, 3개의 편지글을 작성해야 한다. 영문서신 문제 역시 기획서와 마찬가지로 동일한 유형이 반복되어 출제되고 있으므로, 주요 표현과 작성형식을 암기한 후 적용하는 연습을 충분히 한다면 어렵지 않게 작성할 수 있을 것이다.

(1) 영문서신 작성 형식

- 작업도구 : MS Word 또는 한글
- 분량 : 각각의 서신 A4용지 2매 내외
- 글꼴 및 글자크기 : 수검자 유의사항 참조

① **작업도구** : 기획서는 MS Word나 한글을 사용하여 작성한다.
② **분량** : 작성분량은 구체적으로 시험 당일 문제를 통해 확인해야겠지만, 보통은 A4용지 2매 내외로 정해져 있다. 따라서 1개의 편지글마다 2장으로 작성하는 것이 바람직하다. 이때 주의할 점은 한 문제당 정해진 분량이 2매 내외이므로, 하나의 서신 안에 세 가지 문제에 대한 답안을 모두 작성하는 실수를 범하지 않도록 주의한다.
③ **글꼴 및 글자크기** : 시험 가이드라인 '수검자 유의사항'에 글꼴과 글자크기가 언급되어 있으므로 언급된 규정대로 서신을 작성한다. 지금까지는 14~20폰트 크기 내에서 작성하도록 그 범위가 정해져 있었기 때문에 대제목은 20폰트, 소제목은 18폰트, 세부 내용은 16폰트의 크기로 설정하여 작성하는 것이 적당하다.

(2) 영문서신의 출력

일반적으로 영문서신은 세로로 작성하여 출력하지만, 컨벤션기획사의 영문서신은 가로로 출력을 해야 한다. 따라서 시험을 보기 전에 연습을 할 때부터 가로로 서신을 작성하는 연습을 해야 필요한 내용을 적절한 분량으로 서신에 담는 준비를 할 수 있다.

왜냐하면 실제 시험장에서 작성하는 영문서신은 편철공간이 설정되어 있고, 가로출력으로 여백이 설정되어 있기 때문에 세로로 작성할 때보다 그 양이 훨씬 늘어나기 때문이다.

(3) Block Style

영문서신 Format은 왼쪽정렬에서 시작하여 작성하는 Block Style의 형태로 작성한다.

서두(Letterhead, Heading)

발신일자(Date)

Dear Members,

주제(SUBJECT)

본문(Body)

맺음 인사(Complimentary Close)

서명(Signature)
성명(Name)
지위(Position)

첨부서류(Enclosure)

02 영문서신 출제유형 분석

2003년부터 2023년까지 출제된 영문서신 문제유형을 살펴보자.

연 도		출제문제
2003	1회	초록제출권유, 등록정보, 초록제출정보
	2회	초청서한, 제안서, 행사프로그램
2004		초청서한, 등록신청서, 등록접수확인
2005		연사초청, 사교 환영연, R.S.V.P.
2006		초청서한, 제안서, 행사프로그램
2007		초록제출권유, 등록정보, 초록제출정보
2008		초청서한, 제안서, 행사프로그램
2009		초록제출권유, 등록정보, 초록제출정보
2010		초록제출권유, 등록정보, 초록제출정보
2011		초록제출권유, 등록정보, 초록제출정보
2012		초록제출권유, 등록정보, 초록제출정보
2013		초록제출권유, 등록정보, 초록제출정보
2014		연사초청, 등록정보 안내(등록비, 등록비 포함항목, 환불방법, 지불방법), 감사인사
2015 1·2회		초록제출권유, 등록정보, 초록제출정보
2017 2회		초록제출권유, 등록정보, 초록제출정보
2018 1회·2회		초록제출권유, 등록정보, 초록제출정보
2019 1회·2회		초록제출권유, 등록정보, 초록제출정보
2020	1회	이사회 참석요청 메일, 식음료 견적서 요청, 바이어에게 안내 메일
	2회	초록제출권유, 등록정보, 발표안내
2021	1회	초청장, 공항 VIP 라운지 사용 요청 메일, 인근 호텔에 식음료 단가 요청
	2회	CVB 관광지 정보 요청, 인근 호텔에 호텔 숙박 & 계약 조건 요청, 특별연사초청
2022	1회	CVB 관광지 정보 요청, 인근 호텔 숙박시설 협약 문의, 특별연사초청
	2회	CVB 관광지 정보 요청, 인근 호텔 견적 문의, 특별연사초청
	3회	CVB 관광지 정보 요청, 인근 호텔 객실정보 및 예약조건 요청, 특별연사초청
2023	1회	문화부 담당자 회신 요청, 만찬·오찬 견적 및 메뉴 요청, 공항 귀빈실 사용요청
	2회	초록제출권유, 발표안내서신, 등록정보
	3회	CVB 관광지 정보 요청, 인근 호텔 견적 문의, 특별연사초청

영문서신은 주로 다음의 네 가지 유형으로 출제가 반복되고 있다.

1. 논문 초록과 등록
   회의 참가 대상자들에게 초록 제출을 권유하고 등록 및 논문 제출 방법을 알리는 서신
2. 국제회의 유치제안
   PCO업체가 국제회의 유치와 관련된 내용을 보내는 서신
3. 초청서신, 등록양식, 등록접수확인
   행사 초청서신 및 등록을 위한 양식과 확인 안내
4. 연사초청, 사교 환영연, R.S.V.P.
   연사자 초청 서신, 사교 환영연의 연회 초대장, R.S.V.P.(회답서신)

출제 빈도수를 살펴보면, 논문의 초록과 등록에 관한 문제가 가장 많이 출제되고 있으며, 초록과 등록 외에도 국제회의 유치와 관련되어 PCO업체가 보내는 제안서도 3번 출제되었다. 하지만 문제 난이도가 높았던 2014, 2020, 2021년에는 두 가지 주제 외에도 다른 문제가 출제되었으므로 현재까지 출제되었던 모든 유형에 대한 철저한 대비가 필요하다.

CHAPTER 02 영문서신 작성 Tip

01 영문서신 평가항목

> "'구성·영어표현·영문법'에 신경 써서 영문서신 작성하기"

영문서신은 '서신의 구성·영어표현·영문법'과 같은 항목에 의하여 평가된다. 유의할 점은 올바른 영문법과 다양한 영어표현을 사용하여 보다 유창하게 질문에 대한 답안을 작성하는 것도 중요하지만, 정해진 규정에 맞도록 서신을 구성하는 것 역시 영문서신을 평가하는 중요한 요소 중 하나라는 것이다.
또한 영문서신에서 철자가 잘못된 오타는 감점의 요인으로 작용한다. 따라서 올바른 영문법을 사용하여 오타 없이 정확하게 문장을 작성할 수 있도록 검토해야 한다.

02 영문서신 합격전략

> "영문 작성 경험도에 따라 학습방법을 구분하여 시험대비"

영문서신 문제는 출제되었던 기출문제가 반복적으로 출제되며, 서신이라는 특성상 서론과 결론이 유형별로 큰 차이가 없는 특징이 있다. 따라서 영문서신을 작성해 본 경험이 없는 사람일지라도 충분히 연습하여 합격 점수를 받을 수 있다.
만약 자신이 영어작문에 익숙하고 서신을 작성해 본 경험이 있는 사람이라면 답안작성 시에 다양한 표현을 사용하여 영문서신을 작성하는 것이 높은 점수를 받을 수 있는 방법이다. 하지만 영어 작문 경험이 부족한 사람의 경우에는 본 책에 수록되어 있는 유형별 예시를 암기하여 출제된 문제에 맞게 약간의 표현에 변화를 주는 것으로 충분하다.

03 컨벤션 장소와 조직

> "국제회의 개최지와 컨벤션센터에 대하여 간략한 영문소개문장 준비"

제시되는 지문에는 국제회의 개최지와 컨벤션센터, 그리고 정부부처와 같은 조직이 반복되어 출제된다. 따라서 각각에 해당하는 특징과 함께 영문소개를 사전에 준비해 놓아야 영문서신 작성 시에 간략하게 소개하는 문장을 추가로 쉽게 작성할 수 있다.

1 국제회의 개최지
서울, 대전, 대구, 부산, 제주, 광주, 수원, 경주 등

2 컨벤션센터
코엑스(Coex), 벡스코(Bexco), 제주 컨벤션센터(ICC JEJU), 송도 컨벤시아(Songdo Convensia), 킨텍스(KINTEX), 엑스코(Exco), 김대중 컨벤션센터, 대전 컨벤션센터(DCC), 수원 컨벤션센터(SCC), 경주화백 컨벤션센터(경주HICO)

3 조직 · 기구
- 문화체육관광부 – Ministry of Culture, Sports and Tourism
- 보건복지부 – Ministry of Health and Welfare
- 한국PCO협회 – Korea Association of Professional Convention Organizers
- 한국관광공사 – Korea Tourism Organization
- 대한의사협회 – Korean Medical Association

04 핵심 어휘 및 문구

- committee : 위원회
  - host committee = host authority, organizing committee, preparation committee, arrangement committee : 조직위원회(개최준비위원회)
  - executive committee : 집행위원회
  - adjudicating committee = review committee : 논문평가위원회
  - submitting papers : 논문 제출
  - proceedings = records of the meeting, minutes, transactions, conference proceedings : 회의록, 의사록, 논문집
- company = presence, participation : 참석
  request the pleasure of your company = request the pleasure of your participation = request the pleasure of your presence : 참석해 주시면 감사하겠습니다
- R.S.V.P.(Répondez s'il vous plait) : 회답을 바랍니다
  - R.S.V.P. Card = R.S.V.P. Card Enclosed, RSVP Card Enclosed, RSVP Return Card : 회신 카드
  - RSVP Return Envelope : 회신 봉투
- book a room : 객실을 예약하다
- confirm : 확인하다. confirmation : 예약확인
- reminder letter : 독촉 서한, 다시 상기시킬 목적으로 보내는 서한
- in accordance with ~ : ~와 일치하는, ~에 따르는
- in consequence of ~ : ~의 결과로
- in consideration of ~ : ~을 고려하여
- on behalf of ~ : ~을 대신/대표하여
- in advance : 미리, 사전에
- pre-conference meeting = pre-convention meeting : 회의 전 회의
  - pre-panel discussion meeting : 패널 토론 전 회의
  - pre-symposium meeting : 심포지엄 전 회의
  - pre-convention tour = pre-conference tour, pre-conference excursion, pre-meeting tour : 국제회의 개최 전 관광행사 ≠ post-convention tour
- be liable for ~ = be responsible for ~ : ~에 대해 책임지다
- sign up for ~ : ~을 신청하다
- estimation = estimate : 견적(서). estimated price : 추정되는 가격

- speaker : 연설자, invited speaker : 초청 연사
  - speaker coordinator = meeting speaker coordinator, convention speaker coordinator, conference speaker coordinator : 연사 섭외담당, 강연 조정자
  - speaker registration = registration of speaker = registration for speaker : 강연자 등록
  - speaker's kit : 연설자용 서류가방, 연사용 서류가방
  - speaker's lounge = lounge for speaker : 연설자 전용 휴게실
- venue = conference venue, convention venue, meeting place, venue for the meeting, a location for the conference : 회의 개최 장소
- complimentary registration = complimentary meeting registration, complimentary conference registration : 등록비 면제
  - complimentary breakfast : 조식 무료제공
  - complimentary close : 맺음말
  - complimentary copy : 무료 배포 책자
  - complimentary equipment : 무료로 제공되는 장비
  - complimentary function tickets : 행사참가 무료입장 티켓
  - complimentary lunch : 점심식사 무료제공
  - complimentary membership : 회비 면제
  - complimentary pass = free access, meeting voucher, free meeting voucher : 무료입장(전시장, 회의장 무료입장), 별도의 등록비를 내지 않고 참석
  - complimentary registration = complimentary meeting registration, complimentary conference registration : 등록비 면제
  - complimentary remarks = congratulatory speech, congratulatory address, a message of congratulation : 축사
  - complimentary room = complimentary(COMP) : 무료 객실, 무료 제공 객실
  - complimentary service : 무료 서비스
  - complimentary ticket : 무료 티켓
- function ticket : 공식 행사장에 입장을 허용하는 티켓, 비표
  - social function ticket : 사교행사 입장권
  - welcome function ticket : 환영행사 참석티켓
  - farewell function ticket : 송별행사 참석티켓
  - special function ticket : 특별행사 참석입장권
  - tour function ticket : 관광 티켓
  - complimentary funtion tickets : 행사참가 무료입장 티켓
- transport voucher = transportation voucher : 차량 이용권
  - lodging voucher = hotel voucher, room voucher : 숙박권
  - meal voucher = voucher for meal : 식사권
- floor plan = diagram, convention floor plan : 배치도면, 배치도
- meeting room diagram : 회의장 배치도면, exhibition diagram : 전시장 배치도면

- speaker's kit : 연설자 서류 가방
  - congress kit : 회의 참석자에게 배포하는 회의 자료, 회의 가방
  - exhibitor's kit : 전시참여 안내서
  - conference kit = convention kit, congress bag : 회의 참가자용 서류 가방

- sponsor = auspices : 후원, 찬조, 협찬
  - A 주최 : organized by A
  - A 주관 : managed by A
  - A 후원 : sponsored by A
  - A 협찬 : supported by A = in cooperation with A
  - Co-sponsored by : 공동 후원
  - sponsor document : 후원 안내서 = sponsor's kit, call for donations
  - call for donations : 후원 모집 안내서
  - sponsorship : 후원

- deposit = a token deposit : 예치금
  - deposit for two nights : 2박 숙박을 위한 예치금
  - deposit of one night's stay : 1박에 해당하는 예치금
  - deposit for one's hotel = deposit for accommodation : 숙박을 위한 예치금
  - deposit for a banquet : 연회장으로 사용하기 위한 예치금
  - deposit of one night's fee per room : 각 객실에 대해서 1박의 예치금
  - deposit of one night's room rate plus tax is required for each room : 객실마다 1박의 예치금과 세금을 지불해야만 한다
  - be deposited into ~ : ~에 예치되다

- be used as ~ : ~으로 사용되다 / be used for ~ : ~ 목적으로 사용되다

- administration charge(fee) = processing fee, handling charge, handling fee, cancellation fee, administration and banking cost : 행정 비용, 환불 수수료(참가자가 등록을 취소하고 환불을 받고자 할 때, 국제회의 참가비용을 환불 수수료)

- Please prepare the following items : 다음 품목들을 준비해 주세요

- premise : 컨벤션 시설, 컨벤션 시설 내의 사무실. off-premise : 회의장 밖의. off-premise event 회의장 밖의 행사

- off-site = outdoor : 외부
  - outdoor activity : 외부활동, 외부 행사
  - off-site meeting : 외부에서 하는 회의
  - off-site registration : 현지 이외의 장소에서 하는 등록 ≠ on-site registration : 현지등록
  - off-site event : 외부 행사

- guaranteed number of people : 참가여부와 상관없이 지불 보증된 인원 수
  - guaranteed number of participants : 참석 확인 인원
  - guaranteed reservation : 숙박비를 사전에 지불하여 확실히 확보된 예약

- event order = banquet event order : 행사 준비 설명서
  - event organizer : 행사 주최
  - event planner : 행사 기획자
  - meeting planner : 회의 기획자
  - event registration form : 행사 등록 신청서

- in the absence of = without : ~ 없이

- remittance : 송금
  - remittance of the registration fee : 등록비의 송금
  - remitter : 송금자 = sender ↔ recipient, receiver

- reservation : 예약
  - make a reservation : 예약하다.
  - receive a reservation = take a reservation : 예약을 접수받다
  - have a reservation : 예약되어 있다, 예약하다
  - confirmation of reservation : 예약확인
  - reconfirm a reservation : 예약을 재확인하다
  - change a reservation : 예약을 변경하다
  - move a reservation = change a reservation : 예약된 사항을 옮기다
  - cancel a reservation : 예약을 취소하다
  - reservation changes : 예약관련 변경사항, 등록관련 변경사항
  - reservation department : 예약부
  - reservation letter : 예약 요청 서한

- cancellation letter : 취소 요청 서한
  - confirmation letter : 확인 서한
  - invitation letter : 초청 서한
  - reminder letter : 독촉 서한, 다시 상기시킬 목적으로 보내는 서한

- pullout : 이동, pullout time : 이동시간

- transportation = transport : 교통편
  - transportation committee = transportation subcommittee : 교통 위원회, 교통 분과위원회, 수송 분과위원회
  - transportation desk : 교통수단에 대한 정보와 티켓 등을 제공하는 안내 데스크
  - transportation secretary = transportation staff : 교통 담당 직원, 운송(수송) 담당 직원
  - transportation service : 운송 서비스, 교통편 제공 서비스
  - transportation to the convention venue : 회의장소로의 교통편
  - transport voucher = transportation voucher : 차량 이용권

- liaison : 연락

- CVB = Convention and Visitor Bureau : 컨벤션 방문자 협회(CVB)

- badge : 명찰 = identification badge, conference badge, official conference badge, identification card, name badge, name tag, e-card(최신 기술에 의해 발급된 전자 신원카드)
  - badge mailing : 명찰 발송
  - advanced badge mailing = pre-registration badge mailing : 사전 등록자에게 명찰 발송
  - badge preparation : 명찰 준비

- opening reception = official reception : 개회 리셉션, 환영 리셉션
  - opening comments = opening remark, opening address, opening keynote, opening speech, opening note, opening statement : 개회사, 개막사(개회사를 환영사의 내용으로 2 사람이 하는 경우)
  - opening ceremony = opening session, opening event, opening plenary session, opening plenary ceremony, inaugural ceremony : 개회식, 개막식

- chairman = president, chairperson : 회장
  - chairman's statement : 회장 성명서

- proposal : 제안, proposal = bid : 제안서
  - proposed amendment : 수정 제안
  - proposed program : 제안 일정표(국제회의를 유치하기 위한 Proposal에 첨부하여 국제기구에 제출)
  - proposed resolution : 결의안
  - proposed schedule : 국제회의 유치제안서와 함께 국제기구에 제출하는 일정표
  - original schedule : 이전의 원래 일정 ↔ modified schedule
  - rescheduled conference : 일정을 새로(다시) 잡은 회의

- invited speaker = guest speaker, featured speaker, invitational speaker, honorary speaker, distinguished honorary speaker, distinguished speaker : 초청연설자
  - guest lecture : 초청강연
  - invitee : 초청 대상자

- secretariat = conference office, secretarial office, conference secretarial office, conference administration office : 사무국
  - Secretary General(secretary general = general secretary) : 사무총장
  - Secretariat manager = secretary manager, secretariat officer, secretariat director : 사무국장
  - assistant secretary general = assistant general secretary : 사무처장, 부사무총장

- conference secretary = conference staff : 회의담당 직원, 사무국 직원
  - registration secretary = registration staff, registration coordinator, the personnel at the registration desk : 등록담당 직원
  - transportation secretary = transportation staff : 수송담당 직원
  - accommodation secretary = accommodation staff : 숙박담당 직원
  - travel secretary : 관광담당 직원

- We will make all the necessary arrangements and provide accommodation and transportation during your stay in Seoul : 귀하가 서울에 머무르시는 동안 필요한 모든 준비를 완료하고 숙박과 교통편을 제공할 것입니다.

- on-site : 현지
  - on-site inspection = onsite inspection : 현지 시찰
  - on-site registrant : 현지 등록자 ≠ pre-paid registrant, pre-registered participant, pre-registered delegate, early registrant : 사전 등록자
  - on-site registration = walk-in registration, on spot registration, on-the-spot registration : 현지 등록, 현장 등록
  - the date of on-site registration : 현지 등록일

- conference document : 회의 관련 서류
  - conference administration office = conference office : 국제회의 사무국
  - conference brochure = handbook : 회의 안내 책자
  - conference hotel = congress hotel, the host hotel and the sub hotels : 국제회의 공식호텔

- conference language = official language, working language : 회의 공식언어
  - conference materials : 회의자료
  - conference pass : 회의장 출입증
  - conference period : 회의기간
  - conference proceedings = proceedings, conference proceedings book, the printed book of abstracts : 발표 논문집, 회의 의사록
  - conference room : 회의장
  - conference timetable : 국제회의 일정표 = official schedule

CHAPTER 03 영문서신 합격 따라하기

01 영문서신 작성 기준

최근에는 비즈니스 서한의 문체 성격으로 간결성·명료성·정확성·예의·사려·구체성·완결성이 추가되어 7C's가 강조되고 있다.

Conciseness (간결성)	서한을 간결하게 작성한다는 것은 단순히 간단하게 쓰는 것만을 뜻하는 것이 아니라, 행사 취지 및 내용, 전달하고자 하는 정보를 간결하게 하되 내용은 완벽하고 예의 바르게 쓰는 것을 의미한다.
Clearness (명료성)	영문서한의 작성에 있어서 가장 중요한 요소인 명료성이란 작성자가 의도하는 바를 명료하게 표현하여, 수신인이 정확하게 이해하도록 하는 것이다.
Correctness (정확성)	컨벤션 서한은 그 내용과 형식이 정확하여야 함은 물론 수신인, 철자법, 구두점, 대문자 쓰기, 문법 및 문장의 구조도 정확하여야 한다.
Courtesy (예의)	제1원칙은 상대방에게 올바른 자세를 취하는 것이다. Beg To, Kindly, Kind Enough, Valued, Esteemed와 같은 Polite Words를 지나치게 사용하는 것은 목적을 갖고 쓰여지는 비즈니스 서한의 경우 그 효력을 감소시키며, 작성자의 진실성을 의심하게 함으로써 목적달성의 역효과를 가져올 우려가 있다.
Consideration (배려·사려)	참가자의 관심사, 기회, 욕구 및 목적 등을 충분히 고려하여 작성한다. 즉, 참가자에 대한 정보를 인지하고 서한을 작성해야 하며 문체는 We보다 You에 치중한다.
Concreteness (구체성)	서한은 추상적·개념적 표현을 피하고 구체적 사실, 숫자, 예시사항 등을 열거하여 구체성 있게 작성한다. 즉, 구체적인 기일, 기간, 수량 등을 기재하고 정확한 서류, 증서와 참조번호를 기재한다.
Completeness (완결성)	서한 내용을 구성하는 설명 사항이 제대로 전달되었는가를 체크한다. 특히, 회신인 경우에는 상대방의 문의 사항에 대한 회답이 누락되지 않도록 완결성에 주의를 기울인다.

02 서신의 기본 구성

1 등록확인을 제외한 서한의 구성

Letterhead

}2줄

Date

}2줄

Dear Members

}1-2줄

SUBJECT

}1-2줄

Body

┌─────────────────────────────────┐
│ 단락1   │
│   │
│   │
└─────────────────────────────────┘

}1줄

┌─────────────────────────────────┐
│ 단락2   │
│   │
│   │
└─────────────────────────────────┘

}2줄

Complimentary Close

}2줄

Signature

Name

Position

}2줄

Enclosure

(1) Letterhead, Heading

Letterhead에는 행사명이나 행사조직명을 적는다. 이때 글자는 모두 대문자로 표기해도 되며, 첫 글자만 대문자로 표기하는 것도 가능하다.

Letterhead는 가운데 정렬을 한다.

예

```
            THE 25th ANNUAL CONFERENCE
```

```
            The 25th Annual Conference
```

(2) Date

발신일자는 월, 일, 연도를 행을 바꾸지 않고 한 줄에 기입한다. Date는 제시된 지문에 서신의 발신일이 있으면 적힌 날짜로 표시하고, 정해진 날짜가 없는 경우에는 개최일로부터 6개월 전으로 설정하여 작성한다. Date를 입력할 때는 위아래로 2줄을 띄어 쓴다.

예

```
}2줄
May 27th
}2줄
```

```
}2줄
May 27th, 2020
}2줄
```

(3) SUBJECT

서신의 주된 내용과 용도가 무엇인지를 간략히 알려 수신자들이 파악하기 쉽도록 하기 위하여 SUBJECT에는 회의 이름이나 서신의 주제를 적는다. 일반적으로 요점만 간단히 서술하며 제목은 반드시 대문자로 표기하여야 한다.

SUBJECT를 입력할 때는 위아래로 1~2줄 띄어 쓴다.

예

```
}1~2줄
CALL FOR ABSTRACTS
}1~2줄
```

```
}1~2줄
INFORMATION ON REGISTRATION
}1~2줄
```

(4) 본 문

서한에서 가장 중요한 부분으로, 본문의 내용은 간결하고 명료하며 정확하게 작성되어야 한다. 본문 내에서 화제가 바뀔 때마다 단락을 바꾸어야 한다.

영문서신 작성 시 Block Style 양식으로 설정하였다면, Block Style은 들여쓰기가 없으므로 본문상의 모든 글자가 왼쪽 정렬로 표기된다.

본문 작성 시 단락과 단락 사이에는 1줄을 띄어 쓴다.

예

```
본문 글(단락)
}1줄
본문 글(단락)
```

(5) Complimentary Close

Complimentary Close에는 끝인사를 작성한다. 맺음인사는 잘 모르는 불특정 인물인 경우에는 일반적으로 'Faithfully yours, Yours faithfully, Truly yours, Yours truly'를 사용하며, 잘 아는 사이인 경우에는 'Cordially yours, Yours cordially, Sincerely yours(가장 일반적), Yours sincerely'를 사용한다.

이때 첫 단어를 소문자로 표기하지 않도록 주의해야 하며, 위아래로 2줄을 띄어 쓴다.

예

```
}2줄
Yours sincerely,                                    (O)
}2줄
```

```
}2줄
Faithfully yours,                                   (X)
}2줄
```

(6) Signature

서명은 서한에 대한 책임의 소재를 밝히고 상대방이 회답할 경우 그 당사자를 명확하게 밝혀주는 역할을 한다.

컨벤션기획사 시험에서는 문제 답안에 서명을 하지 않고 서신 작성자의 이름을 입력한 후 기울임체를 사용하는 방식으로 서명을 표시한다. 서명에는 성명과 직책, 소속기관을 함께 표시한다.

Signature를 입력할 때에는 위아래로 2줄을 띄어 쓴다.

예

```
}2줄
Gil Dong Kim(Signature)
Gil Dong Kim
Registration Secretary
Korea Asia-Pacific Convention Association
}2줄
```

(7) Enclosure

Enclosure에는 첨부서류를 표시한다. 서한과 함께 동봉물이 있다는 사실을 나타낼 때 사용된다. 첨부서류가 초청서신일 경우에는 Proposal을 입력하고, 등록신청서인 경우에는 Registration Form을 입력하며, 동반자 행사일정표인 경우에는 Schedule for accompanying person을 입력한다. 또한, 첨부서류가 1개인 경우에는 Enclosure or Encl.로 입력하지만, 2개 이상인 경우에는 Enclosures or Encls.로 입력한다.

Enclosure를 입력할 때에는 위로 2줄을 띄어 쓴다.

예

```
}2줄
Enclosure : Proposal
```

```
}2줄
Enclosure : Registration Form
```

```
}2줄
Enclosure : Schedule for accompanying person
```

2 등록확인 서신

등록비 납부를 확인해 주는 등록확인 서신은 일반적으로 E-mail로 작성한다. 따라서 등록비 납부 확인의 등록확인 서신이 출제되면 등록확인 E-mail을 작성해야 한다.

E-mail에는 보내는 사람, 받는 사람, 제목, 내용, 파일첨부와 같은 내용을 담아서 작성한다.

```
Dear Mr. Lee,
}1줄
본문
}1줄

Name
Position
Name of Organization
```

03 유형별 서신 작성

1 논문 초록과 등록

지금까지 가장 많이 출제되었던 문제 유형으로, 회의 참가 대상자들에게 논문의 초록 제출을 권유하고 등록 및 논문제출 방법을 알리는 서신을 작성해야 한다. 세 가지 문제에 대해 각각 2장 분량의 서신을 작성한다.

Plus one 주요표현 정리

- 조기등록비 : pre-registration fee
- 현지등록비 : on-site registration fee
- 회원 : member
- 비회원 : non-member
- 동반자 : spouse, companion, accompanying person
- 납부 : payment
- 신용카드 : credit card
- 계좌이체 : account transfer
- 환불 : refund
- 환불불가 : non-refundable
- 환불수수료 : cancellation fee
- 논문 : (scientific) paper
- 논문모집 : call for papers
- 논문제출 : submission of paper
- 논문심사 : examination of paper
- 논문채택 : acceptance of paper
- 질의응답 : questions and answers(Q&A)
- 발표시간 : speaking time allocation
- 초록 : abstract
- 초록집 : book of abstracts
- 사무국 : secretariat
- 제출마감 : submission deadline
- 환불요구는 서면으로 해야 함 : The cancellation request must be submitted in writing.
- 등록비에서 환불 수수료 100달러를 제외하고 환불한다. : A full refund will be made except the cancellation charge of USD 100.
- 0%를 환불해 준다. : 0% of the registration fee will be refunded.

논문 초록이란, 논문이 완성된 후 주제가 무엇인지, 논문에서 말하고자 하는 바가 무엇인지를 간략하게 표현하는 문서로 논문의 얼굴이라 말할 수 있다.

〈회의 취지〉
한국 우주 기초과학 분야 활성화 방안을 모색하기 위하여 대한교육과학기술위원회에서는 제15차 국제우주기초과학연구학회 연차포럼을 인천에서 개최하고자 한다. 이 행사를 주관하는 한국과학기술단체총연합회의 컨벤션기획사인 당신은 참가대상자들에게 초록제출을 권유하고, 등록 및 논문제출 방법을 상세히 설명하는 영문서한을 작성하고자 한다.

〈조 건〉
대한교육과학기술위원회에서는 2018년 11월 17일(토)부터 20일(화)까지 4일간 제15차 국제우주기초과학연구학회 연차포럼을 인천 Songdo Convensia에서 개최하려 한다. 대한교육과학기술위원회(조직위원장 : 김길동)에서 주최하는 이 대회의 주관처로는 한국과학기술단체총연합회가 선정되었다. 본 대회에는 내국인 400명, 외국인 600명이 참석할 예정이다.

〈참고사항〉
- 등록비
  - 조기등록(2018년 8월 15일 이전) : 회원 US$ 700, 비회원 US$ 800, 동반자 US$ 100
  - 현장등록(2018년 8월 15일 이후) : 회원 US$ 800, 비회원 US$ 900, 동반자 US$ 120

- 등록비 납부방법
  US$로 신용카드(Visa, MasterCard만 가능), 계좌이체(한국은행 12345-12345, 예금주 : 대한교육과학기술위원회), 공식홈페이지(www.eduscience2016.org)상 전자결제 가능

- 등록비 포함사항
  - 참가자인 경우 : 콩그레스 키트(초록집, 프로그램북), 학술회의 입장, 개회식 및 환영연
  - 동반자인 경우 : 콩그레스 키트, 개회식 및 환영연

- 등록비 환불규정
  - 2018년 10월 15일 이전 : 수수료 50% 공제 후 환불
  - 2018년 10월 15일 이후 : 환불 불가
  - 환불신청은 반드시 서면상으로 사무국에 통보되어야 함, 환불은 총회 종료 후 2개월 안에 이루어짐

- 논문초록 제출마감 : 2018년 3월 31일(제출된 논문은 반환되지 않음)

- 초록 제한 길이 : 영단어 300자(반드시 영어로 제출)

- 초록 제출방법 : 공식 홈페이지상에서, 이메일 혹은 팩스로 MS Word 파일로 제출

- 초록 채택여부 통지 : 2018년 4월 말 개인 이메일로 통지 예정, 채택 시 발표일시도 함께

- 채택된 초록은 초록집에 실릴 것이며, 발표시간은 20분임(질의응답 포함)

> **문제**
>
> [문제 1]
> 초록 제출을 권유하는 서한을 영문으로 작성하시오(단, 작성일은 2017년 12월 20일로 간주하며, A4용지 2매 내외로 작성).
>
> [문제 2]
> 등록정보에 관련된 ① 등록비 정보, ② 납부정보, ③ 환불정보 사항을 설명하는 서한을 영문으로 작성하시오(단, A4용지 2매 내외로 작성).
>
> [문제 3]
> 초록제출에 관련된 ① 제출 마감일, ② 제출방법, ③ 채택여부 통지사항을 설명하는 서한을 영문으로 작성하시오(단, A4용지 2매 내외로 작성).

문제 1

THE 15th ANNUAL FORUM FOR INTERNATIONAL ACADEMY OF SPACE BASIC SCIENCE RESEARCH

December 20th, 2017

Dear Members:

SUBJECT : CALL FOR ABSTRACTS

As the convention meeting planner of the Korean Federation of Science and Technology Societies, I would like to inform all the members of the 15th Annual forum for International Academy of Space Basic Science Research to be held from November 17th, 2018 to November 20th, 2018 at Songdo Convensia in Incheon.

It is my great pleasure to invite you to the 15th Annual Forum because this will bring you both informative information and in-depth academic experiences.

The main purpose of the forum is the development of space basic science industry in Korea. So we expect that you submit abstracts for presentation at the forum. Your participation would be a great chance to attract a lot of members who eagerly anticipate to view your academic accomplishments.

We convince that the forum will be an opportunity to advance the space basic science industry of Korea.

If you need more information, please feel free to contact us. We are looking forward to seeing you at the forum.

Faithfully yours,

Gil Dong Kim(Signature)
Gil Dong Kim
Host Committee

문제 ❷

THE 15th ANNUAL FORUM FOR INTERNATIONAL ACADEMY OF SPACE BASIC SCIENCE RESEARCH

December 20th, 2017

Dear Members:

SUBJECT : INFORMATION ON REGISTRATION

We are pleased to inform you of our invitation to participate in the 15th Annual Forum for International Academy of Space Basic Science Research which will be held from November 17th, 2018 to November 20th, 2018 at Songdo Convensia in Incheon.

It is a great honor that the Korean Federation of Science and Technology Societies has been appointed as the official meeting organizer for the 15th Annual Forum for International Academy of Space Basic Science Research because it will be a good chance to get a business career in conventions. The Korean Federation of Science and Technology Societies will conduct the registration process smoothly to provide convenience for participants of the forum.

We are here with enclosing both the information about the registration procedures and the registration form.

If you need further information, please feel free to contact us. We are looking forward to seeing you at the forum.

Sincerely yours,

Gil Dong Kim(Signature)
Gil Dong Kim
Registration Secretary

Enclosures : Information on registration, Registration form

INFORMATION ON REGISTRATION

- **REGISTRATION FEE**

Qualification	Pre-registration	On-site registration
Member	US$ 700	US$ 800
Non-member	US$ 800	US$ 900
Accompanying person	US$ 100	US$ 120

- **PAYMENT**

All payments must be in US dollars.

<Credit card>
Visa or MasterCard are accepted.

<Account transfer>
- Name of bank : Bank of Korea
- Account number : 12345 - 12345
- Name of the account owner : Education Science and Technology Committee

Electric payment is possible at www.eduscience2018.org.

Note : Registration fee includes a congress kit which contains an abstract book and a program book as well as admission to congress sessions, opening ceremony and welcome reception. The accompanying person's registration fee includes congress kit, opening ceremony and welcome reception.

- **REFUND REGULATION OF REGISTRATION FEE**

You can receive 50% of the registration fee no later than October 15th, 2018.
You can not receive the entire registration fee after October 15th, 2018.
Request of cancellation must be made in writing and sent to the secretariat.
Refund will be processed within two months after the forum is finished.

REGISTRATION FORM

The 15th Annual Forum for International Academy of Space Basic Science Research in Incheon

Application Form for Registration

Please complete and return this form to Korea Space Basic Science Research Association by e-mail or fax at www.eduscience2018.org.

• Full Name :

• Mailing Address(for correspondence) :

• Country :

• Contact Number :

• Title of Abstract :

• Name of Accompanying person, if any :

Arrival and Departure Schedule

Date of Arrival :
Date of Departure :

THE 15th ANNUAL FORUM FOR INTERNATIONAL ACADEMY OF SPACE BASIC SCIENCE RESEARCH

December 20th, 2017

Dear Members:

SUBJECT : GUIDELINES FOR ABSTRACTS

On behalf of all the members of the International Academy of Space Basic Science Research, I would like to invite you to present the 15th Annual Forum that will be held at Songdo Convensia in Incheon from November 17th, 2018 to November 20th, 2018.

The main topic of the forum is the development of the space basic science industry in Korea. We welcome all abstracts related to the subject mentioned above.

This is to inform you that you are required to follow the instructions below when you submit your abstracts.

The deadline for submission of abstracts is March 31, 2018.

Abstracts for the forum should be written in MS Word and submitted via e-mail or fax.

Abstracts must be written in English and should not exceed 300 words.

Submitted abstracts will be reviewed by the Committee and not be returned.

The Review Committee will select the most relevant papers and notify you of the presentation schedule by e-mail by the end of April 2018. Selected papers will be presented during the forum. If your abstract is selected, you will be asked to submit your full paper.

Please note that if you do not follow the instructions that are mentioned above, your abstract will be rejected.

If you have any questions, please do not hesitate to contact us.

Thank you very much and we hope to see you soon at the forum.

Sincerely,

Gil Dong Kim(Signature)
Gil Dong Kim
Review Committee

2 국제회의 유치제안

국제회의 유치를 제안하기 위한 초청서한, 제안서, 행사프로그램의 내용을 담은 서신을 작성하는 문제 역시 빈번하게 출제되고 있다.

Plus one 주요표현 정리

- 회의 : convention, congress, conference, symposium, meeting
- 총회 : general assembly
- 전체회의 : plenary session
- 숙박시설 : lodging facility
- 전시 : exhibition
- 주최 : sponsor
- 봉사료 : service charge
- 사교행사 : social function
- 환영행사 : welcome function
- 송별행사 : farewell function
- 숙박 : accommodation(s)
- 객실 예약 : room reservation
- 단체 예약 : group booking
- 숙박 예약 확인표 : hotel confirmation sheet
- 객실 배치 리스트 : rooming (list)
- 교통수단 : mean of transportation
- 공항버스 : airport bus
- 셔틀버스 : shuttle bus
- 수송 : transportation
- 재확인 : reconfirmation
- 객실 : room
- 객실 요금 : room rate

〈회의취지〉

지속 가능한 에너지 사용에 대한 진지한 논의를 위하여 세계에너지협의회에서는 WEC 총회를 2018년 대구에서 개최하고자 한다. 정부에서는 이 행사를 성공적으로 수행하기 위하여 PCO업체로 2018 대구세계에너지총회 조직위원회를 선정하였다. 이를 위해 WEC 측에 안내서신, 제안서, 행사프로그램을 보내고자 한다.

〈회의개요〉
- 개최일시 : 2018년 10월 13일(토)~2018년 10월 17일(수)
- 개최장소 : 대구 북구 엑스코(EXCO)
  - 2011년도에 WEC 총회가 대구에서 개최된 바 있음
- 숙박장소 : 호텔인터불고 대구
- 참가예상인원 : 100여 개국, 5,000명(국내 500명, 해외 4,500명)
- 주최 : 세계에너지협의회, WEC 한국위원회
- 주관 : 2018 대구세계에너지총회 조직위원회
- 숙박호텔 특별요금 및 포함사항 : 1박 120$(봉사료 및 부가세 포함, 회의기간 전·후 2일간 동일요금)
- 등록비 포함사항 : 2박 2조식, 반나절 대구관광, 환영 및 환송만찬 제공, 공항·숙박장소·회의장소 셔틀운행
- 공식항공사 : 대구 항공
  - 공항 안내센터 운영
- 항공 : First Class 및 Business Class는 40% 할인, Economy Class는 60% 할인
- 사교행사에서의 사진 제공

〈회의일정〉
- 13일 : 전시회, 환영만찬(2016 대구세계에너지총회 조직위원회)
- 14일 : 회의
- 15일 : 회의
- 16일 : 회의, 반나절 공식투어
- 17일 : 회의, 환송만찬(WEC 한국위원회 주최)

> **[문제]**
>
> [문제 1]
> 안내서신을 영문으로 작성하시오(작성일은 2017년 10월 17일로 간주하며, A4용지 2매 내외로 작성).
>
> [문제 2]
> 다음의 사항을 포함하는 제안서를 [문제 1]의 영문서한 첨부서류로 작성하시오(A4용지 2~3매 내외로 작성).
> ① 개최일시(개최기간), ② 장소, ③ 숙박, ④ 등록비(등록비 혜택사항), ⑤ 교통, ⑥ 사교행사, ⑦ 공식 항공사
>
> [문제 3]
> 다음의 행사프로그램을 영문으로 작성하시오(A4용지 2매 내외로 작성).
> ① 공식회의 프로그램, ② 관광 프로그램

문제 1

World Energy Council Korean Member Committee

October 17th, 2017

Dear members,

On behalf of the World Energy Council Korean Member Committee, we would like to submit a proposal to host the 22nd World Energy Congress 2018 in Daegu from October 13th, 2018 to October 17th, 2018.

We have determined to hold the congress at EXCO, Daegu which has already hosted the annual congress of the WEC in 2011.

We will provide you with Green Energy Tour and Old Daegu Historic Walks. Walking Tour in the Historic Quarter will be one of the best ways to discover the early modern history of Daegu. This will be a walking tour through the central part of the city where there are many buildings dating from the late 19th and early 20th century. Among the sites are the homes of American missionaries who came to Daegu more than a 100 years ago, Gyesan Catholic Cathedral built in 1902, and lovely Korean traditional houses once owned by prominent citizens.

We strongly believe that Daegu is the best place to hold the congress and discuss about critical issues under the theme of "Securing Tomorrow's Energy Today" because Daegu is Korea's green growth capital, offering delegates the opportunity to view at first hand the country's sustainable energy development initiatives.

We are pleased to inform you that the WEC Daegu 2018 Organizing Committee has been appointed as the official meeting planner because they have exceptional skills in handling the process of the event for all participants and their accompanying persons.

In addition, we are confident that the congress will offer delegates, sponsors and exhibitors the best insights into the global energy sector and access to the leading global energy markets to strengthen international cooperative relationships in energy industries.

We are enclosing the proposal to host the 22nd World Energy Congress 2018. Please find the enclosed proposal and read more detailed information about the congress.

We thank you in advance for your time and consideration. We look forward to hearing your positive response at your earliest convenience.

The World Energy Council Korean Member Committee of Korea will make a great effort to host the meeting successfully.

Sincerely yours,

Gil Dong Kim(Signature)
Gil Dong Kim
President
Organizing Committee of the 22nd World Energy Congress 2018

Enclosure : Proposal

문제 2

PROPOSAL

① Dates

From October 13th to October 17th, 2018

② Venue

EXCO Daegu

With the expansion of exhibition halls in May 2011, EXCO has become Korea's leading exhibition and convention center with exhibition space measuring 27,000 square meters and convention and conference space of 12,000 square meters. EXCO hosts a wide range of exhibitions and conventions throughout the year. It has helped enhance Daegu's reputation as an international venue through the successful hosting of major international events, including the 2011 World Championships in Athletics, the International Green Energy Expo, and the International Congress of Entomology 2012.

③ Accommodation

HOTEL INTER-BURGO DAEGU

Hotel Inter-Burgo is highly recognized and preferred by the most sophisticated travelers.

Since the hotel was opened to the public in 2001, it has functioned as one of the center stages of Korea's political, economical and cultural activities. As the city's premier hotel, it had been appointed as a headquarter hotel during 2005 UNIVERSIADE and carried out all activities successfully. The hotel has 342 fully equipped and modern guest rooms, some of them overlooking Geumho River, one of the symbols of Daegu.

• Room Capacity

	Category	Number of Rooms	Number of Beds	Number of Suites
Main Building	5 star deluxe hotel	207	193	14
Annex Building	Deluxe hotel	132	128	7
Total		342	321	21

• Room Rates

Regular Room Rate	Special Room Rate
USD 240	USD 120

The special room rate will be applied before and after two days of the end of the conference including tax and all service charges.

④ Registration Fee

The registration fee includes breakfast for two days, a half-day tour of Daegu, shuttle bus, and admission to welcome reception and farewell party.

⑤ Transportation

Shuttle buses will be operated between the airport, the hotel and the convention center.

⑥ Social Events

The welcome reception will be arranged for participants and their accompanying persons. Photos will be offered for free during the social event.

⑦ Official Airline

The official airline is Daegu Airlines. Daegu Airlines provides a special airfare for all the convention attendees.

First Class or Business Class	Economy Class
40% off	60% off

문제 ③

OFFICIAL PROGRAM

- October 13th

09:00~16:00	World Energy Council Executive Assembly - WEC members only
16:00~17:00	Break
17:00~18:00	Congress Opening Ceremony
18:00~22:00	Exhibition Opening & Welcome Reception

- October 14th

09:00~10:00	Keynote Speech
10:00~12:00	**Plenary.** Tomorrow's Energy : Connecting the Dots
12:00~13:00	Lunch
13:00~15:00	Spotlight Session
15:00~15:30	Networking Break
15:30~17:30	**Plenary.** Tomorrow's Energy : From Vision to Reality
17:30~18:00	Special Address

- October 15th

09:00~10:00	Keynote Speech
10:00~12:00	**Plenary.** Financing Tomorrow's Energy
12:00~13:00	Lunch
13:00~15:00	Spotlight Session
15:00~15:30	Networking Break
15:30~17:30	**Plenary.** Clean Energy Without Borders
17:30~18:00	Special Address

- October 16th

09:00~10:00	Keynote Speech
10:00~12:00	**Plenary.** Overcoming the Energy Policy Trilemma
12:00~13:00	Lunch
13:00~18:00	Half-Day Tour

- October 17th

09:00~10:00	Keynote Speech
10:00~12:00	**Plenary.** Sustainable Energy for All : One year later
12:00~13:00	Lunch
13:00~15:00	Spotlight Session
15:00~15:30	Networking Break
15:30~17:30	Mayoral Dialogue : Energizing Social Innovations
17:30~18:00	Closing Ceremony
18:00~22:00	Farewell Reception

HALF-DAY GREEN ENERGY TOUR PROGRAM

13:00~13:30	Departure from the main hotel
13:30~14:00	TaeguTec
14:30~15:00	Gangjeong Goryeongbo (weir)
15:30~16:00	Solar Power System(Habin) 1
16:00~16:30	Landfill Gas-to-energy Plants
16:40~17:10	Solar Power System(Bangcheonli) 2
17:10~17:40	Hydrogen Station
17:40~18:00	Arrival at the main hotel

HALF-DAY OLD DAEGU HISTORIC WALKS PROGRAM

13:00	Departure from the main hotel
13:30~17:30	Walking Tour of Historic Daegu
18:00	Arrival at the main hotel

3 초청서신, 등록양식, 등록접수확인

〈회의취지〉

새로운 성장동력으로 주목받고 있는 보건산업 및 바이오산업을 발전시키고, 글로벌 네트워크를 강화하기 위하여 관·산·학 공동으로 컨벤션을 개최하고자 한다. 특히 이번 행사에서는 바이오 분야의 저명한 석학들과 비즈니스 전문가들의 국제적 전문기술 정보교류는 물론, 기술 사업화 장(場)을 마련하며 각국의 바이오산업 관련 정보와 문화도 상호 교류하고자 한다.

〈조 건〉

- 본 행사의 주최는 한국보건산업진흥원이며, 오는 2018년 9월 11일(화)부터 9월 13일(목)까지 3일간에 걸쳐 일산 킨텍스에서 개최한다.
- 본 행사는 보건복지부와 광역자치단체, 다국적 기업의 후원을 받는다. 그리고 참가자는 각국의 바이오 관련 기관·업체대표, 교수, 참석자 동반자들도 있다.
- 총 참가자 수는 본부요원 20명과 진행요원 100명 및 초청 연사 50명을 제외한 내국인 1,000명(동반자 200명 포함)이다.
- 사무국 및 조직위원실이 가동된다. 회의 공용어로는 영어를 사용하며, 분과회의(50명 규모) 2회, 비지니스포럼(150명 규모) 8회, 개회식 및 폐회식, 3일간의 전시, 동반자 프로그램과 공식관광이 각각 1회씩 있게 된다.

〈참고사항〉

- 본 행사의 총예산은 15억이며, 이 중 2억은 본 행사 관련 중앙부처의 지원을 받는다. 외국인 일반 참가자 등록비는 $500이고, 동반자는 $200, 내국인 일반참가자는 40만 원이다.
- 본 행사에서는 환영연, 한국의 밤 행사, 환송연이 있고, 5회의 coffee break가 있다. 교통비와 숙박비는 참가자가 부담한다(단, 항공료 40%, 호텔 50% DC).
- 공항에서 호텔까지의 수송은 무료로 지원하며, 행사기간 중 10대의 셔틀버스가 호텔과 행사장 간에 운행된다.
- 본 행사의 일반관리비는 5%, 기업이윤과 예비비는 각각 10%이다(1$ = 1,200원).

문제

[문제 1]
영문서한 양식을 준수하여 초청서한을 작성하시오.

[문제 2]
영문등록 양식을 작성하시오(단, 등록비 지불방법, 취소 및 환불사항은 반드시 포함).

[문제 3]
등록접수확인서를 작성하시오.

문제 1

BIO KOREA 2018 International Convention

March 10th, 2018

Dear Members,

SUBJECT : INVITATION TO THE BIO KOREA 2018 INTERNATIONAL CONVENTION

We are delighted to announce that the BIO KOREA 2018 International Convention will be held at KINTEX in Korea. The 8th BIO KOREA, one of the most comprehensive bio technology events, will be held from September 11th to 13th.

It is a great honor for the BIO KOREA 2018 International Convention to be hosted by Korea Health Industry Development Institute.

We anticipate that the forthcoming convention will provide a platform to bring current knowledge and recent information about the bio industry and will provide a great opportunity for both domestic and foreign investors to meet fast growing Korean bio companies and leading Korean research institutions.

We would like to inform you that the convention will be supported by the Ministry of Health and Welfare, the local government and multinational corporations.

We are ready to welcome 4,500 experts from the bio industry, research institutes, academia, and interested individuals from all over the world.

Please join us in Goyang city, the number one cultural spot in Korea equipped with the best tourism infrastructure.

We are herewith enclosing both the registration form and detailed information about the convention. Please fill out the registration form and return it to the Secretariat with a copy of the receipt of the registration fee.

If you have any additional questions, please feel free to contact us.

We look forward to your positive response and hope to see you in Goyang.

Sincerely yours,

Gil Dong Kim(Signature)
Gil Dong Kim
President

Enclosures: Information about the convention, Registration form

문제 2

Information About the Convention

① PROGRAM

- We will operate with a secretariat and an organizing committee.
- The official language is English.
- The total number of participants will be about 1,000 people including accompanying persons.
- We will deploy 20 head office workers, 100 personnel for the event at the convention center. There will also be 50 guest speakers.
- In the official program, there will be a opening and closing session, two sub-committee meetings for 50 members, eight business forums for 150 people, and an exhibition for three days.
- We have arranged an official tour program and a program for accompanying persons.

② SOCIAL EVENTS

- The total budget for events is 1.5 billion won including 200 million won to be supported by the central Civil Service.
- From the total budget of events, general administrative cost is 5%, USD 62500, and corporate profits and a contingency fund is 10%, USD 12500.
- You will be able to participate in a welcome reception, a special event called "Night of Korea", a farewell party and five coffee breaks during the convention.

③ REGISTRATION FEE

Participant	Pre-registration	On-site registration
Foreign members	US$ 450	US$ 500
Local members	360,000 won	400,000 won
Accompanying persons	US$ 180	US$ 200

④ PAYMENT

All payments must be in US dollars.

Credit card
- VISA, MasterCard, JCB and AMEX are accepted.
- Please clearly state credit card information.
- All participants wishing to make credit card payment should settle the payment online.
- If your credit card is declined or is invalid, an alternate means of payment must be used to remit the fee, For more information contact the registration secretariat directly(registration@biokorea.org).

Bank transfer
- Name of bank : Bank of Korea
- Account number : 12345 - 12345
- Beneficiary : BIO KOREA

⑤ CANCELLATION AND REFUND POLICY
- Cancellation must be notified to the Secretariat in writing by e-mail (registration@biokorea.org) or by fax (+82-2-6288-6399).
- All refunds will be made after the event for administrative reasons, and all bank service charges and all administration fees will be deducted from the refund.

⑥ OFFICIAL AIRLINE

The official airline will offer a 40% discounted airfare to the participants and their accompanying persons.

⑦ ACCOMMODATION

The official hotel will offer a 50% discounted room rate to all participants.

⑧ TRANSPORTATION

Ten free shuttle buses will operate between the hotel and the convention center.

REGISTRATION FORM

BIO KOREA 2018 International Convention

Please complete and return this form to the Registration Secretariat of Korea Health Industry Development Institute.

• Full name :

• Mailing address(for correspondence) :

• Country :

• Contact number :

• Name of accompanying person, if any :

Registration Fee

Participant	Registration Fee
Regular Participant	
Accompanying person	
Total Amount	

Arrival and Departure Schedule
• Date of Arrival :
• Date of Departure :

Name :   (Signature)

Date :

문제 3

예 1

BIO KOREA 2018 International Convention
Sep. 11(Tue.) ~ Sep. 13(Thu.), 2018

Confirmation of Registration

Name	:
Accompanying Person	:
ID	:
Password	:
Address	:
Postal code	:
Country	:
Telephone	:
Fax	:
E-mail	:
Payment Detail	:

1. We are glad to confirm your application for BIO KOREA 2018 International Convention. This is the official application confirmation sheet and your receipt slip will be issued after your payment.

2. Please bring the confirmation sheet and receipt slip to the registration desk during the operation hours to receive your name tag and congress kit.

예2	
From	Registration Secretary
To	Members
Date	August 10
Subject	Confirmation of Registration

Dear Members,

This e-mail is to confirm that your registration has been completed.

Please bring a copy of this e-mail and present it in the lobby of the conference center to receive a congress kit.

If you have any questions, please feel free to contact us.

Thank you very much and we are looking forward to seeing you in Goyang.

Regards,

Gil Dong Kim
Registration Secretary
Secretariat

4 연사초청, 사교 환영연, R.S.V.P.

4번째 영문서신 출제유형은 회의에 참가하는 연사에게 보내는 초청장과, 사교 환영연의 초대장을 보내고 그에 대한 회답(R.S.V.P.)을 요구하는 서신을 작성하는 문제이다.

〈회의취지〉
컨벤션 업계에서는 관·산·학 공동으로 12번째 세계 PCO협회 국제회의를 개최하고자 한다. 특히 이번 행사에는 컨벤션 전문가들의 신지식 노하우를 배울 수 있는 장을 마련하여 PCO 회원 간의 협력 강화를 도모하고 관련 정보를 교환하는 장을 마련하고자 한다.

〈조건〉
본 행사는 2018년 10월 24일부터 27일까지 4일간에 걸쳐 서울 코엑스에서 개최한다. 본 행사는 다국적 기업의 후원을 받으며 각국의 컨벤션 관련기관과 교수들이 참석하고, 참석자의 동반자들도 함께 참여한다. 총 참가자 수는 초청연사 10명을 제외한 내국인 700명이다. 회의 공용어로는 영어를 사용하며, 분과회의 2회와 워크숍이 5회 있다. 또한 환영연, 한국의 밤 행사, 환송연이 있을 예정이다.

〈참고사항〉
초청연사에게는 왕복 항공편과 공항에서 호텔까지의 교통편을 제공한다.

> **문제**
>
> [문제 1]
> 초청연사에게 보낼 초청서한을 작성하시오.
>
> [문제 2]
> 환영연의 초청장과 R.S.V.P.를 작성하시오.

문제 1

THE 2018 ANNUAL INTERNATIONAL CONFERENCE FOR CONVENTION ASSOCIATION

July 24th, 2018

Dear Chul Soo Kim,

SUBJECT : INVITATION TO THE ANNUAL CONFERENCE

On behalf of the Organizing Committee of the 12th International Conference of PCO, to be held in Seoul, Korea from Oct 24th to 27th, we would like to re-extend our invitation to you as a special guest speaker.

As someone who has been acknowledged by the International Program Committee as a leading expert in your designated field, it would be a tremendous honor for us to have you contribute to the 12th PCO in this role.

If you accept our invitation, we will provide you with accommodations, a round-trip ticket, meals and participation in the official tour as well as the social functions including the welcome banquet and farewell party.

As a final reminder, we must receive confirmation of your decision in writing by Oct 22nd, 2018, which is less than one week away. If we do not hear back from you by that time we will assume that you have chosen to decline.

Thank you for your consideration and understanding with regards to the Scientific Program schedule.

Best regards,

Gil Dong Kim(Signature)
Gil Dong Kim
Chairman of the Organizing Committee

문제 2

LETTER OF INVITATION TO SPEAKER

On the occasion of the
2018 Annual International Conference
for Convention Association

Gil Dong Kim
Chairman of the Organizing Committee
Requests the honor of your presence
At Welcome Banquet
On Monday, October 24, 2018
At 18:00
At Pacific Hall, 2nd floor, Coex

R.S.V.P. : Card enclosed
By October 22, 2018 at 16:00

R.S.V.P.

Name : _____
Telephone : _____

☐ I/We would be delighted to attend
☐ I/We are unable to attend
☐ I/We will be companied by spouse

Please send this card to us
by October 22, 2018 at 16:00

We look forward to sharing this day with you!

PART 4

기출문제로 연습하기

CHAPTER 01 기획서
- 01 회의, 관광, 폐회식
- 02 개회식, 등록, 숙박
- 03 온라인 등록계획, 예산
- 04 학술업무(등록 포함), 홍보, 의전(영접, 영송 포함)

CHAPTER 02 영문서신
- 01 논문 초록과 등록
- 02 국제회의 유치제안 서신
- 03 초청서신, 등록, 감사인사

합격의 공식 온라인 강의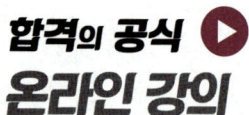

보다 깊이 있는 학습을 원하는 수험생들을 위한
SD에듀의 동영상 강의가 준비되어 있습니다.
www.sdedu.co.kr → 회원가입(로그인) → 강의 살펴보기

컨벤션기획사 2급 실기시험 기출복원문제

| 01 | 기획서

다음의 회의 취지를 읽고 제시된 조건과 참고사항을 활용하여 해당사항에 대한 컨벤션기획서를 작성하시오.

〈회의 취지〉
한국 관광·컨벤션업계 및 학계는 아시아 각국의 관광·컨벤션학자, 연구기관, 그리고 산업계의 인적교류와 학문적 교류를 위하여 2024년 제3회 아시아 관광·컨벤션 학술대회를 대전 컨벤션센터(DCC)에서 개최하고자 한다. 이는 아시아 관광·컨벤션산업의 경쟁력 향상을 도모하고 고부가가치 산업으로서의 인식향상을 위한 국제교류가 필요하다는 취지하에 개최되는 것이다. 이 행사를 통해 아시아 관광·컨벤션산업의 국제협력을 구축하고, 세계 관광·컨벤션시장에서 아시아 각국의 관광·컨벤션 산업 위상을 높이는 계기가 될 것이다.

〈조 건〉
(사)아시아관광·컨벤션협회 주최로 열리는 이번 국제대회는 2024년 8월 22일(목)부터 25(일)까지 4일간 열리며, 주관 PCO사로는 ABC 컨벤션기획사가 선정되었다. 본 대회에는 아시아 각국의 (사)아시아관광·컨벤션협회 회원 및 비회원, 학계 및 업계 관련자와 대학(원)생, 관련 공무원과 동반자들이 참가한다. 회의 공식언어는 영어이며 내국인 600명, 외국인 400명이 참석할 예정이다. 회의실은 대전 컨벤션센터 컨벤션홀1, 컨벤션홀2, 컨벤션홀3을 비롯한 10개의 대소 회의장을 사용할 것이다. 주요 행사로는 개·폐회식, 기조연설(Keynote Speech), 2회의 특별강연, 전문가 논문 발표(Conference 1), 대학원생 논문발표(Conference 2), 포스터 발표, 상장수여식(Award Ceremony), 환영연회(1일차), 관광·컨벤션 업계 교류를 위한 네트워크 세션과 비즈니스 포럼(2일차), 관광인의 밤(3일차), 환송연회(4일차), Career Event Day 등이 포함된다.

〈참고사항〉
본 행사의 환영연과 관광인의 밤은 대전 컨벤션센터 컨벤션홀에서, 그리고 환송연은 대전 소재 특1급 호텔인 한국호텔 컨벤션홀에서 개최된다. 이에 대한 비용은 등록비에 포함되어 있다. 관광은 선택 관광으로 참가자 부담이다. 첫날에는 이사회(Board of Directors)와 워크숍이 있다.

컨벤션기획서는 다음과 같은 사항만을 포함하여 A4용지 20매 내외로 작성하시오.

1. **기본계획**
   행사 개요, 행사 일정표(표로 작성)

2. **세부운영계획**
   1) 회의(초청, 등록, 학술 업무, 업계 네트워크 및 비즈니스 포럼 포함)
   2) 관광(공식 관광, 동반자 관광관련 내용 포함)
   3) 폐회식(초청업무, 문화행사, 식전행사 포함)

| 02 | 영문서신

다음 기본개요를 읽고 제시된 조건과 참고사항을 활용하여 영문서신을 작성하시오.

〈기본 개요〉
(사)아시아관광·컨벤션협회는 서비스 관광·컨벤션산업의 인적교류와 학문적 교류를 통해 서비스 관광·컨벤션산업의 경쟁력 향상을 도모하고 고부가가치 산업으로의 인식제고를 위해 국제적 교류의 장을 열고자 (사)아시아관광·컨벤션협회 주최로 2024년 제3회 아시아관광·컨벤션 학술대회를 대전컨벤션센터(DCC)에서 개최하고자 한다. 이번 행사는 아시아 관광·컨벤션산업의 국제협력을 구축하고 세계 관광·컨벤션시장에서의 우리의 위상을 높이는 계기가 될 것이다. 이 행사를 주관하는 ABC 컨벤션기획사 당신은 참가 대상자들에게 초록(Abstract) 제출을 권유하고, 등록 및 논문 제출 방법을 상세히 설명하는 영문서한을 작성하고자 한다.

〈조 건〉
이번 국제대회(조직위원장 : 김길동)는 2024년 8월 22일(목)부터 25일(일)까지 4일간 대전 컨벤션센터(DCC)에서 개최된다. 본 대회에는 아시아 각국의 (사)아시아관광·컨벤션협회 회원은 물론 비회원 및 국내외 관련 학자들, 국내외 관광 관련 종사자들, 관련 공무원과 동반자들이 참가한다. 회의 공식 언어는 영어이며, 내국인 600명, 외국인 400명이 참석할 예정이다.

〈참고사항〉
◎ 등록비
- 조기등록(2024년 7월 20일까지) : 회원 US$300, 비회원 US$400, 동반자 US$200
- 현장등록(2024년 7월 20일 이후) : 회원 US$400, 비회원 US$500, 동반자 US$300

◎ 등록비 납부방법 : US$로 신용카드(Visa, MasterCard, Amex만 가능),
  계좌이체(대한은행, 12345-12345 예금주 : 아시아관광·컨벤션협회)
  공식홈페이지(www.ktour2024.org)에서 전자결제 가능

◎ 등록비 포함사항
- 참가자인 경우 : 컨퍼런스 키트(초록집, 프로그램북), 학술회의장 입장, 개·폐회식 및 환영·환송연
- 동반자인 경우 : 컨퍼런스 키트, 개·폐회식 및 환영·환송연

◎ 등록비 환불규정
- 2024년 7월 20일까지 : 수수료 50% 공제 후 환불
- 2024년 7월 20일 이후 : 환불 불가
  – 환불신청은 반드시 서면상으로 사무국에 통보되어야 하며, 환불은 총회 종료 후 2개월 안에 이루어질 것임

◎ 논문초록 제출마감 : 2024년 2월 28일(제출된 논문은 반환되지 않음)
◎ 초록 제한길이 : 영단어 300자 이내(반드시 영어로 제출)
◎ 초록 제출방법 : 공식 홈페이지 또는 이메일(MS Word 파일로 제출)
◎ 초록 채택여부 통지 : 2024년 3월 말 개인 이메일로 통지 예정, 채택 시 발표일시도 함께 통지
◎ 채택된 초록은 초록집에 실릴 것이며, 발표시간은 질의응답 포함 15분이다.

가) 초록 제출을 권유하는 서한을 영문으로 작성하시오(단, 작성일은 2024년 8월 20일로 간주하며, A4용지 2매 내외로 작성).

나) 등록정보에 관련된 1) 등록비 정보, 2) 납부방법, 3) 환불정보 사항을 설명하는 서한을 영문으로 작성하시오(단, A4용지 2매 내외로 작성).

다) 초록제출에 관련된 1) 마감일, 2) 제한길이, 3) 제출방법, 4) 채택여부 사항을 설명하는 서한을 영문으로 작성하시오(단, A4용지 2매 내외로 작성).

CHAPTER 01 기획서

기획서를 작성하는 문제는 크게 '기본계획'을 작성하는 부분과 '세부운영계획'을 작성하는 부분으로 나뉜다. 이 중 기본계획은 행사개요와 행사일정표를 작성하도록 매년 동일하게 출제되고 있지만 세부운영계획은 다양한 주제가 번갈아가며 출제되고 있기 때문에 Part 4에서는 세부운영계획을 중심으로 기출문제를 묶어서 연습하도록 하자. 본서에서 제시하는 답안은 기본적인 사항들을 포함하여 기획서를 작성한 것으로, 실제 시험에서는 기획의 내용이 세부적이고 다양할수록 높은 점수를 받을 수 있을 것이다.

연 도		세부운영계획	개최지역	출제회의
2003	1회	회의, 관광, 폐회식	제 주	국제의학연구학회
	2회	개회식, 등록, 숙박	서 울	세계PCO협회
2004		온라인등록계획, 예산	서 울	아시아태평양컨벤션총회
2005		학술프로그램, 개회식	부 산	컨벤션학술대회
2006		개회식, 등록, 숙박	서 울	세계PCO협회
2007		회의, 관광, 폐회식	부 산	국제의학연구학회
2008		개회식, 등록, 숙박	부 산	세계PCO협회
2009		회의, 관광, 폐회식	서 울	국제의학연구학회
2010		회의, 관광, 폐회식	대 구	국제의학연구학회
2011		회의, 관광, 폐회식	부 산	국제의학연구학회
2012		회의, 관광, 폐회식	대 구	
2013		회의, 관광, 폐회식	대 전	컨벤션학술대회
2014		학술업무(등록포함), 홍보, 의전(영접, 영송 포함)	부 산	국제문화예술 심포지엄
2015	1회	회의, 관광, 폐회식	대 전	아시아 관광·컨벤션 학술대회
	2회	회의, 관광, 폐회식	대 구	–
2016	1회	회의, 관광, 폐회식	서 울	–
	2회	학술업무(학술정보 포함), 홍보, 의전(영접, 영송 포함)	서 울	–
2017	1회	개회식, 등록, 숙박	–	–
	2회	회의, 관광, 폐회식	서 울	해양연구학회
2018	1회	회의, 관광, 폐회식	서 울	국제의학연구학회
	2회	회의, 관광, 폐회식	대 구	
2019	1회	회의, 관광, 폐회식	부 산	–
	2회	회의, 관광, 폐회식	부 산	–
2020	1회	회의, 사교행사(환송만찬), 전시	인 천	국제남극지구과학연구 심포지엄
	2회	등록, 회의, 사교행사(환송만찬)	대 전	아시아태평양 관광학회

2021	1회	초청, 개·폐회식, 의전(수송 포함)	서울	OECD 국제교통장관회의
	2회	관광, 숙박, 사교행사(갈라디너)	서울	아마존 글로벌 컨벤션
2022	1회	관광, 숙박, 사교행사(갈라디너)	수원	LG 글로벌 컨벤션
	2회	관광, 숙박, 사교행사(갈라디너)	경주	페이스북 글로벌 컨벤션
	3회	회의, 사교행사(갈라디너), 부대전시	인천	국제컨설협회 총회
2023	1회	초청, 개·폐회식, 의전(영접, 영송 포함)	인천	한중일 관광장관 회의
	2회	등록, 회의, 사교행사(환송만찬)	서울	국제 남극지구과학 심포지엄
	3회	관광, 숙박, 사교행사(갈라디너)	서울	구글 글로벌 컨벤션

01 회의, 관광, 폐회식

'회의, 관광, 폐회식'은 가장 높은 출제율을 보이고 있다. 자주 출제되는 만큼 철저한 준비가 필요한데, 특히 개최지역이 어디인지에 따라 세부운영계획 중 관광부분이 크게 달라지므로 각 개최지역별로 관광명소를 정리하여 기획서를 작성하는 연습을 해야 한다.

따라서 세부운영계획으로 '회의, 관광, 폐회식'의 내용이 담긴 기획서를 작성해보고, 특히 관광분야는 출제된 적이 있는 '제주, 부산, 서울, 대구, 대전'으로 세분화하여 연습해보도록 하자.

〈회의취지〉
한국 의학계는 연구와 치료의 국제화를 기하고 제약업계를 비롯한 산학협조를 기하여 세계시장에 발돋움하기 위해 국제회의를 개최하여 세계 각국의 의학자 및 연구 기관들과 도약을 위한 교류의 장을 열고자 합니다.

〈조 건〉
대한의학회에서는 2024년 9월 6일부터 9월 9일까지 4일간 제25차 국제의학연구학회 연차총회를 제주 국제 컨벤션센터에서 개최하려 한다. 대한의학회에서 주최하며, 주관 PCO사로는 (주)한라산컨벤션서비스를 선정하였다. 본 대회에서 각국의 의학연구학회 회원은 물론 비회원 및 각 연구소의 연구원, 레지던트와 동반자들이 참가한다. 회의 공용어는 영어이며 내국인 400명, 외국인 600명이 참석할 예정으로 회의실은 탐라홀, 한라홀을 비롯한 대소 회의장을 사용할 것이다. 주요 행사로는 개·폐회식, 3회의 특별강연, 심포지엄 및 자유연제 발표, 포스터 발표 및 상업전시회, 환영연, 한국의 밤, 환송연 등이 포함된다.

〈참고사항〉
본 행사의 환영연은 ICC의 이어도 플라자, 한국의 밤은 제주 롯데호텔, 환송연은 제주 신라호텔의 야외 연회장에서 개최하며 등록비에 포함되어 있다. 관광은 선택 관광으로 참가자 부담이다. 첫날에는 Workshop이 있다.

컨벤션기획서는 다음과 같은 사항만을 포함하여 작성하도록 한다.
1. 기본계획
   1) 행사개요, 2) 행사일정표(표로 작성)
2. 세부운영계획
   1) 회의, 2) 관광, 3) 폐회식

1 표 지

제25차 국제의학연구학회 연차총회

The 25th Annual Conference of International Medical Association

2024년 9월 6일 – 9월 9일

(주)한라산컨벤션서비스

2 목 차

목 차

기본계획

I. 행사개요
    1.1 개최의의 및 효과
    1.2 대회개요
    1.3 행사 Concept
    1.4 조직도
    1.5 성공전략

II. 행사일정표

세부운영계획

I. 회 의
    1.1 회의개요
    1.2 회의 기본방향
    1.3 회의 업무흐름도
    1.4 회의 세부일정표
    1.5 회의 운영계획

II. 관 광
    2.1 관광 Concept
    2.2 관광 운영계획
    2.3 관광 성공전략
    2.4 관광 업무흐름도
    2.5 관광 세부일정표

III. 폐회식
    3.1 폐회식 개요
    3.2 폐회식 Concept
    3.3 폐회식 업무흐름도
    3.4 폐회식 세부일정표
    3.5 폐회식 Floor Plan

3 기본계획

기본계획
1.1 개최 배경 · 의의

개최배경
- 회의 참가자 간의 정보교류
- 연구문화의 활성화
- 한국의학의 활성화

개최의의
- 국가 이미지 제고
- 국내 의학계의 홍보와 위상 제고
- 결속과 단합 기회

기본계획
1.2 대회 개요

대회명(영문)	제25차 국제의학연구학회 연차총회 The 25th Annual Conference of International Medical Association	
일 시	2024년 9월 6일~9월 9일(4일간)	
장 소	제주 국제컨벤션센터(ICC JEJU)	
참가인원	약 1,000명(내국인 400여 명, 외국인 600여 명)	
참가대상	각국의 의학연구학회 회원, 비회원, 연구원, 레지던트, 동반자 등	
주 최	대한의학회	
주 관	(주)한라산컨벤션서비스	
공식언어	영 어	
프로그램	공식 프로그램	개회식, 폐회식, 환영연, 환송연, 한국의 밤
	회의 프로그램	특별강연 3회, 심포지엄, 자유연제발표, 포스터발표, 전시회

기본계획
　　1.3 행사 Concept

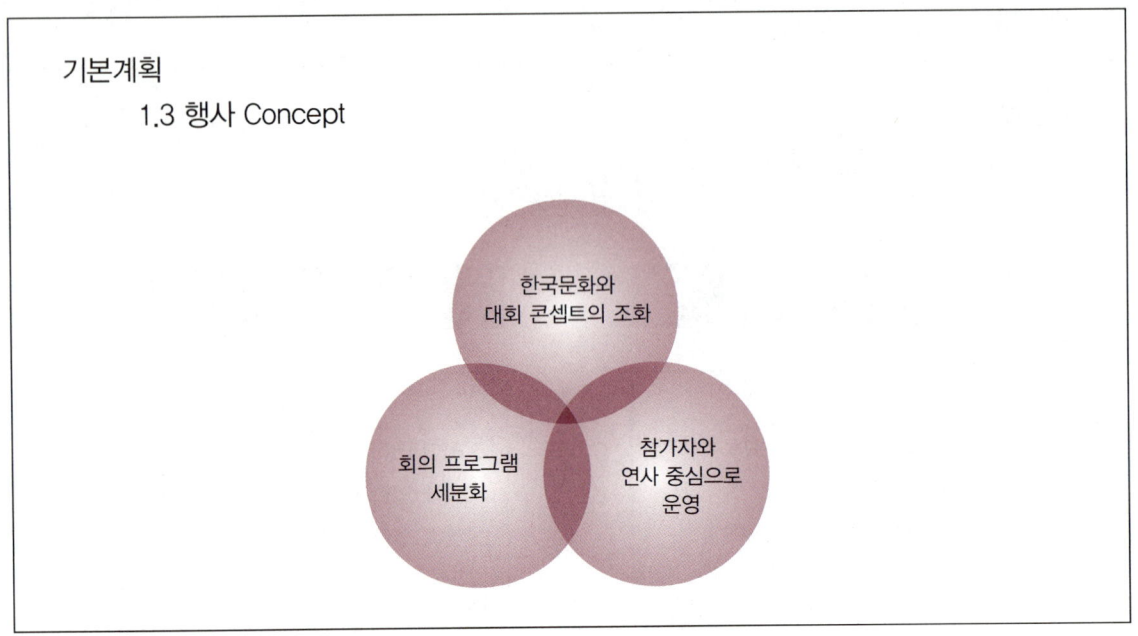

기본계획
　　1.4 조직도

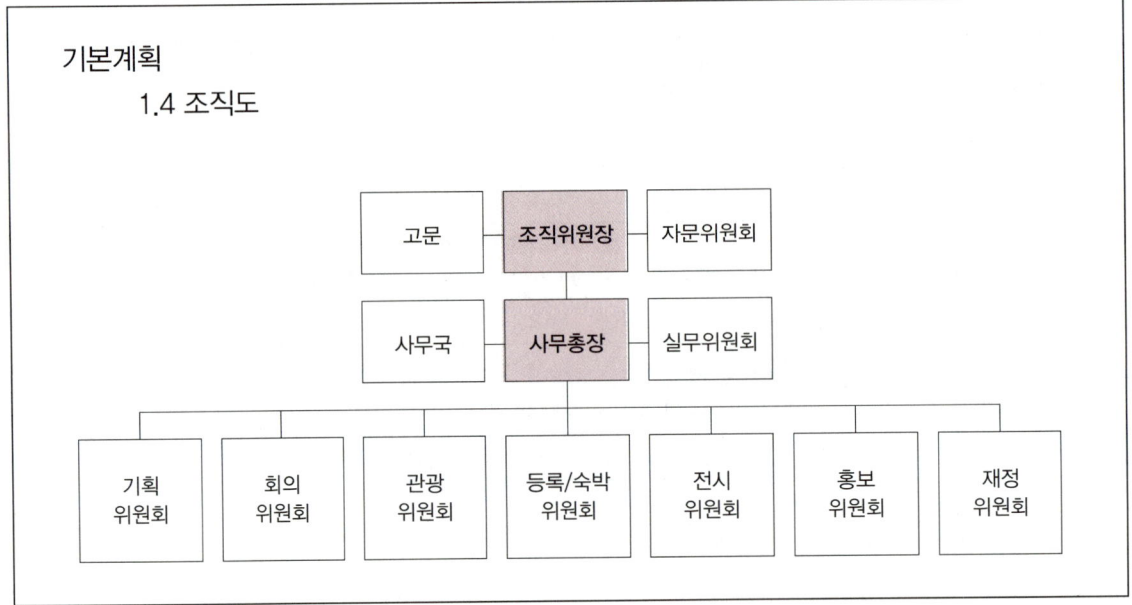

기본계획
1.5 성공전략

철저한 분석과 단계적 준비에 의한 원활한 진행의 대회 개최

↓

참가자 만족도를 높이기 위하여 다양한 맞춤형 프로그램 제공

↓

각국의 참가자들이 하나가 될 수 있는 프로그램

기본계획
2. 행사일정표

	Sep. 6th(Wed.)	Sep. 7th(Thur.)	Sep. 8th(Fri.)	Sep. 9th(Sat.)
9:00	Registration	Exhibition / Poster Session	Exhibition / Poster Session	Breakfast
10:00			Breakfast	Special Lecture Ⅲ
11:00	On-site Registration	Special Lecture Ⅰ	Symposium	Coffee Break
12:00		Lunch	Lunch	
13:00	Opening Ceremony			Closing Ceremony
14:00	Workshop	Oral Session	Special Lecture Ⅱ	Tour
15:00				
16:00				
17:00		Coffee Break	Coffee Break	
18:00	Welcome Reception	Korean Night	Farewell Dinner	
19:00				
20:00				

4 세부운영계획

(1) 회 의

세부운영계획
　　1.1 회의 개요

주 제	의학연구와 치료의 국제화
장 소	탐라홀, 한라홀, 삼다홀, 백록홀
참가대상	학회관계자, 초청자, VIP, 레지던트, 산학관계자 등
구 성	• 특별강연 3회 • 심포지엄 • 자유연제 발표 • 전시, 포스터 세션(상시운영)
공식언어	영 어

세부운영계획
　　1.2 회의 기본방향

전문인력의 배치	진행요원 사전교육
최적의 회의장	검증된 기자재 사용으로 최적의 회의장을 구성
논문관리	발표 논문의 효율적인 접수와 관리
참가자 편의	참가자 이동 동선을 고려하여 참가자 편의를 도모

↓

참가자 기대 이상의 만족

세부운영계획
　　1.3 회의 업무흐름도

회의장 기획 → 회의장 배치구성 → 진행안 작성 → 리허설

기자재 준비 → 진행요원 교육 → 논문집 배포 → 회의 진행

세부운영계획
　　1.4 회의 세부일정표

회의명	일시	장소	참여인원	인력배치	기자재
Special Lecture 1	9월 7일 (10:00~12:00)	한라홀 A + B (강의식)	500명	진행요원 5명, Technician 3명	노트북, 프로젝터, 마이크1, 인터넷연결선, 음향장치, 레이저포인터, 무전기, 스크린
Special Lecture 2	9월 8일 (14:00~16:00)	한라홀A (강의식)	300명	진행요원 4명, Technician 2명	
Special Lecture 3	9월 9일 (10:00~11:00)	백록홀A (강의식)	200명	진행요원 2명 Technician 2명	
Symposium	9월 8일 (10:00~12:00)	탐라홀B (연회식)	1,000명	진행요원 8명, Technician 4명	노트북2, 인터넷연결선, 레이저포인터2, 프로젝터1, 마이크2, 통역헤드폰
Oral Session	9월 7일 (14:00~16:00)	탐라홀A (연회식)	700명	진행요원 3명	노트북4, 통역헤드폰, 인터넷연결선, 마이크2
Exhibition/ Poster Session	행사 상시 전시	전시홀	–	안내 접수요원 1명	포스터 패널, 번호판 등

세부운영계획
　　1.5 회의 운영계획

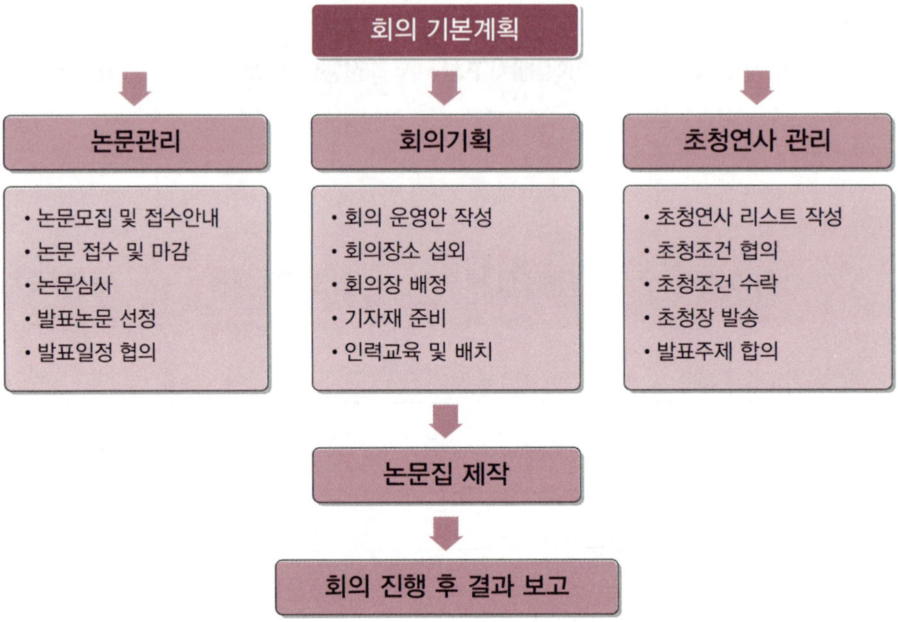

```
                    회의 기본계획
        ┌──────────────┼──────────────┐
        ▼              ▼              ▼
      논문관리        회의기획      초청연사 관리
  • 논문모집 및     • 회의 운영안    • 초청연사 리스트
    접수안내         작성            작성
  • 논문 접수 및   • 회의장소 섭외  • 초청조건 협의
    마감          • 회의장 배정    • 초청조건 수락
  • 논문심사      • 기자재 준비    • 초청장 발송
  • 발표논문 선정 • 인력교육 및    • 발표주제 합의
  • 발표일정 협의   배치
                      ▼
                  논문집 제작
                      ▼
              회의 진행 후 결과 보고
```

(2) 관 광

① 제 주

세부운영계획
　　2.1 관광 Concept

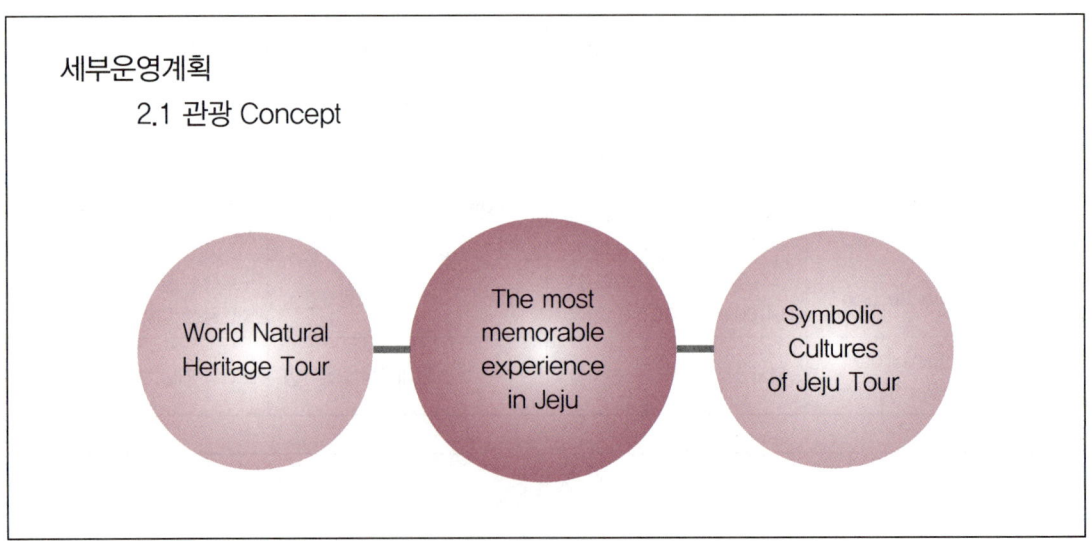

- World Natural Heritage Tour
- The most memorable experience in Jeju
- Symbolic Cultures of Jeju Tour

세부운영계획
　　　2.2 관광 운영계획

	관광 프로그램 운영전략
사전준비	• 참가자들의 안전을 위해서 여행보험에 가입 • 불의의 사고에 대비하여 의료진 준비 • 행사별 상세한 시간계획과 방문지에 대한 Information Brochure 배포
현장운영	• 안내데스크를 마련하여 참가자들의 편의를 도모 • 관광 진행요원 배치 • 전문 가이드 배치

세부운영계획
　　　2.3 관광 성공전략

- Jeju Echi Tour
- Road Story Tour
- Peace Tour

Discovery of Jeju!

세부운영계획
2.4 관광 업무흐름도

관광지 결정 → 전문여행사 선정 → 관광코스 기획 → 코스 예정지답사

관광 보고 ← 관광 프로그램 진행 ← 참가대상자 도착 ← 관광코스 확정

세부운영계획
2.5 관광 세부일정표

World Natural Heritage Tour	구 분	Symbolic Cultures of Jeju Tour
2024년 ○월 ○일	일 시	2024년 ○월 ○일
참가자 및 동반자	대 상	참가자 및 동반자
US$60	요 금	US$60
• 한라산 • 거문오름 용암동굴계 • 성산일출봉	일 정	• 제주목 관아 • 제주 삼양동유적 • 서귀포 감귤박물관 • 제주 돌문화공원 • 절물자연휴양림
• 최소 20명 이상 • 점심식사 포함 • 버스 운행 • 전문가이드 배치	비 고	• 최소 20명 이상 • 점심식사 포함 • 버스 운행 • 전문가이드 배치
우비 지급	우천 시	우비 지급

② 부산

세부운영계획
　　2.1 관광 Concept

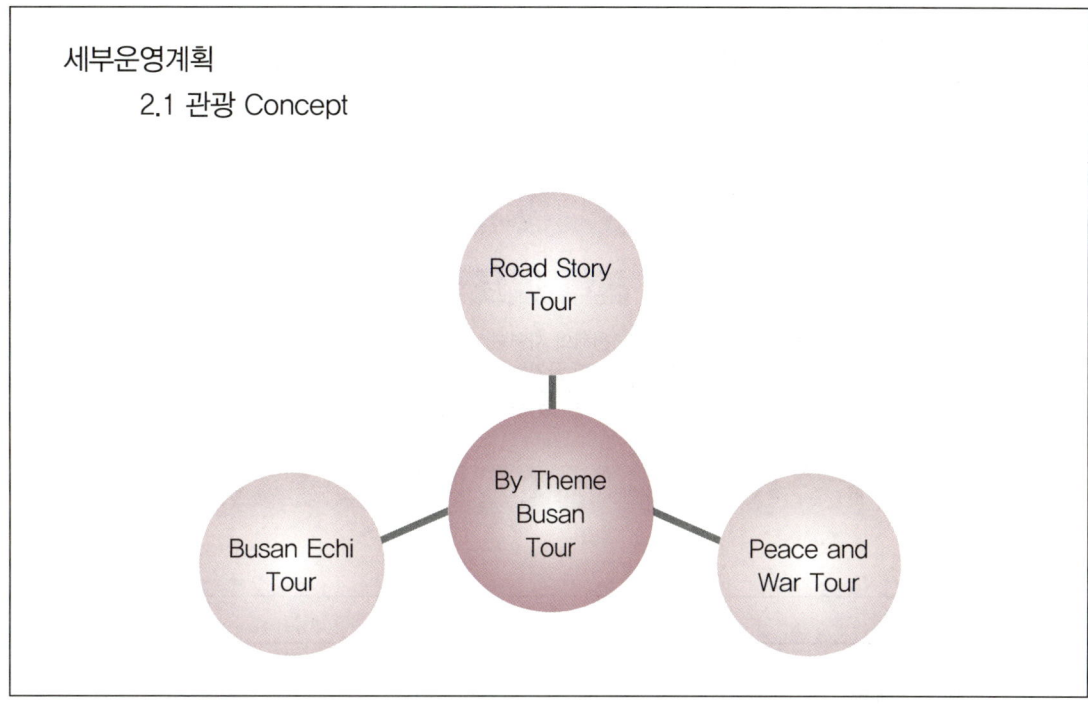

세부운영계획
　　2.2 관광 사전준비사항

사전준비

- 조직위원회와 사전미팅 및 답사를 통한 철저한 행사 준비
- 관계기관 업무협조
- 인력확보 및 사전교육
- 관광차량 확인 및 예비차량 보유여부 확인
- 차량 비치물 확인
  - 생수, 구급약, 차량일련 번호판, 행선지 안내판, 우산(우천 시 대비), 안내요원 가이드북 등
- 사전 체크사항
  - 위치, 부대시설, 위생상태, 종사원 태도, 메뉴, 주차장, 화장실 등
  - 관광지 : 휴무일 개폐시간, 관광코스, 날씨, 보수공사 여부 등
- 숙박시설 : 교통 및 주위환경이 좋은 곳에 위치한 특급호텔 사전예약

세부운영계획
   2.3 관광 성공전략

세 가지 테마기획으로 다양한 관광 프로그램 제공

Road Story Tour
아름다운 길의 여정

Busan Echi Tour
천해의 자연과 함께 즐기는 오감만족 여행

Peace and War Tour
시간을 거슬러 보는 역사기행

참가자들의 선택의 폭을 넓혀 더 높은 참가율을 유도

세부운영계획
   2.4.1 관광 세부일정표

Theme 1. Road Story Tour

일 시	2024년 ○월 ○일
대 상	참가자 및 동반자
요 금	US$50
일 정	• 허황후 신행길 • 해운대 기차소리길 • 기장 등대길 • 영도 봉래산 둘레길
비 고	• 최소 20명 이상 • 점심식사 포함 • 버스 운행
우천 시	우비 지급

세부운영계획
    2.4.2 관광 세부일정표

Theme 2. Busan Echi Tour

일 시	2024년 ○월 ○일
대 상	참가자 및 동반자
요 금	US$50
일 정	• 강끝투어 • 공룡투어 • 바다환경체험투어 • 꽈아오투어
비 고	• 최소 20명 이상 • 점심식사 포함 • 버스 운행
우천 시	우비 지급

세부운영계획
    2.4.3 관광 세부일정표

Theme 3. Peace and War Tour

일 시	2024년 ○월 ○일
대 상	참가자 및 동반자
요 금	US$60
일 정	• Lost Bunker • 6.25투어 • 동래읍성과 좌수영성 전투 • 근대건축물 투어
비 고	• 최소 20명 이상 • 점심식사 포함 • 버스 운행 • 전문가이드 배치
우천 시	우비 지급

③ 서 울

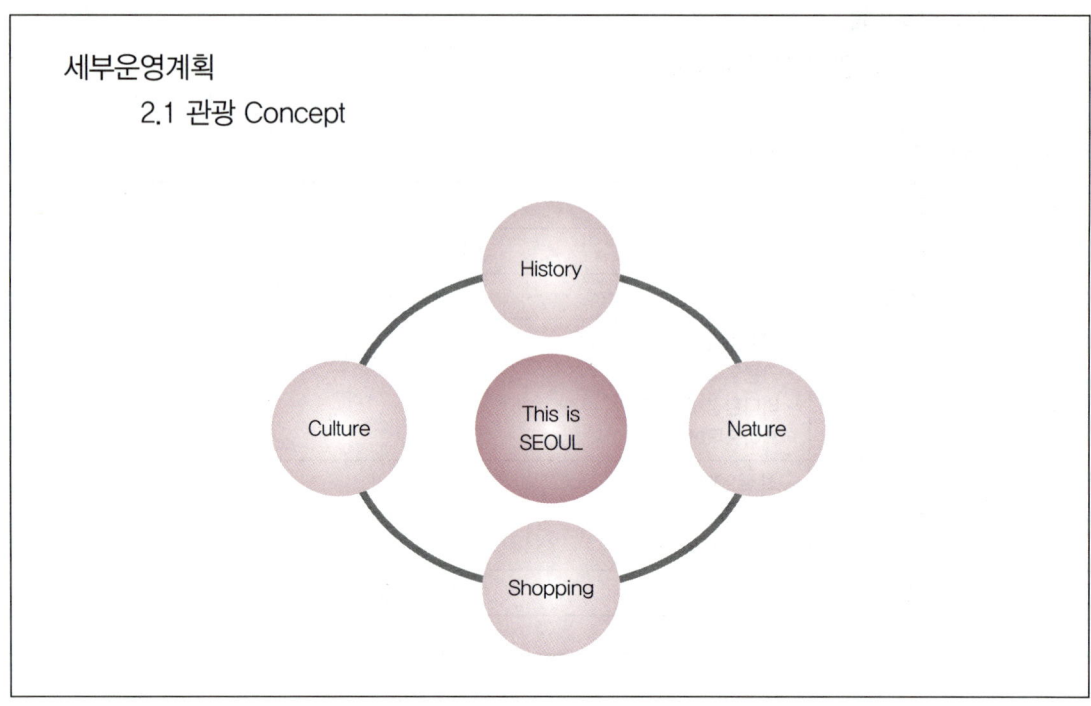

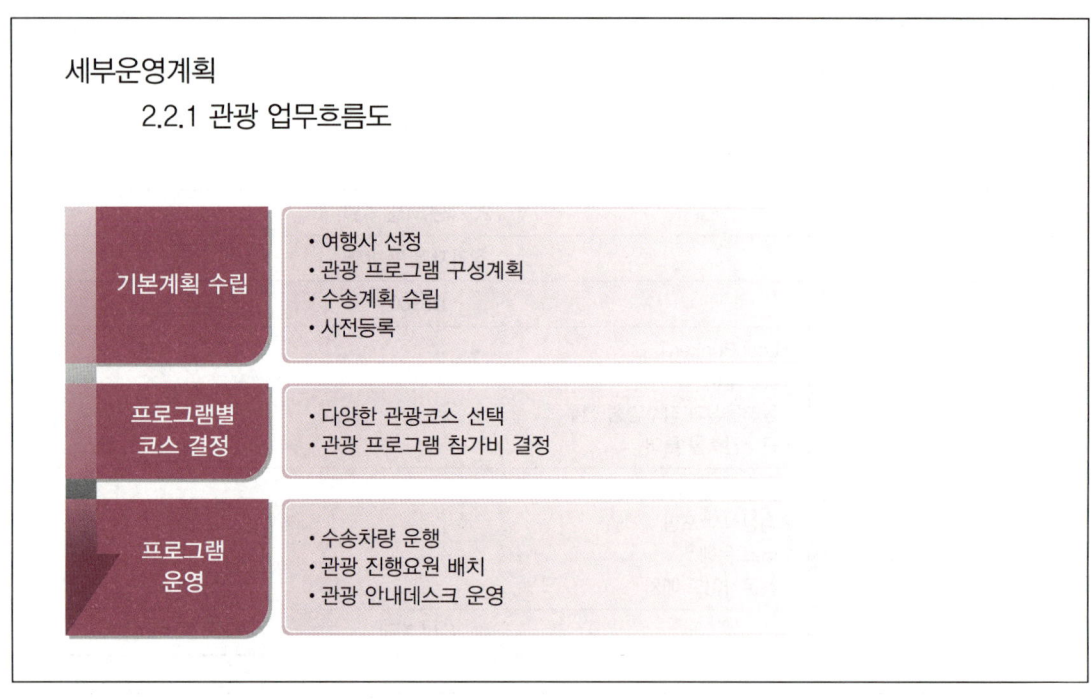

세부운영계획
　　2.2.2 관광 업무흐름도

관광지 결정 → 전문여행사 선정 → 관광코스 기획 → 코스 예정지답사

관광 보고 ← 관광 프로그램 진행 ← 참가대상자 도착 ← 관광코스 확정

세부운영계획
　　2.3.1 관광 세부일정표

• Full Day Course

Time	Course A	Course B
10:00	Main Hotel 앞 집합	Main Hotel 앞 집합
10:00~10:30	이 동	이 동
10:30~12:30	경복궁 관광	창경궁 관광
12:30~13:30	점심식사	점심식사
13:30~14:00	이 동	이 동
14:00~16:00	남산 관광	인사동 관광
16:00~16:30	이 동	이 동
16:30~18:30	명동 관광	63빌딩 관광
18:30~19:00	Return to Main Hotel	Return to Main Hotel

세부운영계획
2.3.2 관광 세부일정표

• 우천 시 일정

Time	Schedule
10:00	Main Hotel 앞 집합
10:00~10:30	이 동
10:30~12:30	국립중앙박물관
12:30~13:30	점심식사
13:30~14:00	이 동
14:00~16:00	남산타워
16:00~16:30	이 동
16:30~18:30	63빌딩
18:30~19:00	Return to Main Hotel

세부운영계획
2.4 관광지 소개

주요 관광지	관광정보
경복궁	[관람코스] 근정전 → 사정전 → 강녕전과 교태전 → 동궁 → 경희루
남 산	남산공원, 남산 케이블카, 전망대
명 동	명동쇼핑거리
창경궁	보유 문화재 • 국보 제226호 명정전 • 보물 제384호 홍화문
인사동	서울을 대표하는 문화의 거리
63빌딩	아쿠아플라넷63, 63아트

④ 대구

세부운영계획
2.1 관광 Concept

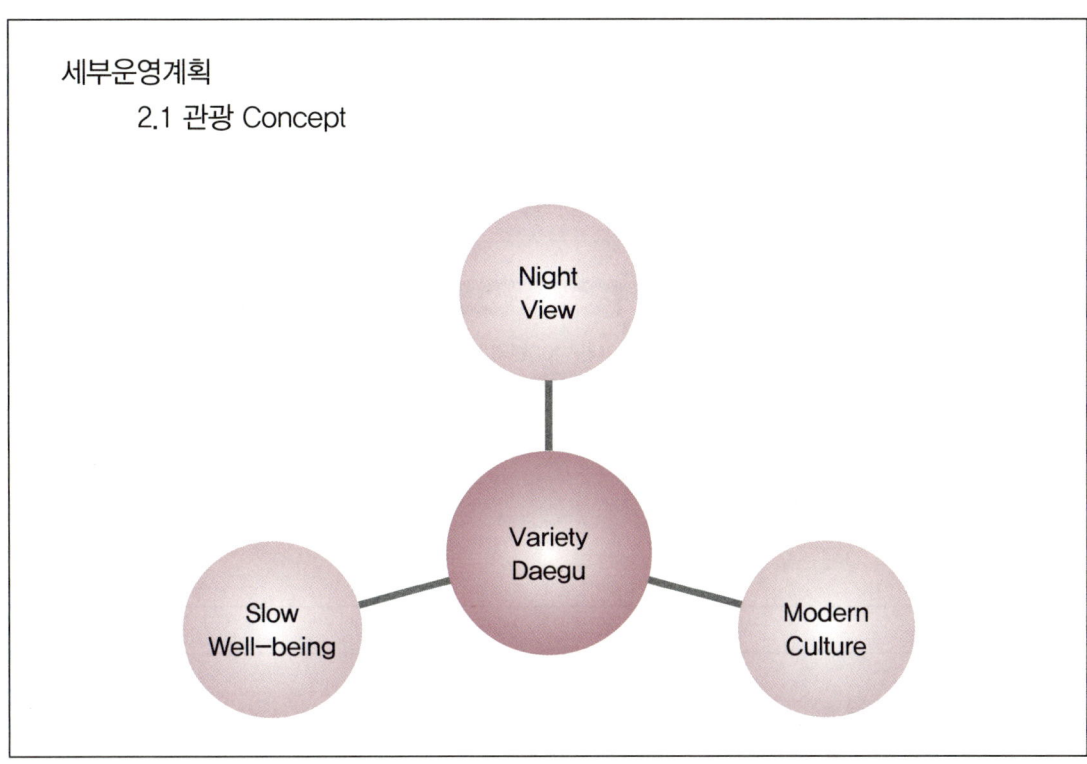

세부운영계획
2.2 관광 운영계획

	관광 프로그램 운영전략
사전준비	• 참가자들의 안전을 위해서 여행보험에 가입 • 불의의 사고에 대비하여 의료진 준비 • 행사별 상세한 시간계획과 방문지에 대한 Information Brochure 배포
현장운영	• 안내데스크를 마련하여 참가자들의 편의를 도모 • 관광 진행요원 배치 • 전문 가이드 배치

세부운영계획
    2.3 관광 성공전략

다양한 관광코스 기획을 통해 주제가 있는 알찬 프로그램 제공

Slow Well-being
팔공산 올레

Modern Culture
대구 100년의 역사
근대문화의 발자취

Night View
문화재 야경투어

참가자들의 선택의 폭을 넓혀 더 높은 참가율을 유도

세부운영계획
    2.4 관광 주요업무

참가자 신청 → 관광 프로그램 안내 → 관광 프로그램 예약 → 관광지 소개, 관광지 자료 배포 → 사무국과 유기적 연락 및 보고

원활한 운영으로 인해 성공적인 관광 진행

세부운영계획
  2.5 관광 이동경로

Course 1. 팔공산 올레

> 시인의 길 → 돌집마당 → 방짜유기박물관 → 북지장사

Course 2. 근대문화의 발자취

> 동산선교사주택 → 3.1만세 운동길 → 계산성당 → 이상화고택 → 서상돈고택 → 진골목 → 염매시장 → 종로 → 제일교회 → 성밖골목

Course 3. 문화재 야경투어

> 반월당 → 관덕정 → 성유스티노 성당 → 성모당 → 샬트르성바오로수녀원성당 → 계산성당 → 서상돈고택 → 이상화고택 → 3.1만세 운동길 → 동산선교사주택 → 성밖골목 → 약령시 → 제일교회 → 진골목 → 경상감영공원

⑤ 대 전

세부운영계획
  2.1 관광 Concept

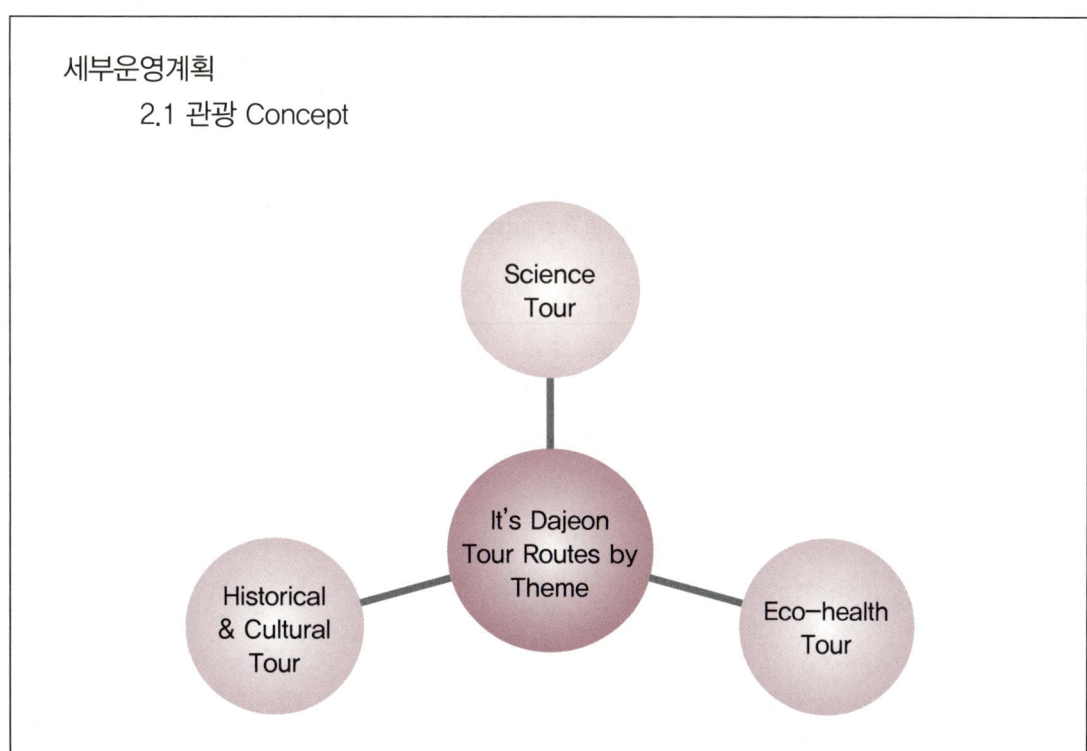

세부운영계획
2.2 관광 운영계획

관광 프로그램 운영전략	
사전준비	• 참가자들의 안전을 위해서 여행보험에 가입 • 불의의 사고에 대비하여 의료진 준비 • 행사별 상세한 시간계획과 방문지에 대한 Information Brochure 배포
현장운영	• 안내데스크를 마련하여 참가자들의 편의를 도모 • 관광 진행요원 배치 • 전문 가이드 배치

세부운영계획
2.3 관광 성공전략

세 가지 테마기획으로 다양한 관광 프로그램 제공

Science Tour	*Historical & Cultural Tour*	*Eco-health Tour*
과학관광	역사와 문화관광	생태웰빙관광

참가자들의 선택의 폭을 넓혀 더 높은 참가율을 유도

세부운영계획
2.4 관광 업무흐름도

관광지 결정 → 전문여행사 선정 → 관광코스 기획 → 코스 예정지답사

관광 보고 ← 관광 프로그램 진행 ← 참가대상자 도착 ← 관광코스 확정

세부운영계획
2.5.1 관광 세부일정표

Theme 1. Science Tour

Time	Schedule
09:00	Main Hotel 앞 집합
09:00~9:30	이 동
09:30~11:30	엑스포과학공원(첨단과학관)
11:30~12:00	이 동
12:00~13:00	점심식사
13:00~15:00	국립중앙과학관
15:00~15:30	이 동
15:30~16:30	화폐박물관
16:30~17:00	이 동
17:00~18:00	지질박물관

세부운영계획
    2.5.2 관광 세부일정표

Theme 2. Historical & Cultural Tour

Time	Schedule
09:00	Main Hotel 앞 집합
09:00~9:30	이 동
09:30~11:30	우암사적공원
11:30~12:00	이 동
12:00~13:00	점심식사
13:00~15:00	동춘당(무형문화재전수회관)
15:00~15:30	이 동
15:30~16:30	계족산성
16:30~17:00	이 동
17:00~18:00	뿌리공원

세부운영계획
    2.5.3 관광 세부일정표

Theme 3. Eco-health Tour

Time	Schedule
09:00	Main Hotel 앞 집합
09:00~9:30	이 동
09:30~11:30	계족산맨발황톳길
11:30~12:00	이 동
12:00~13:00	점심식사
13:00~15:00	대청호반길
15:00~15:30	이 동
15:30~16:30	대청댐물문화관
16:30~17:00	이 동
17:00~18:00	대청호자연생태관

(3) 폐회식

세부운영계획
　　　3.1 폐회식 행사개요

◆ 일시 : 2024년 9월 9일 13:00~14:00

◆ 장소 : 제주 ICC 탐라홀

◆ 참가자 : 약 1,000여 명(내국인 400명, 외국인 600명)

◆ 구성 : 영접 및 의전, 대회 총평, 시상 및 수상소감, 차기 개최국 인사, 폐회사

◆ 주관 : (주) 한라산 컨벤션 서비스

◆ 성격 : 대회 일정을 마무리하고 정리하는 차분한 분위기

세부운영계획
　　　3.2 폐회식 Concept

- 화합과 교류
- 비전공유와 도약
- 의학계의 비전공유

⇩

See You Next Year!

세부운영계획
    3.3 폐회식 업무흐름도

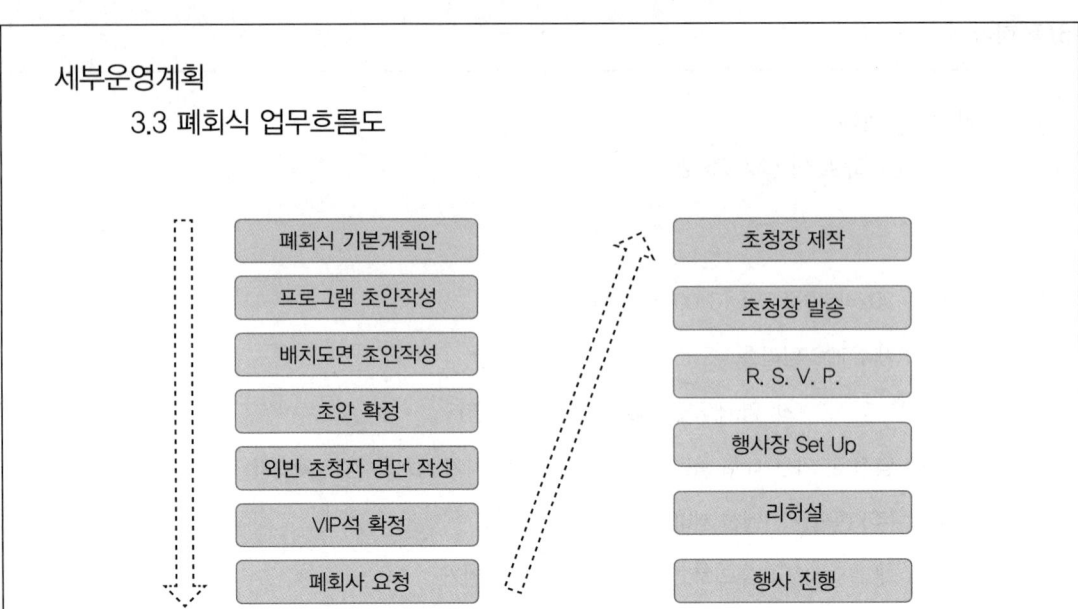

세부운영계획
    3.4 폐회식 세부일정표

일 정	시 간	내 용
행사장 Set Up 확인	12:30~12:50	• 기자재 및 BGM준비 • 행사 Staff 및 System All Stand-by
사회자, 통역사 도착 확인	12:50~13:00	• 사회자 - 손범수 • 동시통역사 대기 확인
VIP, 참가자 입장 및 착석	13:00~13:15	• 폐회식순지 배포 • 행사장 입구에 안내데스크를 운영하여 출입증 확인
폐회식을 알리는 BGM	13:15~13:17	사회자의 개회멘트와 대회장 소개
폐회사	13:17~13:20	대한의학회 회장
격려사	13:20~13:25	보건복지부 장관
시상식 및 수상소감	13:25~13:35	• 상장과 기념품 준비 • 최우수 논문 발표자
대회총평	13:35~13:40	대한의학회 회장
차기 개최지 소개	13:40~13:55	• 차기 개최국 조직위원장 • 개최국 관련 홍보영상 상영
폐회선언	13:55~14:00	• 사회자의 장내 정리 및 프로그램 안내 멘트 • 사회자의 폐회선언과 함께 무대 양측 후면에서 에어샷 특수효과

세부운영계획
　　3.5 폐회식 Floor Plan

02 개회식, 등록, 숙박

'개회식, 등록, 숙박'은 '회의, 관광, 폐회식' 다음으로 자주 출제되는 주제이다. '개회식, 등록, 숙박'은 개최지역에 따라 세부운영계획 중 숙박부분이 크게 달라지므로, 각 개최지역별로 컨벤션센터 근처의 숙박 장소를 정리하여 기획서를 작성하는 연습을 해야 한다.

따라서 '개회식, 등록, 숙박'의 내용이 담긴 기획서를 작성해보고, 특히 숙박은 출제된 적이 있는 서울과 부산으로 세분화하여 연습해보도록 하자.

〈회의취지〉
21세기 다국적 시대를 맞아 각 국가는 물론이고 기업과 협회에서도 소속단체의 실리를 위한 회의에 큰 관심을 보이며, 전략적인 유치 및 개최여건을 조성하고 있다. 이러한 추세에 우리나라는 국내의 PCO업계의 발전과 활성화를 도모하고자, 국제적 PCO단체들과 상호교류의 장을 만들고자 한다.

〈조 건〉
문화체육관광부에서는 오는 2024년 10월 15일에서 17일(3일간) 동안 제10회 세계 PCO협회를 서울 코엑스에서 개최하려고 한다. 이번 행사는 문화체육관광부가 주최하지만 행사의 진행을 보다 원활하게 운영하기 위하여, PCO업체인 ㈜남산컨벤션서비스를 주관사로 선정하였다. 본 행사의 참가대상은 세계 PCO협회 회원 및 비회원사도 포함되며, 공식 언어는 영어와 한국어로 병행 사용된다. 행사소요 예산은 5억 내외로 하고 내국인 300명, 외국인 700여 명이 참석할 예정이며, 회의실은 코엑스에 있는 컨퍼런스 룸과 오디토리움을 병행 사용할 수 있다. 해외에서 오는 참가자들은 회의장 인근 코엑스 또는 그랜드인터콘티넨탈 호텔에서 체류하게 된다.

본 행사의 참가비는 회원사 $700, 비회원사 $800이며, 참가자에게는 공식항공사인 한국항공을 이용 시, First Class & Business Class – 40% D.C 및 Economic Class – 60% D.C와 숙박호텔 특별요금(1박 $120 : 봉사료, 세금포함 / 회의기간 전후 2일간 동일요금)을 적용받게 되고, 환영, 환송만찬과 동반자 행사에 무료 참석할 수 있다.

〈참고사항〉
본 행사는 개회식과 총회, 분과회의 3회가 이틀 동안 열리며, Optional Tour(참가자 부담)가 있게 된다.

컨벤션기획서는 다음과 같은 사항만을 포함하여 작성하도록 한다.
1. 기본계획
　1) 행사개요, 2) 행사일정표(표로 작성)
2. 세부운영계획
　1) 개회식, 2) 등록, 3) 숙박

1 표 지

제10차 세계 PCO협회 총회

The 25th Annual Meeting of International Professional Convention Organizer

2024년 9월 6일 – 9월 9일

(주)한라산컨벤션서비스

2 목 차

목 차

기본계획

Ⅰ. 행사개요
    1.1 개최의의 및 효과
    1.2 대회개요
    1.3 행사 Concept
    1.4 조직도
    1.5 성공전략

Ⅱ. 행사일정표

세부운영계획

Ⅰ. 회 의
    1.1 회의개요
    1.2 회의 기본방향
    1.3 개회식 업무흐름도
    1.4 개회식 세부일정표
    1.5 개회식 운영계획

Ⅱ. 등 록
    2.1 등록 개요
    2.2 등록 기본방향
    2.3 등록 업무흐름도
    2.4 등록데스크 Process
    2.5 등록데스크 운영

Ⅲ. 숙 박
    3.1 숙박 Concept
    3.2 숙박 업무흐름도
    3.3 숙박 개요
    3.4 숙박 호텔소개

3 기본계획

기본계획
1.1 개최 배경 · 의의

개최배경
- 국가, 기업, 협회의 회의에 대한 관심
- 한국의 국제회의 인프라 성장
- 전 세계 PCO업계의 활성화

개최목적
- 국내의 PCO업계의 발전과 활성화
- 국제적 PCO단체들과의 교류

기본계획
1.2 대회 개요

대회명 (영문)	제10차 세계 PCO협회 총회 The 10th Annual Meeting of International Professional Convention Organizers	
일 시	2024년 10월 15일~17일(3일간)	
장 소	서울 코엑스(COEX)	
참가인원	약 1,000명(내국인 300여 명, 외국인 700여 명)	
참가대상	세계 PCO협회 회원, 비회원사, PCO 관련인	
주 최	문화체육관광부	
주 관	(주)남산컨벤션서비스	
공식언어	영어, 한국어	
프로그램	공식 프로그램	개회식, 폐회식, 환영연, 환송연, 동반자 행사
	회의 프로그램	총회, 분과회의 3회

기본계획
   1.3 행사 Concept

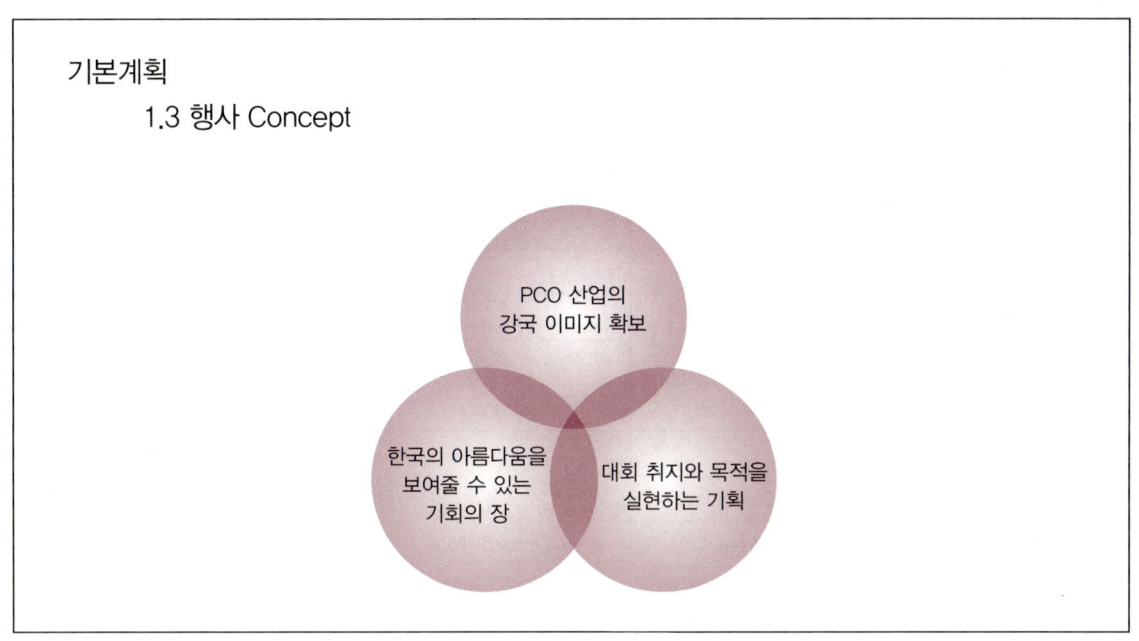

기본계획
   1.4 조직도

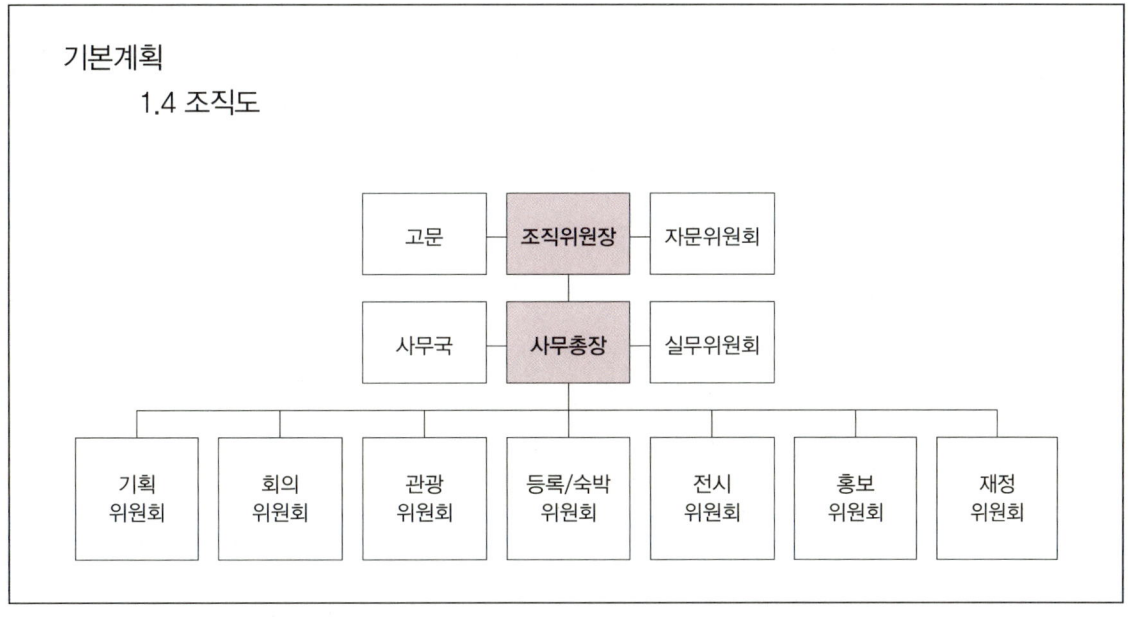

기본계획
2. 행사일정표

		Oct.15th	Oct.16th	Oct.17th
9:00	Registration	On-site Registration	Sectional Conference I	Sectional Conference II
10:00		On-site Registration		
11:00				
12:00		Lunch	Lunch	Lunch
13:00			Optional Tour	Sectional Conference III
14:00		Opening Ceremony	Optional Tour	Sectional Conference III
15:00		Coffee Break	Optional Tour	
16:00		General Assembly	Optional Tour	Coffee Break
17:00		General Assembly	Optional Tour	
18:00		Welcome Reception	Farewell Party	Closing Ceremony
19:00		Welcome Reception	Farewell Party	
20:00		Welcome Reception	Farewell Party	

4 세부운영계획

(1) 개회식

세부운영계획
　　　1.1 개회식 개요

- ◆ 일시 : 2024년 10월 15일 14:00~15:00
- ◆ 장소 : COEX 오디토리움
- ◆ 대상 : 약 1,000여 명(내국인 300명, 외국인 700명)
- ◆ 구성 : 환영사, 기조연설, 협회활동 보고, 축하공연
- ◆ 주최 : 문화체육관광부
- ◆ 주관 : (주) 남산 컨벤션 서비스

세부운영계획
　　　1.2 개회식 Concept

다양한 프로그램 구성으로 다채로운 행사

국내외 PCO 종사자의 결속과 단합

PCO 산업의 비전 공유

세부운영계획
1.3 개회식 업무흐름도

- **기본계획 수립**
  - 기본계획(일시, 장소, 참가자 규모 등 반영)
  - 프로그램 초안 작성
- **장소선정**
  - 현지 답사
  - 배치도면 작성 및 확정
- **진행 준비**
  - 외빈 초청자 리스트 작성
  - VIP석 확정 및 개회사 요청
- **개회식 Set Up**
  - 초청장 제작, 발송
  - 행사장 Set Up
- **개회식 진행**
  - 리허설(기자재 점검 및 인력 관리 포함)
  - 행사 진행

세부운영계획
1.4 개회식 세부일정표

구 분	내 용	시 간	세부내용
사전준비	사전준비 및 점검	13:00~13:30	• 행사장 Setting 및 점검완료 • 행사관련 요원 대기
영 접	참가자 입장 및 영접	13:30~14:00	• 참가자 도착 및 영접(통역도우미 배치) • 조명으로 중앙 무대 부각 • 경쾌한 BGM
개회선언	오프닝	14:00~14:02	세계 PCO협회 서울총회 홍보영상 상영
개회선언	개회선언	14:02~14:05	KAPCO 협회장 개회선언
개회선언	환영사	14:05~14:10	조직위원장 장관
기조연설	기조연설	14:10~14:20	사회자 소개로 연사 입장 (연사의 약력 소개)
보 고	세계 PCO협회 사무총장 활동보고	14:20~14:35	세계 PCO협회의 연간 활동실적 보고
축하공연	리틀엔젤스의 축하공연	14:35~14:50	가야금 병창과 부채춤
폐 회	개회식 종료 알림 및 프로그램 안내	14:50~15:00	

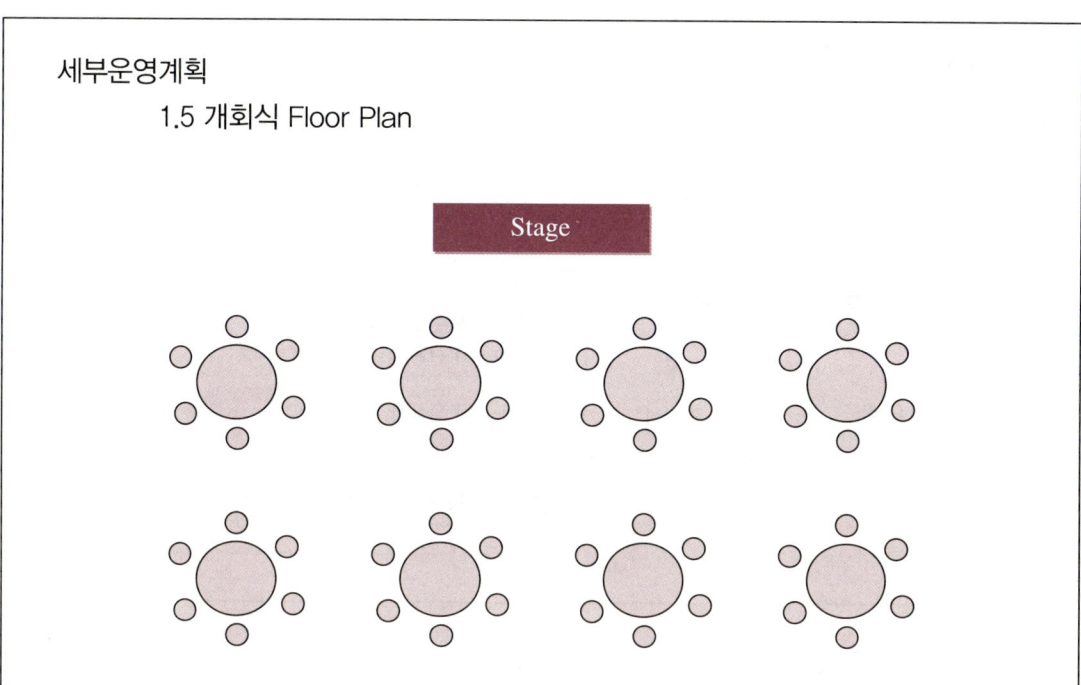

세부운영계획
　1.5 개회식 Floor Plan

(2) 등 록

세부운영계획
　2.1 등록 개요

구 분	사전등록	현장등록
기 간	행사 6개월 전~2024년 10월 14일	2024년 10월 15일~17일
방 법	홈페이지, E-mail, fax	현장에 등록데스크 배치
등록비	Member : $650 Non-member : $750	Member : $700 Non-member : $800
등록 예상인원	국내 : 250명 해외 : 550명	국내 : 50명 해외 : 150명
내 용	사전등록 신청서 접수 신청자 Database 관리 등록 확인증 발송 참가자 리스트 관리 사전등록비 안내 등록금 입금 확인	현장등록데스크 설치 및 운영 결제 시스템 구축 등록물품 준비 현장등록비 안내

세부운영계획
2.2 등록 기본방향

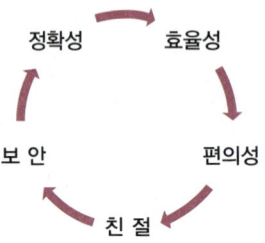

- 현장등록 동선의 최소화, VIP 현장등록 절차생략
- One Stop 등록업무 추진

- 숙련된 등록전문가 배치
- 등록자 요구사항에 대한 신속한 대응

- 등록시기와 등록자 기능별 분리
- 등록전문 프로그램의 사용

- 예상 참가자 분석과 DB 구축
- 참가 안내서 발송 및 홍보

세부운영계획
2.3 등록 업무흐름도

기획단계	접수단계	운영단계
• 예상참가자 DB 확보 • 등록프로그램 구축 • 등록비 및 등록기간 결정 • 등록접수에 관한 정책 결정 • 등록유도 홍보	• 온라인 등록 (등록현황 확인, 등록확인 메일 발송, 등록현황 관리) • 오프라인 등록 (이메일, 팩스, 우편접수 확인, 확인메일 발송, 등록변동사항 확인)	• 등록 DB 변동사항 체크 • 등록접수 마감 • 현장등록 준비 • 현장등록데스크 기자재 설치 및 운영 • 현장 진행요원 배치 • 운영리허설 • 현장등록데스크 운영

세부운영계획
2.4 등록데스크 Process

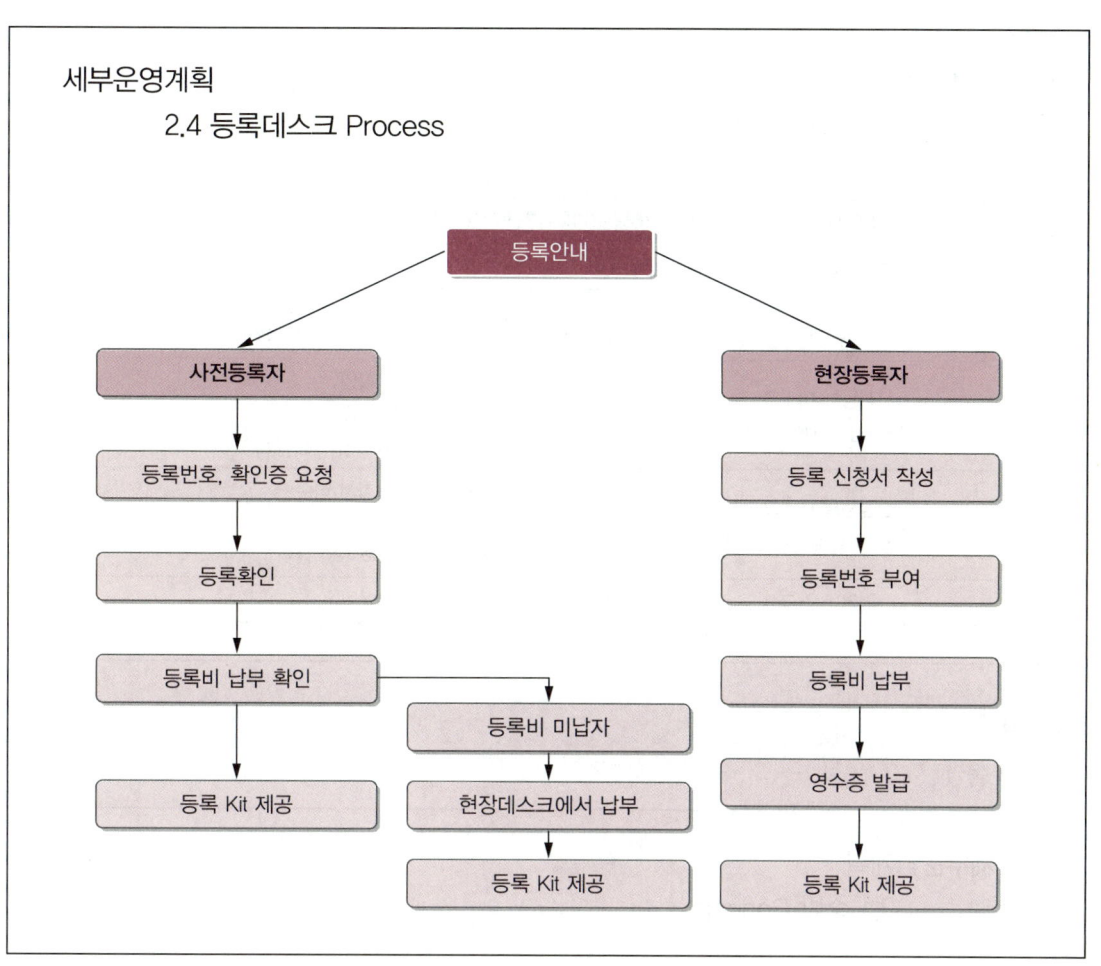

세부운영계획
　　2.5 등록데스크 운영

운영 일시	2024년 10월 15일~17일(9:00~19:00)
설치 장소	컨벤션센터 로비

구 분	구성계획	운영방안
사전등록 데스크 (Pre-Registration Desk)	총 10개	• 사전등록자 확인 • 등록비 입금 확인 • 개인봉투, Name Tag 지급
현장등록 데스크 (On-site Registration Desk)	총 5개	• 현장등록 신청서 접수 • 등록비 수납 • 실시간 Name Tag 출력
기타 데스크	Kit배포 데스크, 관광안내 데스크	

(3) 숙박
① 서울

세부운영계획
　　3.1 숙박 Concept

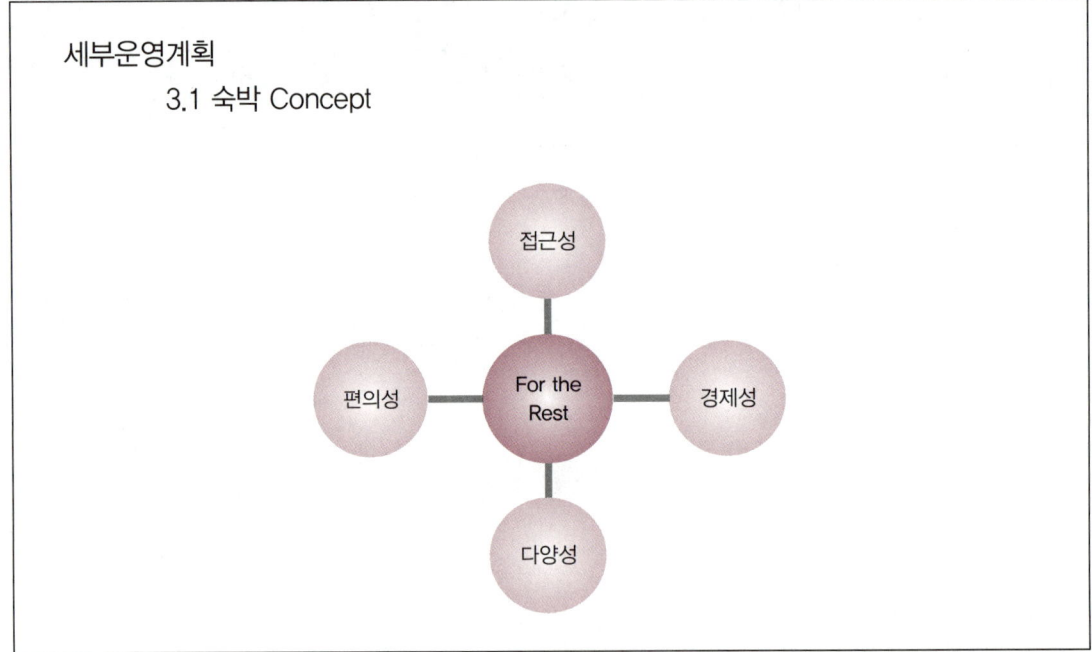

세부운영계획
3.2 업무흐름도

호텔조사
- 객실 수
- 행사장과의 이동거리
- 등 급
- 호텔 비교표 작성

호텔선정
- 호텔 비교표 검토
- Main/Sub 호텔 선정
- 계약체결

객실확보
- 호텔별 객실 블록수 및 블록해제일 협의
- 객실블로킹

객실배정
- VIP용 객실 배정
- 일반 참가자용 객실 배정

현장운영
- VIP와 일반참가자 Check In/Out 관리
- 현장 변경사항 대처

숙박보고
- 일일 숙박보고
- 최종 숙박보고

세부운영계획
3.3 숙박 개요

구분	업무내용
숙박 기간	2024년 10월 15일~10월 17일(2박 3일)
숙박 호텔	• INTERCONTINENTAL SEOUL COEX • JW MARRIOTT • PARK HYATT
예약 기간	2024년 4월 1일~10월 13일까지
신청접수방법	홈페이지, 팩스, 이메일, 전화
예 약	호텔예약 → Confirmation Slip 발송 → 호텔 Deposit 인계

세부운영계획
3.4 숙박 호텔소개

종 류	등 급	호텔명	가 격	예약가능 객실 수
Main Hotel	특1급	INTERCONTINENTAL SEOUL COEX	• 슈페리어 : 160,000 • 엘리트 : 170,000	150실
Sub Hotel	특1급	JW MARRIOTT	• 슈페리어 : 140,000 • 디럭스 : 150,000	100실
Sub Hotel	특1급	PARK HYATT	• 스탠다드 : 140,000 • 디럭스 : 150,000	100실

② 부 산

세부운영계획
3.1 숙박 Concept

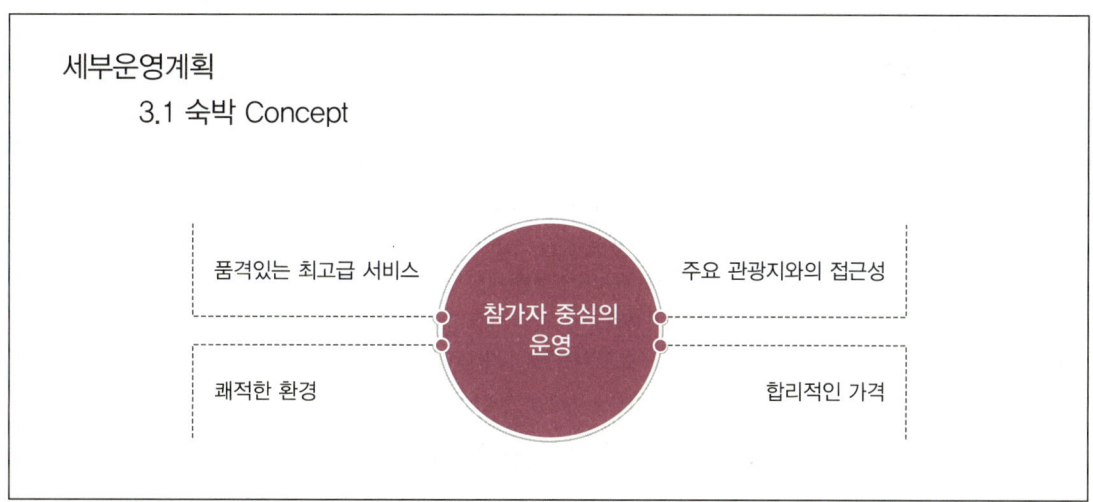

세부운영계획
3.2 업무흐름도

사전준비 전략	현장운영 전략
• 숙박장소에 대한 자세한 정보를 포함하여 참가자들에게 Housing Request Form 발송 • 우편 및 전자우편을 통해 참가자들의 Housing Request Form 접수 • 참가자들에게 예약이 확정되었음을 미리 알려주기 위해 숙박신청 완료확인서 발송	• 숙박현장 관리를 위해 참가자 전용 서비스데스크를 현장에 설치 • 참가자들의 이동 편의를 위해 무료 셔틀버스 운행 • 비즈니스 센터와 연회장 운영

세부운영계획
3.3 숙박 개요

구 분	업무내용
숙박 기간	2024년 10월 15일~10월 17일(2박 3일)
숙박 호텔	• 웨스틴 조선호텔 • 아난티 힐튼 부산 호텔 • 파라다이스 호텔
예약 기간	2024년 4월 1일~10월 13일까지
신청접수방법	홈페이지, 팩스, 이메일, 전화
예 약	호텔예약 → Confirmation Slip 발송 → 호텔 Deposit 인계

세부운영계획
3.4 숙박 호텔소개

종 류	등 급	호텔명	정상가	사전등록 할인가	예약가능 객실 수
Main Hotel	특1급	THE WESTIN CHOSUN BUSAN	320,000	160,000	150실
Sub Hotel	특1급	ANANTI HILTON BUSAN	300,000	150,000	100실
Sub Hotel	특1급	PARADISE HOTEL BUSAN	300,000	150,000	100실

03 온라인 등록계획, 예산

예산문제가 출제되면 시험의 난이도가 매우 높아지므로 2004년 이후로는 다시 출제되지 않았다. 하지만 문제 난이도가 상승하는 경우에는 충분히 재출제가 가능하다.

예산부분은 PART 2 기획서 작성에서 이미 연습하였으므로, 여기서는 온라인 등록계획에 대한 답안을 연습해 보도록 하자.

〈회의취지〉
컨벤션업계에서는 우리나라 컨벤션산업의 경쟁력을 제고하기 위하여 관·산·학 공동으로 컨벤션을 개최하고자 한다. 특히, 이번 행사에서는 컨벤션 선진국 전문가들의 신지식 노하우를 배울 수 있는 장을 마련하고 각 국의 컨벤션 관련 정보와 문화도 상호 교류하고자 한다.

〈조 건〉
본 행사의 주최는 아시아태평양컨벤션협의회이며, 오는 2024. 9. 15(목)부터 9. 18(일)까지 4일간에 걸쳐 서울 코엑스에서 개최한다. 본 행사는 문화체육관광부와 광역자치단체, 다국적 기업의 후원을 받는다. 그리고 참가자는 각 국의 컨벤션 관련 기관, 업체대표, 교수, 참석자 동반자들도 있다.
총 참가자 수는 본부요원 20명과 진행요원 100명 및 초청연자 50명을 제외한 내국인 1,000명(동반자 200명 포함)이다. 사무국 및 조직위원실이 가동된다. 회의공용어로는 영어를 사용하며 분과회의(50명 규모) 2회, 워크샵(150명 규모) 8회, 개회식 및 폐회식, 3일간의 전시, 동반자프로그램과 공식관광이 각각 1회씩 있게 된다.

〈참고사항〉
본 행사의 총 예산은 15억이며, 이 중 2억은 본 행사 관련 중앙부처의 지원을 받는다. 외국인 일반참가자 등록비는 $500이고, 동반자는 $200, 내국인 일반참가자는 40만 원이다. 본 행사에서는 환영연, 한국의 밤 행사, 환송연이 있고 5회의 커피 Break가 있다. 교통비와 숙박비는 참가자가 부담(단, 항공료 40%, 호텔 50% DC)한다. 공항에서 호텔까지의 수송은 무료로 지원하며, 행사기간 중 10대의 셔틀버스가 호텔과 행사장 간에 운행된다. 본 행사의 일반관리비는 5%, 기업이윤과 예비비는 각각 10%이다. 1$는 1,200원이다.

컨벤션기획서는 다음과 같은 사항만을 포함하여 작성하도록 한다.

1. **기본계획**
   1) 행사개요, 2) 행사일정표(표로 작성)

2. **세부 운영계획**
   1) 온라인 등록계획
   2) 예산 : 행사별 세부예산(안)을 수입·지출 총괄표, 수입 예산내역, 지출 세부내역을 포함하여 작성하되, 지출 세부내역은 위 보기의 양식을 참조하여 작성하시오.

세부운영계획
온라인 등록 목적 · 성공전략

Online 등록의 목적
- 참가자 정보의 정확한 관리 분석
- 등록업무의 효율 극대화

성공전략
- 홈페이지 개설을 통한 접근성 확보
- 등록내용에 대한 상세한 공지
- 변경사항 발생 시 빠른 시일 내 재공지
- 지불수단 확보
- 등록절차 간의 참가자 편의 도모

세부운영계획
온라인 등록 개요

구 분	사전등록
등록기간	2024년 6월 1일~8월 31일
등록장소	협회 웹사이트
등록방법	온라인 등록
결재방식	VISA, MasterCard, 계좌이체
결제확인	납입 확인 이메일 자동 발송
내 용	• 사전등록자 자료데이터 관리 • 행사 관련 홍보 및 자료 발송 • 사전등록자 언어별, 문화권 분석 • 현장 등록과 연계

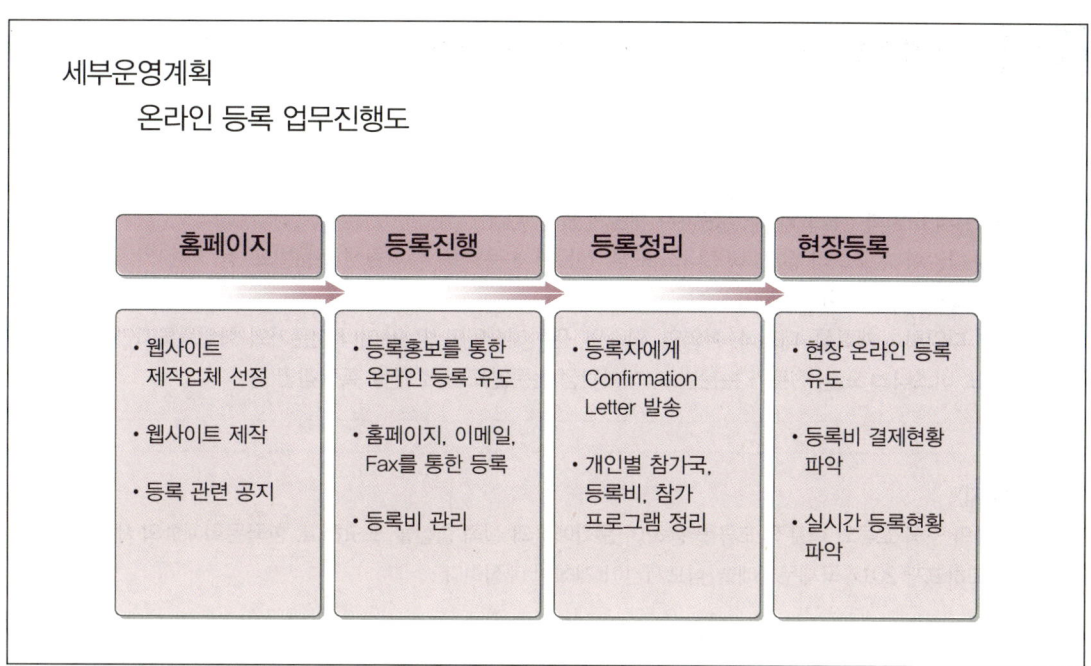

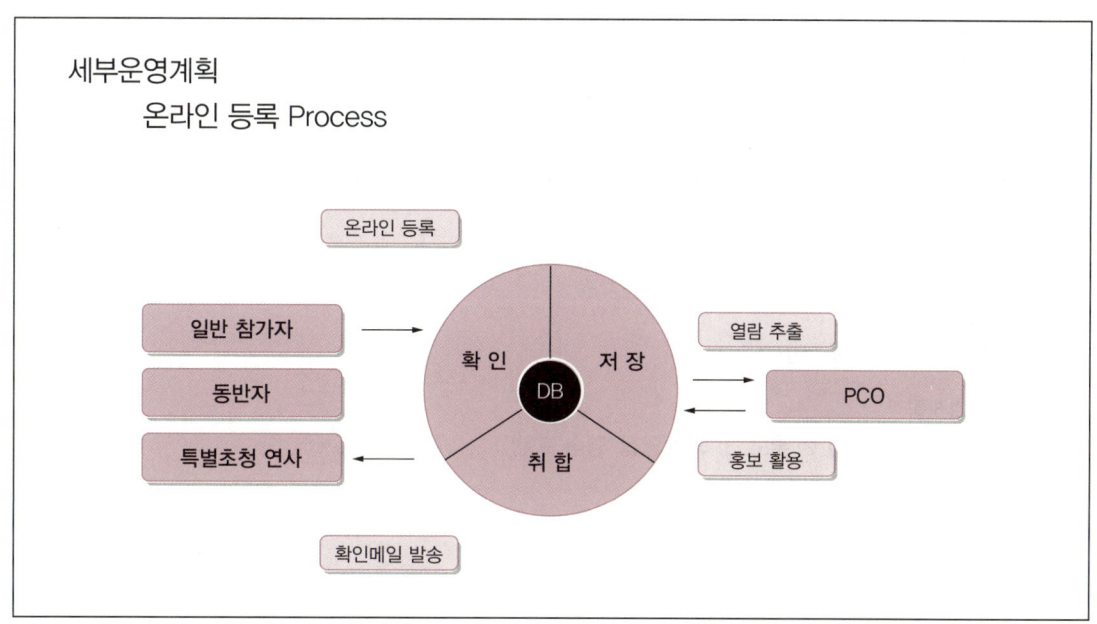

04 학술업무(등록 포함), 홍보, 의전(영접, 영송 포함)

학술업무, 홍보, 의전의 출제 특징을 분석해보면 다음과 같다.

- 출제범위의 다양화 : 홍보와 의전 분야가 새롭게 출제
- 회의의 다양화 : '포스터 발표, 비즈니스 포럼, 전문가 논문발표, 대학원생 논문발표' 등 기존 기출문제에서 찾아볼 수 없는 다양한 회의방식이 등장
- 행사의 다양화 : 개회식, 폐회식, 환영연, 환송연, 문화예술인의 밤, 세미나(전문가와 학회등록자만 참석), 포스터 발표, 비즈니스 포럼, 전문가 논문발표, 대학원생 논문발표, 기조연설, 특별강연 등

〈회의취지〉
문화예술의 인적 교류와 학문적 교류를 통하여 문화예술의 질적 향상을 도모하고, 한국문화예술의 세계시장의 진출을 도모하고자 2017 국제문화예술 심포지엄이 개최될 예정이다.

〈조 건〉
한국문화예술협회에서는 2024년 9월 6일부터 9월 8일까지 3일간 2024 국제문화예술 심포지엄을 부산 BEXCO에서 개최할 예정이다. 본 행사는 한국문화예술협회에서 주최하며, 주관 PCO사로는 (주)가나다 컨벤션을 선정하였다. 참석자로는 협회 회원은 물론 비회원, 대학원생, 예술 종사자 등 내국인 500명과 외국인 500명이 참석할 예정이다.
주요 행사로는 개회식, 폐회식, 환영연, 환송연, 문화예술인의 밤, 세미나(전문가와 학회 등록자만 참석), 포스터 발표, 비즈니스 포럼, 전문가 논문발표, 대학원생 논문발표, 기조연설, 특별강연 등이 포함된다.

컨벤션기획서는 다음과 같은 사항만을 포함하여 작성하도록 한다.
1. **기본계획**
   1) 행사개요, 2) 행사일정표(표로 작성)
2. **세부운영계획**
   1) 학술업무(등록포함), 2) 홍보, 3) 의전(영접, 영송 포함)

1 표지

2024 국제문화예술 심포지엄

2024 International Culture & Art Symposium

2024. 9. 6 – 9. 8

(주)가나다컨벤션서비스

---

2 목차

목 차

1. 기본계획
    1-1 행사개요
    1-2 행사일정표
    1-3 조직도

2. 세부운영계획
    2-1 학 술
    2-2 홍 보
    2-3 의 전

기본계획
1-1-1 개최의의

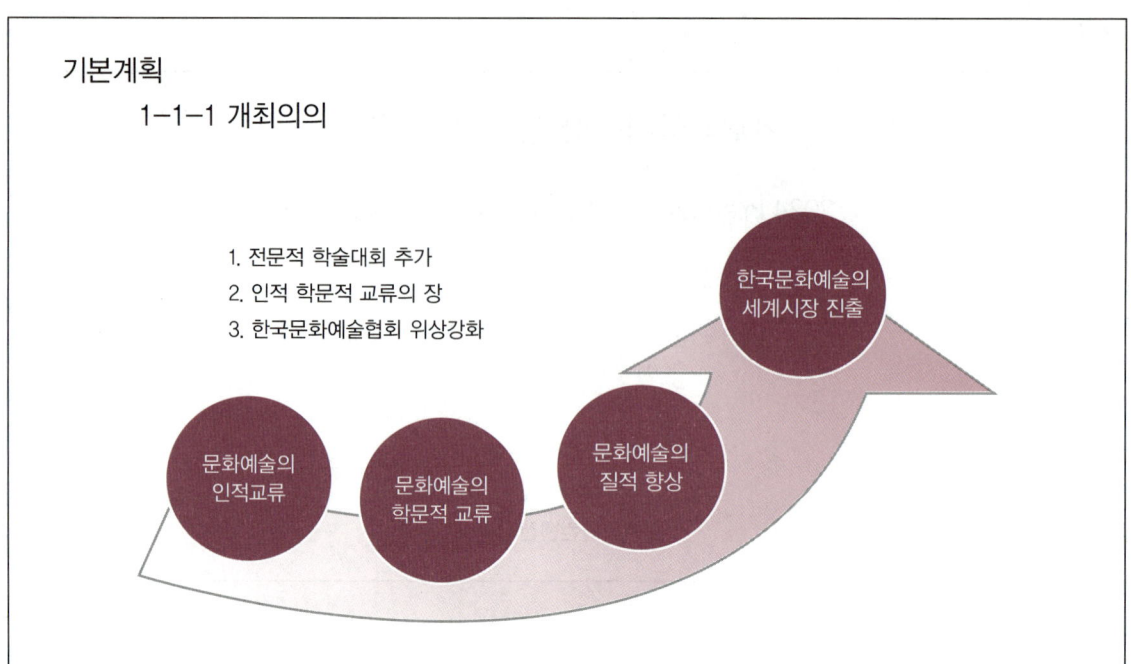

1. 전문적 학술대회 추가
2. 인적 학문적 교류의 장
3. 한국문화예술협회 위상강화

문화예술의 인적교류 → 문화예술의 학문적 교류 → 문화예술의 질적 향상 → 한국문화예술의 세계시장 진출

기본계획
1-1-2 대회 개요

행사명	2024 국제문화예술 심포지엄 2024 International Culture & Art Symposium	
일 시	2024년 9월 6일~9월 8일	
장 소	부산 BEXCO	
주 최	한국문화예술협회	
주 관	(주)가나다컨벤션서비스	
참가대상	협회 회원, 비회원, 대학원생, 예술 종사자 등	
참가인원	약 1,000명(내국인-500명, 외국인-500명)	
언 어	영어/한국어	
프로그램	공식 프로그램	개회식, 폐회식, 환영연, 환송연, 문화예술인의 밤
	회의 프로그램	세미나(전문가와 학회 등록자만 참석), 포스터 발표, 비즈니스 포럼, 전문가 논문발표, 대학원생 논문발표, 특별강연

기본계획
1-2. 행사일정표

구 분	9월 6일		9월 7일		9월 8일
9:00	Registration	등 록		Poster Session	Breakfast
10:00			특별강연 2		비즈니스 포럼
11:00		개회식	대학원생 논문발표		
12:00		Lunch	Lunch		Lunch
13:00					
14:00		세미나	전문가 논문발표		포스터 발표
15:00		Break			
16:00		특별강연 1	Coffee Break		Coffee Break
17:00		Break			폐회식
18:00		Welcome Reception	Cultural Artists Night		Farewell Dinner
19:00					
20:00					

기본계획
1-3 조직도

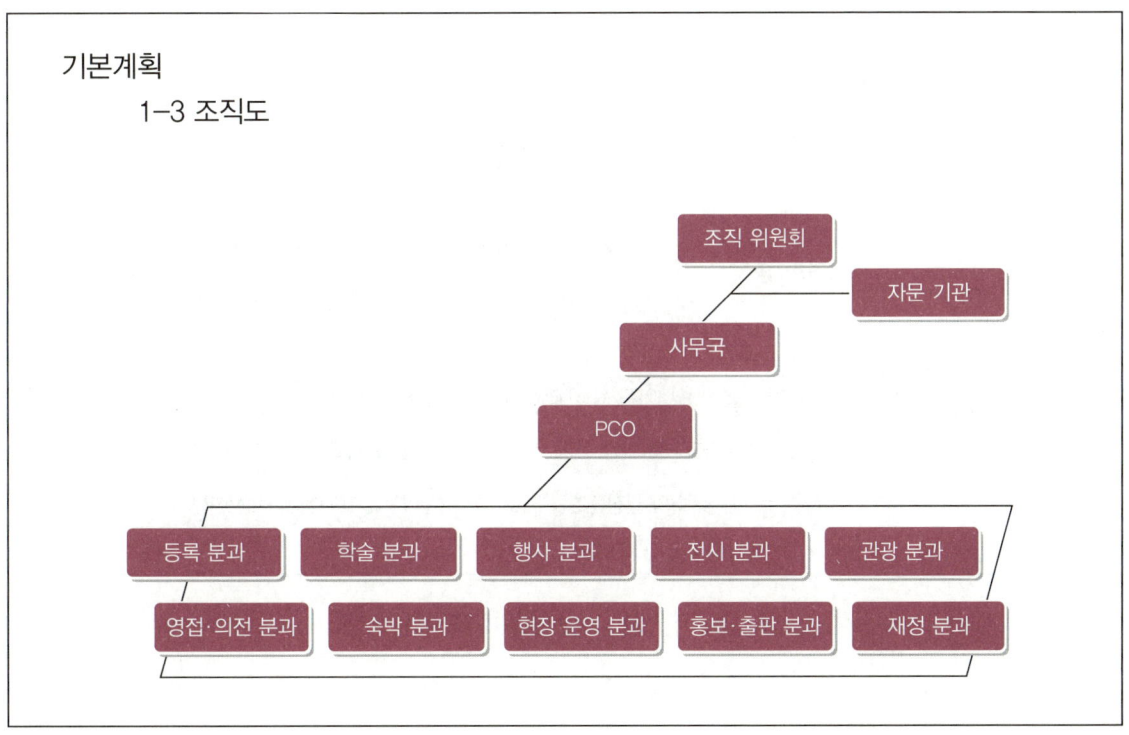

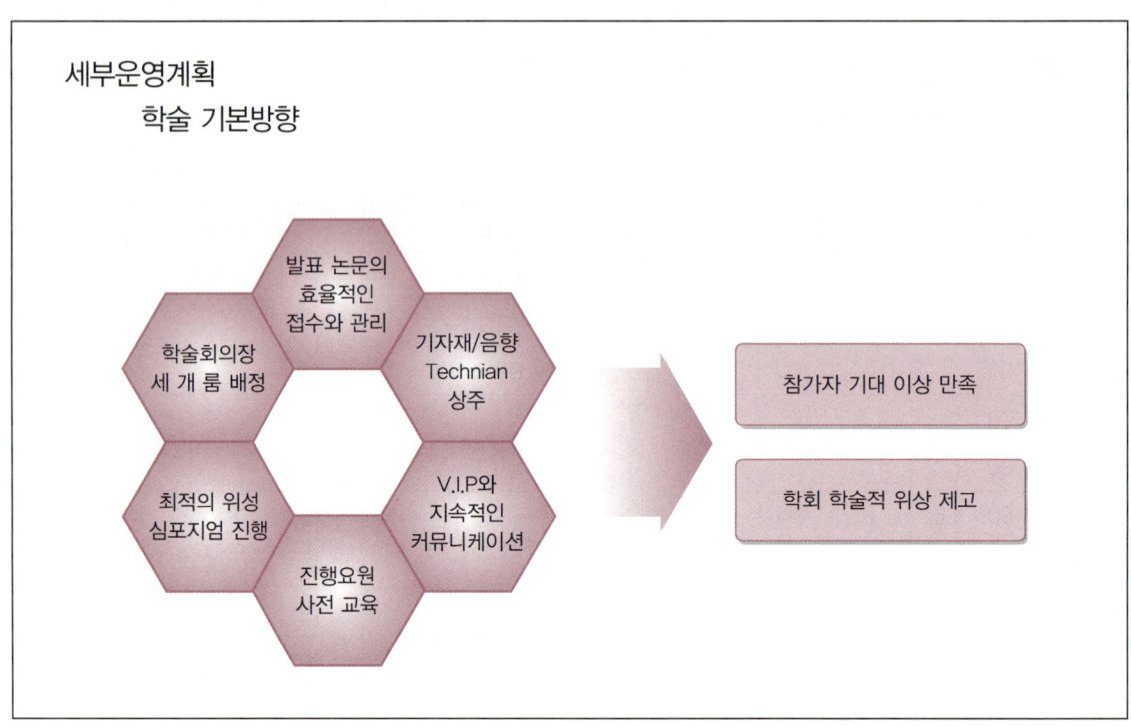

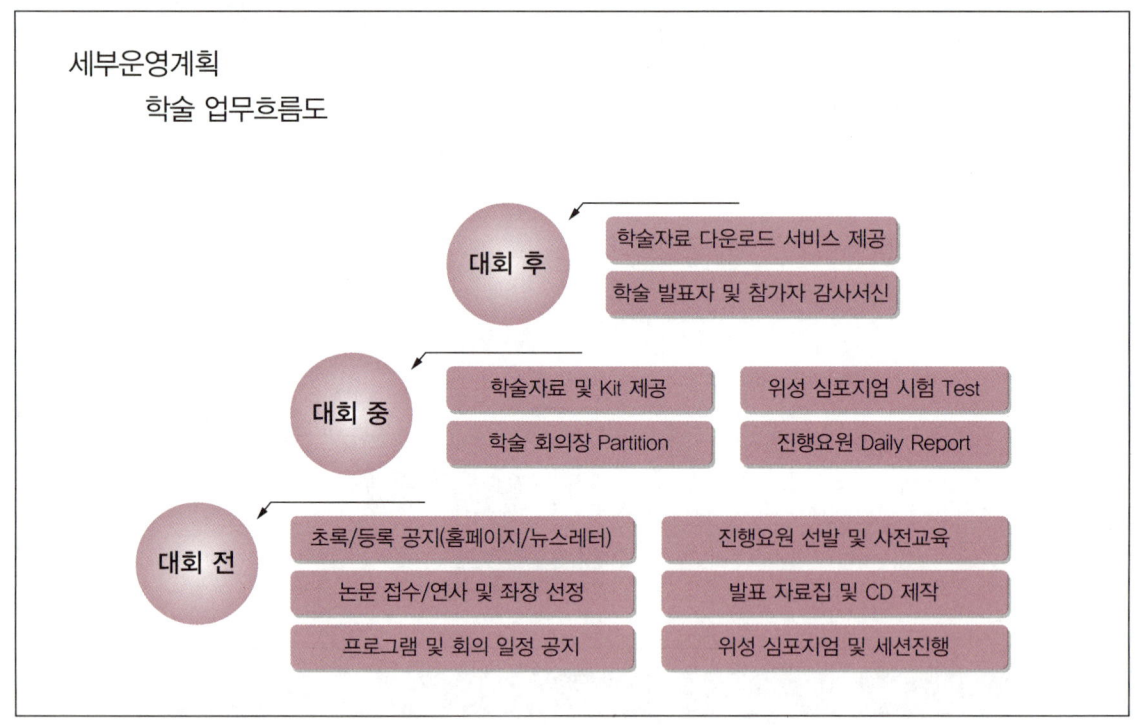

세부운영계획
학술 논문모집 일정

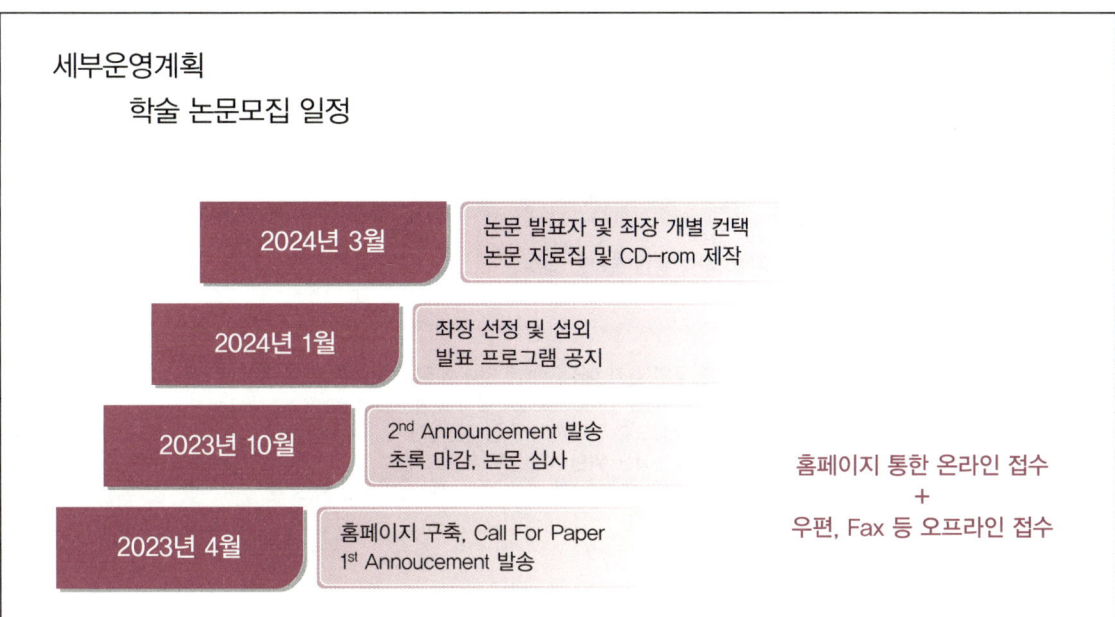

2024년 3월	논문 발표자 및 좌장 개별 컨택 논문 자료집 및 CD-rom 제작
2024년 1월	좌장 선정 및 섭외 발표 프로그램 공지
2023년 10월	2nd Announcement 발송 초록 마감, 논문 심사
2023년 4월	홈페이지 구축, Call For Paper 1st Annoucement 발송

홈페이지 통한 온라인 접수
+
우편, Fax 등 오프라인 접수

세부운영계획
회의장 운영계획

회의명	일시	장소	참여인원	인력배치	기자재
세미나	9월 6일 (14:00~15:00)	컨벤션홀 204	150	진행요원 2명, Technician 1명	노트북, 프로젝터, 마이크1, 인터넷연결선, 음향장치, 레이저포인터, 무전기, 스크린
비즈니스 포럼	9월 8일 (10:00~12:00)	컨벤션홀 205	500	진행요원 5명, Technician 2명	
전문가 논문발표	9월 7일 (14:00~16:00)	컨벤션홀 205	500	진행요원 5명, Technician 2명	
대학원생 논문발표	9월 7일 (11:00~12:00)	컨벤션홀 206	500	진행요원 5명, Technician 2명	
특별강연 1	9월 6일 (16:00~17:00)	컨벤션홀 205	450	진행요원 3명, Technician 2명	노트북4, 통역헤드폰, 인터넷연결선, 마이크2
특별강연 2	9월 7일 (10:00~11:00)	컨벤션홀 205	300	진행요원 3명, Technician 2명	포스터 패널, 번호판 등
포스터 발표	9월 8일 (14:00~16:00)	컨벤션홀 1층	600		노트북2, 인터넷연결선, 레이저포인터2, 프로젝터1, 마이크2, 통역헤드폰

세부운영계획
등록개요

1. 등록접수 방법
- 우편 접수
- 홈페이지를 통한 온라인 접수

2. 참가자 유치방안
- 참가 회원국의 참가 예정자에게 안내서 및 초청서한 발송
- 지속적인 E-mail 및 Newsletter 제작 발송, 전차대회 참가자를 대상으로 안내서와 초청서한 발송
- 사전등록 최대화를 위한 사전등록 이벤트 홍보
- 안내서 발송 시 대회 일정, 주요 프로그램, 숙박, 등록, 관광 신청서 동봉

세부운영계획
등록 기본방향

기대효과
- 성공적인 학술대회 개최

현 장
- 시간과 인원 최소화
- 효율적인 등록업무 진행

사전 준비
- 본부와의 원활한 업무 협조
- 등록자 요구사항에 대한 신속, 정확한 대응
- 현장등록의 동선 최적화
- 충분한 사전교육 및 훈련
- 사전 Data 관리 철저
- 숙련된 등록전문가 배치

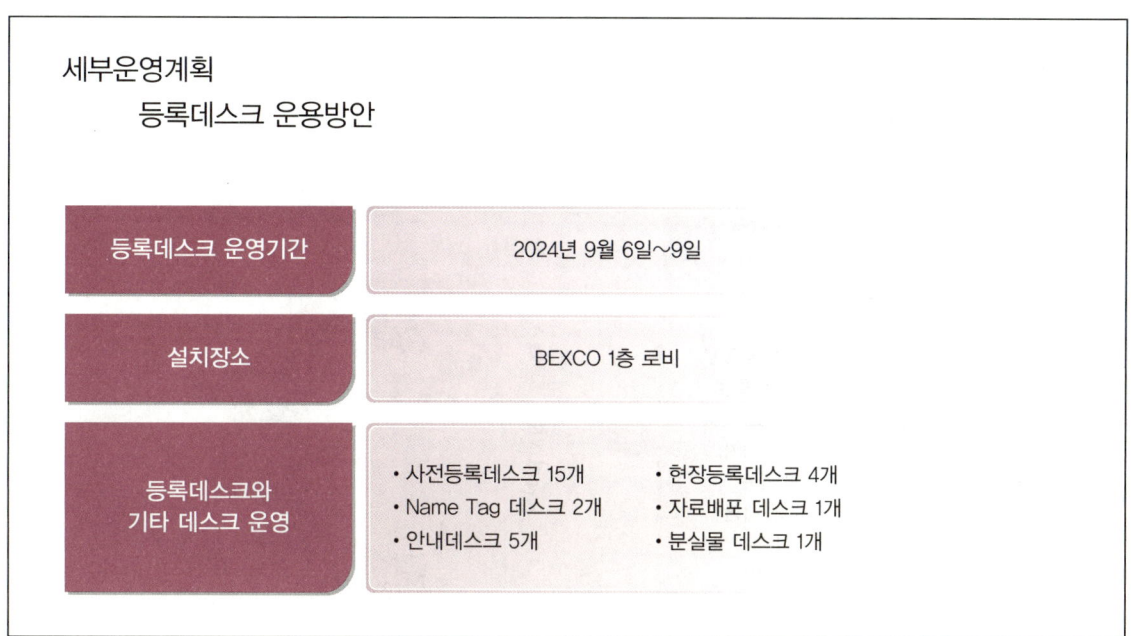

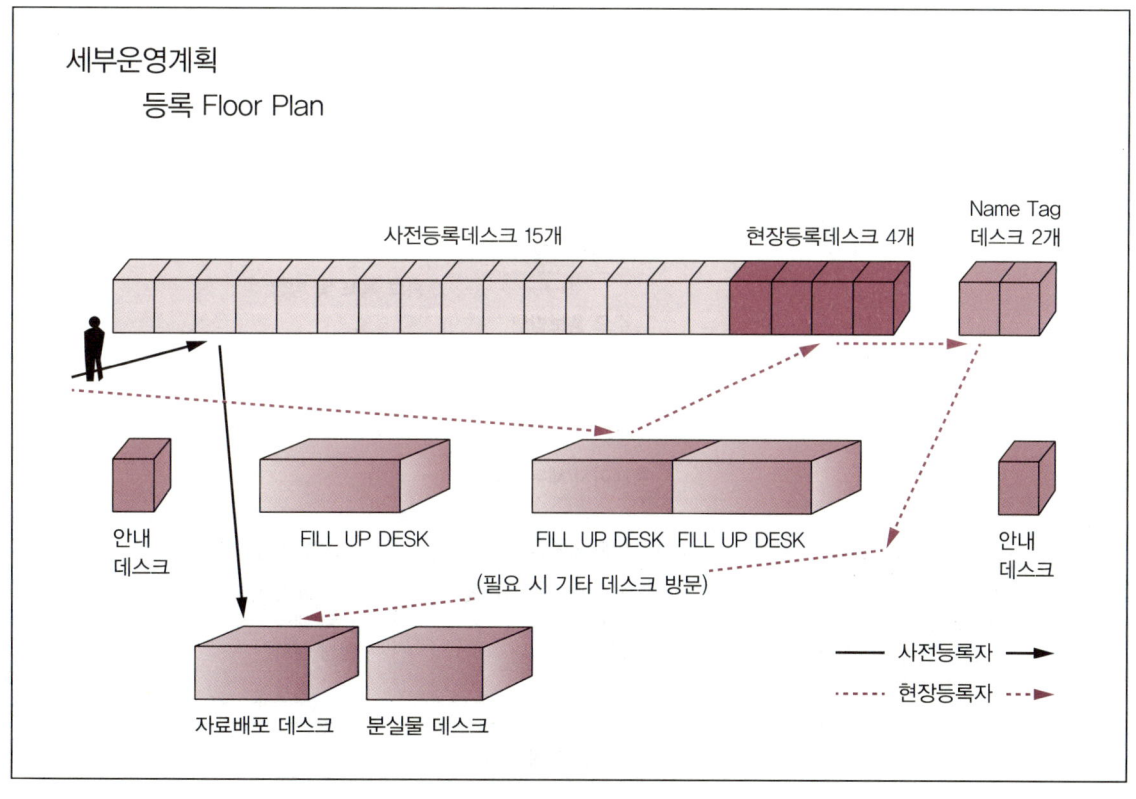

세부운영계획

홍보 컨셉

목표 및 기본전략
문화예술 분야에 있는 전문인, 언론인들을 대상으로 홍보를 진행하여 참여율 증가, 일반인에게는 심포지엄에 대한 흥미와 관심 제고로 화제성 유발
Specialization
Efficient Network
Creativity

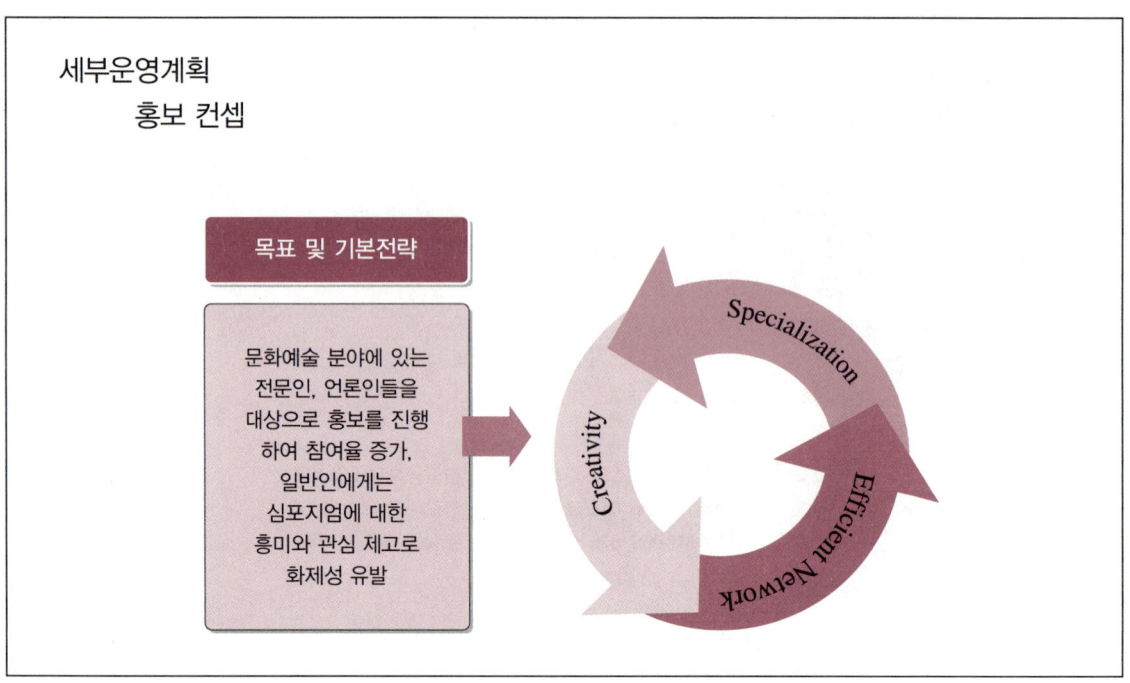

세부운영계획

홍보 업무흐름도

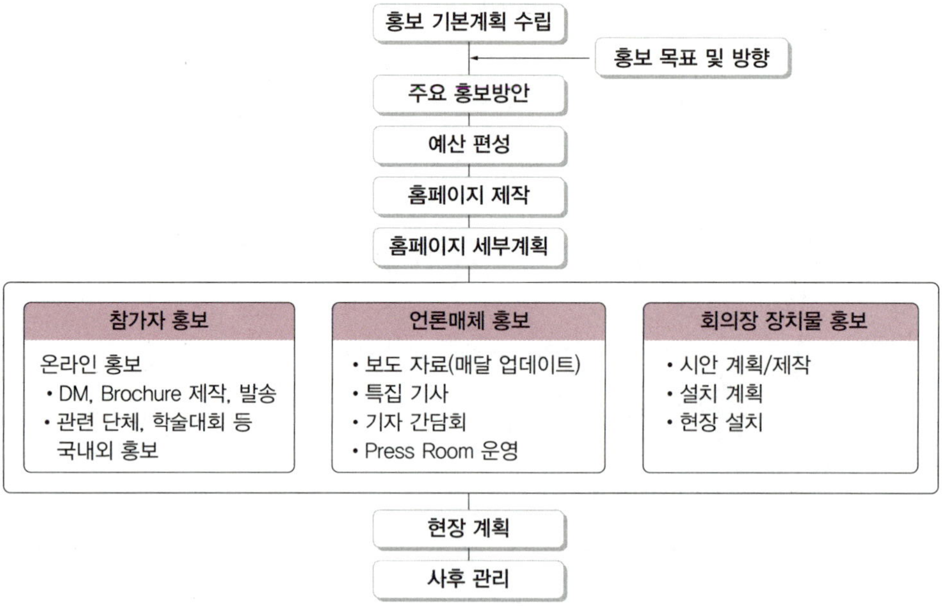

홍보 기본계획 수립
홍보 목표 및 방향
주요 홍보방안
예산 편성
홈페이지 제작
홈페이지 세부계획
참가자 홍보
온라인 홍보
• DM, Brochure 제작, 발송
• 관련 단체, 학술대회 등 국내외 홍보
언론매체 홍보
• 보도 자료(매달 업데이트)
• 특집 기사
• 기자 간담회
• Press Room 운영
회의장 장치물 홍보
• 시안 계획/제작
• 설치 계획
• 현장 설치
현장 계획
사후 관리

세부운영계획
단계별 홍보 계획

1단계	2단계	3단계
기본계획 및 세부추진계획 수립	인터넷 홈페이지 운영(뉴스, 공지사항 업데이트)	특집기사, 취재보도, 광고
신문, 잡지 매체와 연계 홈페이지 구축	홍보 브로슈어 제작 및 홍보단 파견	등록 독려 홍보
홍보 영상물 기획	예상참가자에게 Circular 발송	관련 학회에 홍보물 발송

세부운영계획
홍보 수단

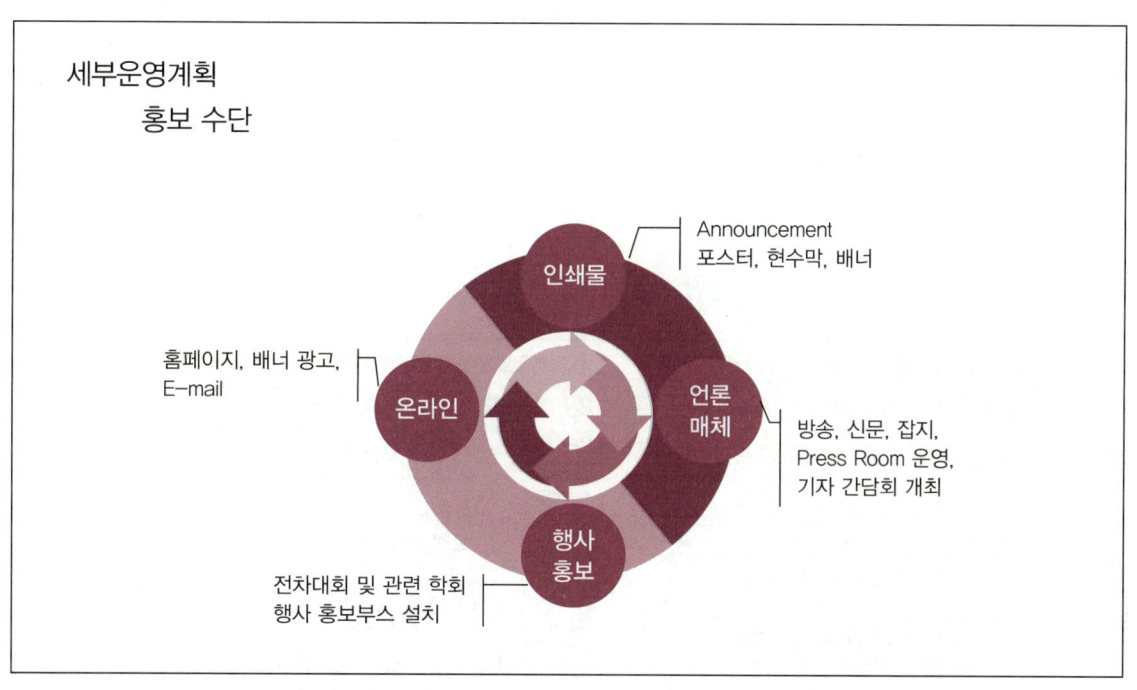

- 인쇄물 — Announcement, 포스터, 현수막, 배너
- 언론 매체 — 방송, 신문, 잡지, Press Room 운영, 기자 간담회 개최
- 행사 홍보 — 전차대회 및 관련 학회 행사 홍보부스 설치
- 온라인 — 홈페이지, 배너 광고, E-mail

세부운영계획

의전 Concept

편리성
정시성
동선과 안전에 대한 체계적인 사전계획 수립
안전성
편안성

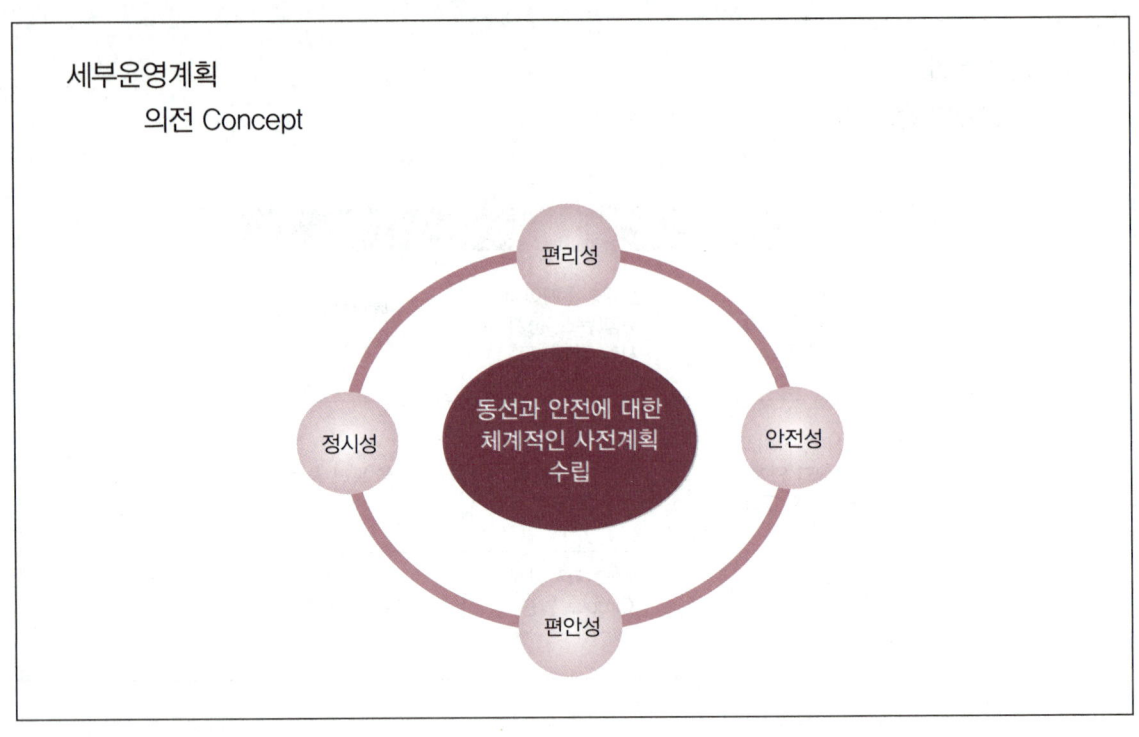

세부운영계획

영접, 영송 업무흐름도

영접/영송 계획 수립
일반참가자
공항영접 안내데스크 신청 공문 발송
데스크 사용승인 확인 및 사용비 입금
공항 현장 진행계획 수립
공항 영접요원 확보 및 교육
표지판 제작
참가자에게 공항영접 안내문 발송
공항영접데스크 설치
실 행
VIP 참가자(VIP Room 사용)
VIP Flight 일정 확인
외교부 통해 VIP 의전협조 요청 공문 발송
CIQ 출입증 신청
기사 및 차량번호 의전실 접수
실 행
활용 가능 전문의전업체

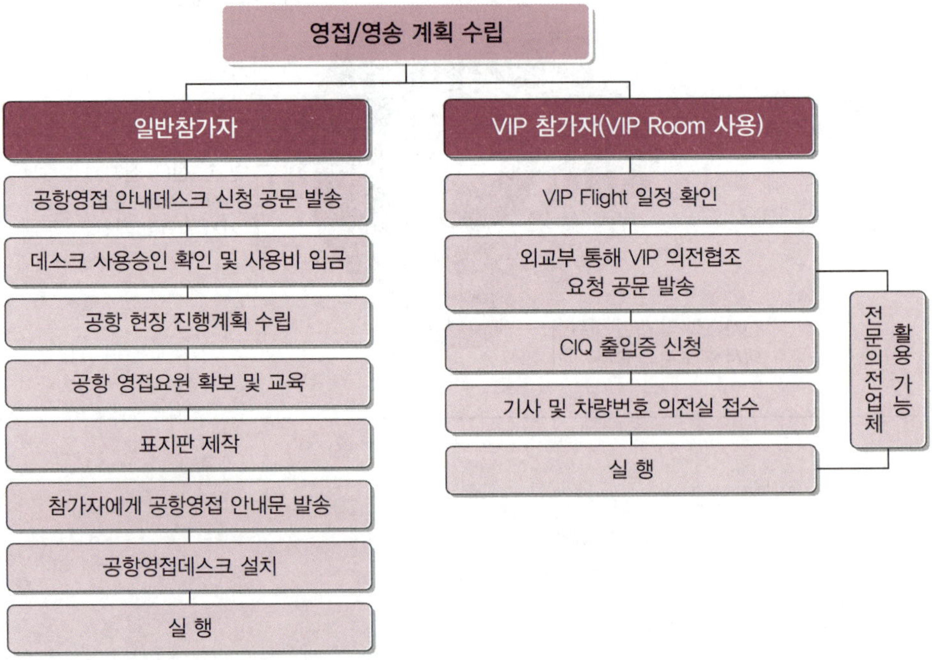

세부운영계획
영접, 영송 개요

목 적	• 회의 참가자들의 입출국 수속 시 편의 및 교통편 제공 • 필요한 정보와 서비스 제공
운영시간	2024년 9월 6일~8일
운영장소	인천 국제공항, 김포공항, 제주국제공항 입국장 내
수송수단	공항 리무진 버스, 호텔 셔틀버스
영접 및 영송 계획	• 각 공항마다 안내데스크 설치 • 참가자 영접 시 안내데스크에서 소속과 성명 확인을 통한 영접 대상자 확인 후 수송편 안내

세부운영계획
공항 VIP 귀빈실 사용계획

목 적	전 세계 유명 문화예술인의 행사 참여에 대한 예의 표명
운영시간	외교부 의전실(인천공항 의전팀)
운영장소	외교부 의전실과 협의하여 외교부에서 인천공항공사로 사용승인 공문 발행
수송수단	사용일 기준 1개월 전에 신청(사용일 24시간 전까지만 사용승인서를 취득하면 사용가능)
영접업무절차	수속대행요원은 귀빈의 수행과 동행하여 귀빈입국 수속 업무 절차를 대행 또는 보조

CHAPTER 02 영문서신

01 논문 초록과 등록

〈회의취지〉
한국 의학의 활성화를 위하여 대한의학회에서는 제25차 국제의학연구학회 연차총회를 부산에서 개최코자 한다. 이 행사를 주관하는 (주)용두산컨벤션서비스의 컨벤션기획사인 당신은 참가대상자들에게 초록제출을 권유하고 등록 및 논문제출방법을 상세히 설명하는 영문서한을 작성하고자 한다.

〈조 건〉
대한의학회에서는 2024년 9월 8일(목)부터 11일(일)까지 4일간 제25차 국제의학연구학회 연차총회를 부산 BEXCO에서 개최하려 한다. 대한의학회(조직위원장 : 김길동)에서 주최하는 이 대회의 주관처로는 (주)용두산컨벤션서비스가 선정되었다. 본 대회에는 내국인 400명, 외국인 600명이 참석할 예정이다.

〈참고사항〉
- 등록비
  - 조기등록(2024년 8월 15일 이전) : 회원 US$ 700, 비회원 US$ 800, 동반자 US$ 100
  - 현장등록(2024년 8월 15일 이후) : 회원 US$ 800, 비회원 US$ 900, 동반자 US$ 120
- 등록비 납부방법
  - US$로 신용카드(Visa, MasterCard만 가능)
  - 계좌이체(한국은행 12345-12345, 예금주 : 대한의학회)
  - 공식홈페이지(www.med2024.org)상 전자결제 가능
- 등록비 포함사항
  - 참가자인 경우 : 콩그레스 키트(초록집, 프로그램북), 학술회의 입장, 개회식 및 환영연
  - 동반자인 경우 : 콩그레스 키트, 개회식 및 환영연
- 등록비 환불규정
  - 2024년 8월 15일 이전 : 수수료 50% 공제 후 환불
  - 2024년 8월 15일 이후 : 환불 불가
  - 환불신청은 반드시 서면상으로 사무국에 통보되어야 하며, 환불은 총회종료 후 2개월 안에 이루어짐
- 논문초록 제출마감 : 2024년 1월 31일(제출된 논문은 반환되지 않음)
- 초록 제한길이 : 영단어 300자(반드시 영어로 제출)
- 초록 제출방법 : 공식 홈페이지 상에서, 이메일 혹은 팩스로 MS Word 파일로 제출
- 초록채택여부 통지 : 2024년 2월 말 개인 이메일로 통지 예정(채택 시 발표일시도 함께)
- 채택된 초록은 초록집에 실릴 것이며, 발표시간은 20분임(질의응답 포함)

※ 답안작성 편의상 행사연도 변경

문 제

[문제 1]
초록 제출을 권유하는 서한을 영문으로 작성하시오(단, 작성일은 2023년 10월 11일로 간주하며, A4용지 2매 내외로 작성).

[문제 2]
등록정보에 관련된 ① 등록비 정보, ② 납부정보, ③ 환불정보 사항을 설명하는 서한을 영문으로 작성하시오(단, A4용지 2매 내외로 작성).

[문제 3]
초록제출에 관련된 ① 제출 마감일, ② 제출방법, ③ 채택여부 통지사항을 설명하는 서한을 영문으로 작성하시오(단, A4용지 2매 내외로 작성).

THE 25TH ANNUAL CONFERENCE FOR INTERNATIONAL ACADEMY OF MEDICAL RESEARCH

October 11th, 2023

Dear Members:

SUBJECT : CALL FOR ABSTRACTS

As the convention meeting planner of Yongdusan Convention Service, I would like to inform all the members of the 25th Annual Conference for International Academy of Medical Research to be held from September 8th, 2024 to September 11th, 2024 at BEXCO in Busan.

It is my great pleasure to invite you to the 25th Annual Conference because this will bring you both informative information and in-depth academic experiences.

The main purpose of the conference is the development of the medical industry in Korea. So we expect that you submit abstracts for presentation at the conference. Your participation would be a great chance to attract a lot of members who eagerly anticipate to view your academic accomplishments.

We are convinced that the conference will be an opportunity to advance the medical industry of Korea.

If you need more information, please feel free to contact us. We are looking forward to seeing you at the conference.

Faithfully yours,

Gil Dong Kim(Signature)
Gil Dong Kim
Host Committee

문제 2

THE 25ᵀᴴ ANNUAL CONFERENCE FOR INTERNATIONAL ACADEMY OF MEDICAL RESEARCH

October 11th, 2023

Dear Members:

SUBJECT : INFORMATION ON REGISTRATION

We are pleased to inform you of our invitation to participate in the 25th Annual conference for International Academy of Medical Research which will be held from September 8th, 2024 to September 11th, 2024 at BEXCO in Busan.

It is a great honor that Yongdusan Convention Service has been appointed as the official meeting organizer for the 25th Annual Conference for International Academy of Medical Research because it will be a good chance to get a business career in conventions. Yongdusan Convention Service will conduct the registration process smoothly to provide convenience for participants of the conference.

Please refer to the enclosed "Information on registration" for details.

If you need further information, please feel free to contact us. We are looking forward to seeing you at the conference.

Sincerely yours,

Gil Dong Kim(Signature)
Gil Dong Kim
Registration Secretary

Enclosures : Information on registration

INFORMATION ON REGISTRATION

• REGISTRATION FEE

Qualification	Pre-registration (no later than Aug 15, 2024)	On-site registration (from Aug 16, 2024)
Members	US$ 700	US$ 800
Non-members	US$ 800	US$ 900
Accompanying person	US$ 100	US$ 120

• PAYMENT

All payments must be in US dollars.

<Credit card>

Visa or MasterCard are accepted.

<Account transfer>

• Name of bank : Bank of Korea
• Account number : 12345 - 12345
• Name of the account owner : Korea Medical Research Association

Electric payment is possible at www.med2024.org.

• Note : Registration fee includes a congress kit which contains an abstract book and a program book as well as admission to congress sessions, opening ceremony and welcome reception. The accompanying person's registration fee includes congress kit, opening ceremony and welcome reception.

• REFUND REGULATION OF REGISTRATION FEE

You can receive 50% of the registration fee no later than August 15th, 2024.

You can not receive the entire registration fee after August 15th, 2024.

Request of cancellation must be made in writing and sent to the secretariat.

Refund will be processed within two months after the conference is finished.

THE 25TH ANNUAL CONFERENCE FOR INTERNATIONAL ACADEMY OF MEDICAL RESEARCH

October 11th, 2023

Dear Members:

SUBJECT : GUIDELINES FOR ABSTRACTS

On behalf of all the members of the International Academy of Medical Research, I would like to invite you to present the 25th Annual Conference that will be held at BEXCO in Busan from September 8th, 2024 to September 11th, 2024.

The main topic of the conference is the development of the medical industry in Korea. We welcome all abstracts related to the subject mentioned above.

This is to inform you that you are required to follow the instructions below when you submit your abstracts.

- Please note that the deadline for submission of abstracts is January 31, 2024. Submitted abstracts will be reviewed by the Committee and not be returned.

- The abstract should be submitted by fax or e-mail in MS Word format via the official conference website.

- Abstracts must be written in English and should not exceed 300 words.

The Review Committee will select the most relevant papers and notify you of the presentation schedule by e-mail by the end of February 2024. Selected papers will be presented during the conference. If your abstract is selected, you will be asked to submit your full paper.

Please note that if you do not follow the instructions that are mentioned above, your abstract will be rejected.

If you have any questions, please do not hesitate to contact us.

Thank you very much and we hope to see you soon at the conference.

Sincerely,

Gil Dong Kim(Signature)
Gil Dong Kim
Review Committee

02 국제회의 유치제안 서신

〈회의취지〉

한국관광산업의 활성화를 위하여 문화체육관광부에서는 IACVB 총회를 2024년 국내에서 개최하고자 한다. 정부에서는 이 행사를 성공적으로 수행하기 위하여 PCO업체로 (주)한라산컨벤션서비스를 선정하였다. 이를 위해 IACVB 측에 안내서신, 제안서, 행사프로그램을 보내고자 한다.

〈회의개요〉
- 개최일시 : 2024년 10월 15일(수)~2024년 10월 17일(금)
- 개최장소 : 제주국제컨벤션센터(ICC JEJU)
  - 2022년도에 IAPCO 총회가 제주에서 개최된 바 있음
- 숙박장소 : 호텔신라제주
- 참가예상인원 : 총 800명(국내 500명, 해외 300명)
- 주최 : 문화체육관광부
- 주관 : (주)한라산컨벤션서비스

〈참고사항〉
- 숙박호텔 특별요금 및 포함사항 : 1박 120$(봉사료 및 부가세 포함, 회의기간 전·후 2일간 동일요금)
- 등록비 포함사항 : 2박 2조식, 반나절 제주관광, 환영 및 환송만찬 제공, 공항·숙박장소·회의장소 셔틀운행
- 공식항공사 : 한라산 항공(공항 안내센터 운영)
- 항공 : First Class 및 Business Class는 40% 할인, Economy Class는 60% 할인
- 사교행사에서의 사진 제공

〈회의일정〉
- 15일 : 회의, 환영만찬[(주)한라산컨벤션 주최]
- 16일 : 회의
- 17일 : 회의, 반나절 공식투어, 환송만찬(문화체육관광부 주최)

※ 답안작성 편의상 행사연도 변경

문제

[문제 1]
안내서신을 영문으로 작성하시오(작성일은 2023년 10월 16일로 간주하며, A4용지 2매 내외로 작성).

[문제 2]
다음의 사항을 포함하는 제안서를 문제 1의 영문서한 첨부서류로 작성하시오(A4용지 2~3매 내외로 작성).
① 개최일시(개최기간), ② 장소, ③ 숙박, ④ 등록비(등록비 혜택사항), ⑤ 교통, ⑥ 사교행사, ⑦ 공식 항공사

[문제 3]
다음의 행사 프로그램을 영문으로 작성하시오(A4용지 2매 내외로 작성).
① 공식회의 프로그램, ② 관광 프로그램

문제 1

<h2 style="text-align:center">Ministry of Culture, Sports and Tourism</h2>

October 16th, 2023

Dear members,

SUBJECT : PROPOSAL FOR THE CONFERENCE

On behalf of the Ministry of Culture, Sports and Tourism, we would like to submit a proposal to host the 2024 Annual Conference of the IACVB in Jeju from October 15th, 2024 to October 17th, 2024.

We have determined to hold the conference at ICC JEJU which has already hosted the Annual Conference of the IAPCO in 2022.

Jeju provides you with high-class hotels, historic sites, fantastic rock cliffs and a variety of specialty museums and also offers various leisure activities including snorkelling, windsurfing, hiking and horseback riding.

We strongly believe that Jeju is the best place to hold the conference and discuss about the development of the tourism industry because Jeju is famous for its World Natural Heritage as designated by UNESCO.

We are pleased to inform you that Hallsan Convention Service Ltd. has been appointed as the official meeting planner because they have exceptional skills in handling the process of the event for all participants and their accompanying persons.

In addition, we are confident that the conference will give you opportunities to exchange information on the tourism industry and strengthen international cooperative relationships for invigoration of the tourism industry.

We are enclosing the proposal to host the 2024 Annual Conference of the IACVB. Please find the enclosed proposal and read more detailed information about the conference.

We thank you in advance for your time and consideration. We look forward to hearing your positive response at your earliest convenience.

The Ministry of Culture, Sports and Tourism of Korea will make a great effort to host the meeting successfully.

Sincerely yours,

Gil Dong Kim(Signature)
Gil Dong Kim
President
Organizing Committee of the 2024 Annual Conference of the IACVB

Enclosure : Proposal

문제 ❷

PROPOSAL

① Dates

From October 15th to October 17th, 2024

② Venue

ICC JEJU

ICC JEJU is located in the Jungmun Tourist Complex with the cobalt-blue Northern Pacific stretching on the south and towering Mt. Hallasan in the north. Spreading over an area of more than 5,000m2, the world-class convention center is a 7-story building. Artfully blending tourist resources and convention facility, this resort-style convention center is fully equipped to host international meetings of any scale and provides professional logistic support for hosting events.

③ Accommodation

THE SHILLA JEJU

The Shilla Jeju is located within the Jungmun Resort Complex, which has recently become popular as a resort complex for international conferences by attracting many international events. The hotel was opened on July 1, 1990. As Korea's first resort-style five-star hotel, it has a soft, elegant interior and a European-style architecture. The Shilla Jeju is located on the cliffs of Jungmun Beach overlooking the Pacific Ocean. Living up to its name as one of the best resort hotels, it is noted for its excellent service.

• Guest Rooms

	Double	Twin	Korean	Family twin	Total
Number of Rooms	245	145	4	38	429

• Room Rates

Regular Room Rate	Special Room Rate
USD 240	USD 120

The special room rate will be applied before and after two days of the end of the conference including tax and all service charges.

• Other Facilities and Services : Gym, indoor & outdoor pools, racket ball, tennis court, Guerain spa, business center, travel agency, car rental, photo center, souvenir shop, game plaza, kids club, and casino

④ Registration Fee

The registration fee includes breakfast for two days, a half-day tour of Jeju, shuttle bus and admission to welcome reception and farewell party.

⑤ Transportation

Shuttle buses will be operated between the airport, the hotel and the convention center.

⑥ Social Events

The welcome reception will be arranged for participants and their accompanying persons. Photos will be offered for free during the social event.

⑦ Official Airline

The official airline is Hallasan Airline. Hallasan Airline provides a special airfare for all the convention attendees.

First Class or Business Class	Economy Class
40% off	60% off

문제 ❸

OFFICIAL PROGRAM

- October 15th

09:00~10:00	On-site Registration
10:00~12:00	Opening Session
12:00~13:00	Lunch
13:00~15:30	Session 1. Present Situation and Issues of Tourism Industry in Korea
15:30~16:00	Break
16:00~18:00	Session 2. Growth of Tourism Industry and its Impact on Economic Development
18:00~21:00	Welcome Reception Hosted by Hallasan Convention Service Ltd.

- October 16th

09:00~12:00	Session 3. Introduction of main tourist areas of Korea
12:00~13:00	Lunch
13:00~16:00	Session 4. The Long-term Direction of the Development of the Tourism Industry
16:30~17:00	Break
17:00~18:00	Discussion

- October 17th

09:00~12:00	Session 5. Presentation : A Case Study of the Overseas Tour-Leisure City from the City's Marketing Point of View
12:00~13:00	Lunch
13:00~18:00	Half-day Official Tour
18:00~18:30	Break
18:30~22:00	Farewell Party Hosted by The Ministry of Culture, Sports and Tourism

HALF-DAY TOUR PROGRAM

13:00~13:30	Departure from the main hotel
13:30~14:30	Yakcheonsa Temple
14:30~16:00	Sanbangsan Mountain / Yongmeori Coast
16:00~17:30	Thinking Garden(Bunjae Artpia)
17:30~18:00	Return to the main hotel

03 초청서신, 등록, 감사인사

〈회의취지〉

컨벤션 업계에서는 우리나라 컨벤션산업의 경쟁력을 제고하기 위하여 관·산·학 공동으로 컨벤션을 개최하고자 한다. 특히 이번 행사에서는 컨벤션 선진국 전문가들의 신지식 노하우를 배울 수 있는 장을 마련하며 각국의 컨벤션 관련 정보와 문화도 상호 교류하고자 한다.

〈조 건〉

- 본 행사의 주최는 아시아태평양 컨벤션협의회이며, 오는 2024년 9월 5일(목)부터 9월 8일(일)까지 4일간에 걸쳐 서울 코엑스에서 개최한다. 조직위원회 위원장은 '김길동'이다.
- 본 행사는 문화체육관광부와 광역자치단체, 다국적 기업의 후원을 받는다. 그리고 참가자는 각국의 컨벤션 관련 기관·업체대표, 교수, 참석자 동반자들도 있다.
- 총 참가자 수는 본부요원 20명과 진행요원 100명 및 초청 연사 50명을 제외한 내국인 1,000명(동반자 200명 포함)이다.
- 사무국 및 조직위원실이 가동된다. 회의 공용어로는 영어를 사용하며, 분과회의(50명 규모) 2회, 워크숍(150명 규모) 8회, 개회식 및 폐회식, 3일간의 전시, 동반자 프로그램과 공식관광이 각각 1회씩 있게 된다.

〈참고사항〉

- 본 행사의 총예산은 15억이며, 이 중 2억은 본 행사 관련 중앙부처의 지원을 받는다. 외국인 일반 참가자 등록비는 $500이고, 동반자는 $200, 내국인 일반참가자는 40만 원이다.
- 본 행사에서는 환영연, 한국의 밤 행사, 환송연이 있고, 5회의 coffee break가 있다. 교통비와 숙박비는 참가자가 부담한다(단, 항공료 40%, 호텔 50% DC).
- 공항에서 호텔까지의 수송은 무료로 지원하며, 행사기간 중 10대의 셔틀버스가 호텔과 행사장 간에 운행된다.
- 본 행사의 일반관리비는 5%, 기업이윤과 예비비는 각각 10%이다(1$ = 1,200원).

※ 답안작성 편의상 행사연도 변경

문제

[문제 1]
영문서한 양식을 준수하여 초청서한을 작성하시오(일반참가자).

[문제 1-1]
영문서한 양식을 준수하여 연사초청서한을 작성하시오.

[문제 2]
영문등록양식을 작성하시오(단, 등록비, 등록비 지불방법, 취소 및 환불사항은 반드시 포함).

[문제 3]
등록접수 확인서를 작성하시오.

[문제 4]
감사인사 영문서한을 작성하시오.

문제 1

The Annual Conference for the
2024 Pacific-Asia Convention Association

March 5th, 2023

Dear Members,

SUBJECT : INVITATION TO THE 2024 ANNUAL CONVENTION

We are delighted to announce that the 2024 Annual Convention will be held at COEX in Seoul from September 5th to September 8th, 2024.

It is a great honor for the 2024 Annual Convention to be hosted by Pacific-Asia Convention Association in Korea.

We anticipate that the forthcoming conference will provide a platform to bring current knowledge and recent information about the convention industry and will give you opportunities to learn advanced know-how from developed countries.

We would like to inform you that the conference will be supported by the Ministry of Culture, Sports and Tourism, the local government and multinational corporations.

We welcome all participating chief executive officers of convention, professors and accompanying persons.

Please join us in Seoul, the capital city of Korea with an exciting cultural mosaic of 5,000 years of history, modern business and irreplaceable heritage. We invite you to the home of 11 million Koreans that holds 300 international events and conferences each year. We are sure that you will discover the beauty of Seoul, the hidden treasure of Asia.

We are herewith enclosing both the registration form and detailed information about the conference. Please fill out the registration form and return it to the Secretariat with a copy of the receipt of the registration fee.

If you have any additional questions, please feel free to contact us.

We look forward to your positive response and hope to see you in Seoul.

Sincerely yours,

Gil Dong Kim(Signature)
Gil Dong Kim
President

Enclosures : Information about the conference, Registration form

문제 1-1

INVITATION FOR SPEAKER

March 5th, 2023

Dear Chul Soo Kim,

On behalf of the Organizing Committee of the International Conference of PCO, to be held in Seoul, Korea, from September 5th to 8th, 2024, we would like to re-extend our invitation to you as a special guest speaker.

As someone who has been acknowledged by the International Program Committee as a leading expert in your designated field, it would be a tremendous honor for us to have you contribute to the 2024 Pacific-Asia Convention Association in this role.

As a final reminder, we must receive confirmation of your decision in writing by June 30th, 2023. If we do not hear back from you by that time we will assume that you have chosen to decline.

Thank you for your consideration and understanding with regards to the Scientific Program schedule.

Gil Dong Kim(Signature)
Gil Dong Kim
President

문제 2

REGISTRATION FORM

The Annual Conference for the 2024 Pacific-Asia Convention Association

Please complete and return this form to the Registration Secretariat of the 2024 Pacific-Asia Convention Association.

- Full name :
- Mailing address(for correspondence) :
- Country :
- Contact number :
- Name of accompanying person, if any :

Registration Fee

Participant	Registration Fee
Regular Participant	
Accompanying person	
Total Amount	

- Payment : Payment can be made by credit card (VISA, MasterCard only) or by bank transfer to account number 12345-12345 (Korea Bank) with the account name of Pacific-Asia Convention Association.

- Refund of registration fee : You can receive 50% of the registration fee no later than August 15, 2024. You can not receive the entire registration fee after August 15, 2024. All cancellations must be submitted in writing to the secretariat office and reimbursements will be done in two months after the conference.

Arrival and Departure Schedule

- Date of Arrival :
- Date of Departure :

Name :   (Signature)

Date :

문제 ❸

From	Registration Secretary
To	Members
Date	August 15
Subject	Confirmation of Registration

Dear Members,

This e-mail is to confirm that your registration has been completed.

Please bring a copy of this e-mail and present it in the lobby of the conference center to receive a congress kit.

If you have any questions, please feel free to contact us.

Thank you very much and we are looking forward to seeing you in Seoul.

Regards,

Gil Dong Kim
Registration Secretary
Secretariat

문제 4

Thank You Letter

September 15th, 2024

Dear Members,

Thank you very much for your valuable attendance at our recent annual conference, held in Seoul this year. It was a great honor and we sincerely appreciate it.

I'd like to thank you again for your valuable time in helping me make this event successful.
Hope to see you soon.

Gil Dong Kim(Signature)
Gil Dong Kim
President

추가문제 – 연회 초대장 및 R.S.V.P.

INVITATION TO WELCOME RECEPTION

The 2024 Annual Conference for Pacific-Asia Convention Association

Request the pleasure of your presence
At Welcome Reception
On Thursday, September 4th, 2024
At 19:00
At Harmony Ballroom, INTERCONTINENTAL SEOUL COEX

Enclosure : R.S.V.P.

R.S.V.P.

KINDLY REPLY BY SEPTEMBER 4TH, 2024 AT 15:00

NAME :

▢ WILL ATTEND
▢ WILL NOT ATTEND

PLEASE RETURN THIS CARD TO THE RECEPTION DESK
IN THE LOBBY OF THE HOTEL

우리 인생의 가장 큰 영광은
결코 넘어지지 않는 데 있는 것이 아니라
넘어질 때마다 일어서는 데 있다

-넬슨 만델라-

SD에듀와 함께, 합격을 향해 떠나는 여행

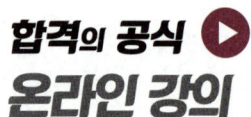 

보다 깊이 있는 학습을 원하는 수험생들을 위한
SD에듀의 동영상 강의가 준비되어 있습니다.
www.sdedu.co.kr ➜ 회원가입(로그인) ➜ 강의 살펴보기

좋은 책을 만드는 길, 독자님과 함께 하겠습니다.

2024 SD에듀
컨벤션기획사 2급 실기 한권으로 끝내기

개정10판1쇄 발행	2024년 01월 05일 (인쇄 2023년 10월 24일)
초 판 발 행	2014년 05월 14일 (인쇄 2014년 05월 14일)
발 행 인	박영일
책 임 편 집	이해욱
편 저	김진균 · 이혜민 · 김은영
편 집 진 행	노윤재 · 전세영
표지디자인	하연주
편집디자인	신지연 · 윤준호
발 행 처	(주)시대고시기획
출 판 등 록	제10-1521호
주 소	서울시 마포구 큰우물로 75 [도화동 538 성지 B/D] 9F
전 화	1600-3600
팩 스	02-701-8823
홈 페 이 지	www.sdedu.co.kr
I S B N	979-11-383-6236-8 (13320)
정 가	24,000원

※ 이 책은 저작권법의 보호를 받는 저작물이므로 동영상 제작 및 무단전재와 배포를 금합니다.
※ 잘못된 책은 구입하신 서점에서 바꾸어 드립니다.

유튜브 선생님에게 배우는
유·선·배 시리즈!

▶ 유튜브 동영상 강의 무료 제공

체계적인 커리큘럼의 온라인 강의를 무료로 듣고 싶어!

혼자 하기는 좀 어려운데… 이해하기 쉽게 설명해줄 선생님이 없을까?

문제에 적응이 잘 안 되는데 머리에 때려 박아주는 친절한 문제집은 없을까?

그래서 SD에듀가 준비했습니다!!

- 혼자 하기 어려운 공부, 도움이 필요한 학생들!
- 체계적인 커리큘럼으로 공부하고 싶은 학생들!
- 열심히는 하는데 성적이 오르지 않는 학생들!

유튜브 무료 강의 제공
핵심 내용만 쏙쏙! 개념 이해 수업

[자격증 합격은 유선배와 함께!]

맡겨주시면 결과로 보여드리겠습니다.

| SQL개발자 (SQLD) | GTQ일러스트 (GTQi) 1급 | 웹디자인기능사 | 사무자동화 산업기사 | 사회조사분석사 2급 | SMAT Module A·B·C |